# 工程项目成本管理实论

## Analysis on Cost Management
## of Engineering Project

鲁贵卿 著
Lu Guiqing

中国建筑工业出版社

**图书在版编目（CIP）数据**

工程项目成本管理实论/鲁贵卿著. —北京：中国建筑
工业出版社，2015.9（2025.1重印）
ISBN 978-7-112-18438-5

Ⅰ.①工… Ⅱ.①鲁… Ⅲ.①工程项目管理－成本管
理 Ⅳ.①F284

中国版本图书馆CIP数据核字（2015）第216074号

　　本书不但有深厚的理论基础，也有鲜活的实践做支撑，主要研究对象是工程项目成本管理的"商务成本"。笔者结合自己从业近40年的工作经历，提出了"方圆理论"的概念，初衷是想把中国传统的方圆之道运用到现代企业管理的实践中，尤其是运用到我国社会转型期的工程项目管理的实践中，以丰富项目管理的理论研究成果。外圆内方、虚实结合的"方圆图"，将建筑施工企业的接项目、干项目、算账收钱的全过程，将法人管项目的要求，将责权利相结合的现代管理理念全都清晰地囊括，是建筑企业成本管理的理论指南和降本增效的有力武器。

　　本书可供建筑工程承包企业管理参考，也可为地产开发企业参考；既可用于房屋建筑工程项目，也可用于基础设施建设项目；既可供企业管理者阅读，也可供项目管理者学习，亦可供大专院校相关专业师生使用，具有广泛的可读性和可操作性。

责任编辑：赵晓菲　朱晓瑜
书籍设计：京点制版
责任校对：张　颖　刘梦然

**工程项目成本管理实论**

鲁贵卿　著

\*

中国建筑工业出版社出版、发行（北京西郊百万庄）

各地新华书店、建筑书店经销

北京京点图文设计有限公司制版

建工社（河北）印刷有限公司印刷

\*

开本：787×1092 毫米　1/16　印张：19¼　字数：295千字
2015年10月第一版　2025年1月第十七次印刷

定价：**60.00**元
ISBN 978-7-112-18438-5
（27671）

# 序一

我和中建五局打交道可有些年头了，我经常被请去他们的项目进行技术交流，他们的创新精神可圈可点。我耳闻目睹了鲁贵卿先生带领中建五局依靠科技创新与管理创新，从困难中走出来，成为中建集团中产值利润率和人均效益最好的工程局。2013 年鲁先生著的《建筑工程企业科学管理实论》把他十余年管理创新实践的成果进行了系统论述，这次继续将工程项目成本管理的创新成果进行了全面深入的论述，写成《工程项目成本管理实论》，这是我们建筑行业工程管理领域难得的重要成果，从某种意义上说，填补了我国建筑工程施工管理领域的空白。

建筑工程项目的特点是分散性、一次性以及其管理的难管控性，尤其工程成本的有效管理一直是困扰建筑企业领导的"心病"。建筑行业市场大，竞争激烈，接项目不容易，干好项目也不容易，尤其要挣到钱更不容易。给项目经理授权大了，项目经理就"坐"大了；给他授权小了，他的积极性又发挥得不充分，项目履约和成本管控的风险又加大了。如何找到一条企业利益和项目利益能够实现共赢的路子，近三十年来，建筑业企业针对项目成本管理进行了各种各样的尝试，成功的做法也不少，而中建五局这样一个近两万人的集团公司，成功实践了鲁贵卿先生首创的成本管控"方圆理论"——既有理论理念又有工具方法的"工程项目成本管理方圆图"，实现了华丽转身。应该说"工程项目成本管理方圆图"是最成功的做法。鲁贵卿先生从"生产力理论"研究出"项目生产力最大化"的管理理念，从现代管理学的"责权利相统一理论"研究出企业与项目各方责任主体"责权利相统一"的管理理念，从中国传统哲学的"方圆之道"研究出"外圆内方"的管理理念。并根据工程项目成本管理的特点，建立了项目成本管理方圆图理论模型，为了让模型落地，还在企业建立一套管理制度和流程，这实属一项了不起的"管理工程"。

我国建筑工程管理"项目法"施工实行已经近三十年了，"项目法"施工对促进我国建筑工程施工技术水平和管理水平的提升起到了重要作用。我认为管理水平的提升滞后于施工技术水平的提升。这几十年间，房子从几十米修到了 600 多米高，桥梁从几十米跨修到了一千多米跨，工程设计和施工技术水平已经走在了世界的前列，许多技术都处于世界先进或领先水平，而我们的施工管理层次仍然处于比较低的水平。今天整个社会已经进入了"互联网＋"时代，建筑业的信息化管理水平仍处于较低水平，这和我们这个行业的管理标准化进程有很大的关系，没有管理标准化作基础，推进管理信息化几乎是不可能的。我国企业管理历来不缺少理论，但是理论要进入实践就需要企业家的创新性的劳动。"工程项目成本管理方圆图"把"项目法"施工中关于"价本分离"的原则进行了系统性的深化、细化和信息化，把工程项目成本管理和企业市场营销工作、项目工期履约、项目质量安全管理、企业与项目的财务资金管理结合起来，让企业始终围绕项目成本管理这条主线开展各项管理活动，可谓价值重大，意义深远。

施工承包项目"工程项目成本管理方圆图"可以分离项目合同造价、项目责任成本；需要按时归集项目人工费、机械费、材料费、现场经费和分包工程费；可以分清企业经营效益、项目管理效益和项目结算效益；要求注重项目管理中的工期、质量、安全、环保四要素，与之相配套的是措施有项目经理责任制等四项制度、施工策划等四项策划、"分资制"管理以及"三大纪律八项注意"，具有非常实用的现实价值。

我看了《工程项目成本管理实论》，它既可供建筑工程承包企业管理参考，也可为地产开发企业参考；既可以用于房屋建筑工程项目，也可以用于基础设施建设项目；既可以供企业管理者阅读，也可以供项目管理者学习，具有广泛的可读性和可操作性。管理创新是永恒的，建筑工程项目管理更是如此。鲁贵卿先生结合自己的管理实践，创立了项目管理的"方圆理论",是值得称道的。希望鲁贵卿先生为我们建筑业贡献更多的智慧和经验。

是为序。

二〇一五年七月

叶可明，1995 年当选中国工程院院士，世界建筑工程与土木工程施工技术专家，现任中国建筑学会施工学术委员会副主任、上海市建委科技委副主任，同济大学、上海交通大学、西安建筑科技大学兼职教授，曾获得国家科技进步一等奖、二等奖。

# Preface 1

It has been several years since I maintained contacts with the Fifth Bureau of China State Construction Engineering Corporation ( "CSCEC 5b") for I am frequently invited to have technical exchange with them for projects. Their spirit of innovation can be remarkable. I witnessed CSCEC 5b overcoming difficulties, and being the best in profit ratio of production and income per person of CSCEC under the leadership of Lu Guiqin with technological and management innovation. *Analysis on Scientific Management of Construction Engineering Enterprise* by Lu Guiqin in 2013 was a systematical study of his more than ten years' achievements in management creativity and practice, and *Analysis on Cost Management of Engineering Project* is his another book of a comprehensive and deep–going discussion about innovation achievements in cost management for engineering project, which are the precious possessions in the field of construction management, to some degree, filling a gap in the field of construction management of construction project.

The main features of engineering project are dispersive, disposable and unmanageable, and the effect management of engineering cost has always been the "a good anxiety" for the leaders of engineering enterprises. Great market and fierce competition coexist in construction industry. It's neither easy to receive a project nor to do it well, and even more difficult to earn money. If the project manager has more rights, he may make his right a great expansion and become the only master of that project; if he has fewer rights, he may not bring his initiative into full play so as to increase the risk of project implementation and cost management control. In recent 30 years, as to how to find a way to realize the "Win–Win" between enterprise benefits and project benefits, construction enterprises have made various attempts on project cost management, and some of them met with success. But the CSCEC 5b, having nearly 20000 employers, successfully applied "Square–Round Theory" of cost management — "Cost Management's Square–Round Theory of Engineering Project" with both theory and methods pioneered by Lu Guiqin. "Cost Management's Square–Round Theory of Engineering Project" must be the most successful method. Lu Guiqin obtained management principle of "Maximum Project Productivity" from "Productivity Theory", "Unification of Obligations, Rights and Profits" between enterprises and project members from modern management principles, "Round Outside but Square Inside" from Chinese traditional philosophy "Square–Round Method". He modeled "Cost Management's Square–Round Theory of Engineering Project" on the basis of the features of cost management of construction project. In order to realize his model, he even set up a series of management rules in enterprise, which was really an outstanding "management project".

It has been thirty years since the enforcement of "Project Law" of Chinese construction management. "Project Law" played an important part in the improvement of construction skills and management level. In my opinion, the improvement of management level went behind that of construction skills. In the few decades, the height of houses increased from dozens of meters to 600 meters, and the width of bridges increased from dozens of meters to more than one thousand meters, which proved that the skills of our project planning and construction techniques took the lead in the world while our construction management was still at low level. Today it's the age of "network". The low level of information management in construction industry related with the management standardization process. It's impossible to develop management information without management standardization. We are never short of theories in enterprise management, but its implement required the creative work of our entrepreneur. "Cost Management's Square–Round Theory of Engineering Project"is with a deepening, refined, and information–based analysis about the principle of "separation prices from its cost" in "Project Law", combining engineering cost management, enterprise's marketing, project duration, safety management of project quality, and financial fund management of enterprise and project so as to conduct management events taking cost management of project as its main line, which is significant and profound.

"Cost Management's Square–Round Theory of Engineering Project" separates project contract cost from project responsibility cost, requires to collect cost of labor, equipment cost, materials expenses, site expenses, sub–project cost on time; draws a clear distinction among management benefit of enterprise, project management benefit, and project settlement benefit; highlights the duration, quality, safety and environmental protection in project management, with supporting measures as four principles like responsibility system of project manager, four plans like construction planning, management of "capital separation" and "three principles and eight notes", which had great realistic value.

I have read *Analysis on Cost Management of Engineering Project*. With wide–range reading and operability, it can provide a reference for both engineering enterprise management, and real estate development enterprise management. It could be applied in both housing construction project and infrastructural project. It's a book for the enterprise manager, as well as the project manager. The management innovation is eternal, and all the more so for project management. Combined with his own management practice, Lu Guiqing created the "Square–Round Theory" for project management, which is remarkable. I sincerely hope that Mr. Lu will offer more experiences and talents for construction industry.

**Ye Keming**

July, 2015

Ye keming, Engineering Construction and civil engineering expert, was elected as Academician of China Engineering Academy in 1995. At present he holds the office of Associate Director of the Architectural Society of China.Meanwhile, he is associate Director of Shanghai Municipal Construction and Technology Committee, adjunct Professor of Tongji University, Shanghai Jiao Tong University and Xi'an University of Architecture and Technology. He won the first prize and the second prize of National Science and Technology Awards.

# 序二

在十八大报告中，"美丽中国"成为激起社会各界共鸣的高频词。要实现"美丽中国"，节约能源、降低能耗是必须的手段。

众所周知，建筑与工业、交通是社会能源消耗最主要的三个部分，建筑能耗约占全社会总能耗的一半。有资料显示，我国建筑能耗已超过 5 亿 t 标煤，如果用这些煤来发电，将能够产生出约 15000 亿度电，是 2011 年三峡电站发电量的 19 倍，预计到 2020 年，我国将新增建筑面积约 300 亿 m²，建筑能耗将达到 10.9 亿 t 标准煤。10.9 亿 t 标准煤意味着什么？它相当于北京五大电厂煤炭的合理库存的 400 倍。据专家估算，每吨标准煤按照中国的发电成本折合大约等于 2700 度电；那么，2020 年，我国的建筑能耗将达到 29430 亿度电，比三峡电站 34 年的发电量总和还要多。可见建设美丽中国，建筑业首当其冲，责任最为重大。由此，降低建筑能耗已经成为近年来建筑界一直在探索深究的课题。

关于这个课题，有人从规划投资角度切入，有人从设计研发角度思考，作为国家行业主管部门，这些年，我们在设立节能标准、实施节能补贴、推行绿色建筑等方面做了大量的工作，也取得了一些明显的成效。可是立足于工程项目的建造过程本身，通过积极降低项目建造成本，进而降低社会能耗，还显得有效研究不多，有效措施不够。近年来许多建筑工程企业在推行绿色建造方面做了不少工作，既降低了企业成本，又为节能减排做了贡献。例如，中建五局抓项目的生产生活临时设施标准化，使之能在多个项目重复周转利用，从而降低在一个项目上的成本消耗。他们给我算了一笔账：今年上半年项目临时设施费用支出同比又降低了工程造价的 0.27 个百分点，不要小看这

0.27 个百分点，对应几百个亿的产值，就是上亿元的成本节约。如果全国推而广之，那将是一个了不起的数字。

中国建筑股份有限公司总经济师鲁贵卿同志的新作——《工程项目成本管理实论》一书，让人耳目一新。贵卿同志从一个最基层的工程项目的工长、栋号长、预算员做起，在建筑行业工作了近 40 年，经历了建筑企业的项目经理、分公司经理、公司总经理和集团公司董事长等关键岗位，积累了丰富的建筑施工与地产投资方面的经验，尤其是担任中建五局局长、董事长的 12 年时间，把一个濒临倒闭的老国企蜕变成资产优良、充满活力的全国一流的现代化建筑地产投资集团，企业经营规模上千亿元。企业利润位居全国同行业前列，这与贵卿同志多年来慎思明辨的工作态度、善于提炼总结并身体力行"从实践中来、到实践中去"的工作作风是分不开的。

《工程项目成本管理实论》这本书的特别之处在于找到了建筑施工企业成本管理的"道"：一是将生产力理论应用于现代工程项目管理的实践中，把企业成本管理看作一个系统工程，建筑施工企业的生产经营活动分为项目承接、项目实施、项目算账收款三个阶段，每一个阶段工作质量的优劣都会直接影响成本管理的效果，用经营效益、管理效益、结算效益来评价三个阶段各工作团队的业绩，清晰了现代工程项目科学管理的脉络和基础，提出了建筑工程企业管理必须以项目管理为中心，工程项目管理必须以成本管理为中心的基本认识；二是运用责权利相统一的现代管理理念，明确企业层面和项目层面各自的责权利，通过明确项目管理目标责任，强化过程管控以及过程和最终考核兑现，在实现对业主履约的同时，确保对企业降本增效目标的实现。因此，企业必须建立项目岗位成本责任制，提高项目的管理品质，只有保证项目质量才能实现降本增效，从而找到了低成本与高品质统一的根本路径；三是把工期、质量、安全、环保这些业主和社会关注焦点作为项目成本管理方圆图的四大支撑，找到了企业与业主、社会、供方及其他相关方对立统一的平衡点，阐明了业主、社会、企业及其他相关方满意的"六好六满意"是现代项目目标管理的总要求。

《工程项目成本管理实论》不但有深厚的理论基础，也有鲜活的实践做支撑。贵卿同志在总结提炼多年来建筑企业和项目成本管理的经验和教训基础上，提出"工程项目成本管理方圆图"模型，并经其多次改进完善，最终形成了内容充实严谨、构图美观、简洁明了的几何图形。项目成本管理方圆图获评 2011 年"第六届全国建设工程优秀项目管理成果一等奖"。虽然只是简单的一个外圆内方、虚实结合的几何图形，但它却将建筑施工企业的接项目、干项目、算账收钱的全过程，将法人管项目的要求，将责权利相结合的现代管理理念全都清晰地囊括。项目成本管理方圆图成为中建五局成本管理的理论指南和降本增效的有力武器，在建筑行业愈演愈烈的市场竞争中，他们狠抓内控管理，严控企业成本，着力打造自己的低成本核心竞争优势，企业的发展质量显著提升，在经营规模快速扩张的同时，企业的盈利能力也同步提高，实现了又好又快的发展，为中国建筑业提供了一个好的"范例"。

贵卿同志作为大型国有建筑工程企业的管理者，在繁忙的公务之余，还能抽时间潜心研究，深入思考，这本身就非常难能可贵的了，加之，其又愿意不辞辛劳，将自己的管理成果付印成书，共享于社会，真是让人点赞不已。相信《工程项目成本管理实论》一书的出版发行必将对中国建筑业的健康发展起到积极的作用。

所以，我欣然应允，为之作序。

姚 兵

二〇一五年七月

姚兵，曾任建设部建筑业司司长、监理司司长、总工程师、纪检组组长，中国土木工程学会常务副理事长，中国建筑金属结构协会会长，同济大学博士生导师，英国皇家特许营造师。主要著作有《建筑管理》、《项目管理》、《现代建筑企业论》、《建筑经济学研究》、《房地产学研究》等。

# Preface 2

In the reports at 18th CPC National Congress, "Beautiful China" is the high-frequency words arousing the resonance of all sectors of the community, which can only be realized by energy saving and energy reduction.

It's well-known that construction, industry and transportation are three main parts of energy reduction, while construction energy consumption in our country is more than 500,000,000 tons of coal, which can generate 1500 billion kilowatt-hour, 19 times more than the output of plant in the Three Gorges Hydropower Station. It's estimated that by the year of 2020, the new building area will be about 30 billion square meters with its construction energy consumption accounting to 1.09 billion tons of coal. What does it mean? It means that it can be 400 times more than the reasonable inventory of coal in the top 5 power plants of China. According to expert estimation, each ton of coal is equal to about 2700 kilowatt-hour in accordance with the generating cost in China. By the year of 2020, the construction energy consumption will be 2943 billion kilowatt-hour, more than 34 years of total powder generation of the Three Gorges Hydropower Station. All these prove that the construction industry holds a position of great responsibility in building a beautiful China. Therefore, the energy reduction in construction industry has always been a profound subject in building construction in recent years.

Someone analyzed the subject from the perspective of planning and investment, others from that of design and research. As the competent department in national industry, we have done a lot of work and achieved some achievements in setting up energy–saving standards, offering energy efficiency–rebates, promoting green building and so on. But researches on the process of construction project through reducing construction coast so as to cut down energy consumption are still limited and effective measures are still not enough. In recent years, many engineering enterprises have done a lot of work in green construction, which can not only lower the cost but also make a contribution to energy conservation and emission reduction. For example, the CSCEC 5b emphasized the standardization of temporary facilities, which could be reused for several projects so as to reduce cost consumption of each porojects. They showed me that the expenses of temporary facilities in the first half of the year had reduced by 0.27% of construction cost, which meant billions of cost saving. If it can be widely used in the whole country, it can save a large sum of money.

*Analysis on Cost Management of Engineering Project*–a new book by Lu Guiqin, the chief economic manager of CSCEC, presents a new appearance. Mr. Lu worked at first as the foreman and budget of the construction to the key position as project manager, branch manager, general manager and chairman of the board in the past 40 years, accumulating rich experience in construction and real estate investment. When he had been the director of CSCEC 5b and chairman of the board for the past 12 years, he turned a state–owned enterprise on the verge of collapse to that of nationally first–class investment of superior asset with its management scale of billions of RMB. The enterprise profits were top in the same industry in our country, which can not be realized without his wise judgement, and earnestly implementing the principles of "getting out of the theory and into the practical".

What makes *Analysis on Cost Management of Engineering Project* so special is the "way" of cost management in project. Firstly, apply the productivity theory into modern construction management, and regard the enterprise cost management as systematic engineering. The production and operating activities of construction enterprises include undertaking of the project, project implementation and project collection. The work quality in each stage will directly affect the effects of cost management. To evaluate the performance of work teams in the three stages with operation efficiency, management efficiency and settlement efficiency clarifies the context and basis of the scientific management of modern construction, and proposes the idea that the enterprise management of engineering project should focus on construction management, and the cost management should be concentrated in construction management. Secondly, apply the modern management principles about the combination of right, duty and benefits, and have a clear idea of the right, duty and benefit respectively on enterprise level and project level. The goal of reducing cost and increasing benefits for enterprises can be realized by clarifying the project management responsibility so as to strengthen the process control and the realization of process and final examination. Therefore, enterprises should set up the project cost responsibility system to improve the management quality. Only ensuring project quality can the goal of reducing cost and increasing benefits be realized so as to find the fundamental path of uniting the low cost and high quality. Thirdly, take duration, quality, safety and environment protection which are the focus of attention of the owners and society as the four supporting points of the circumference of project cost management, strike a balance among enterprises, owners, society, suppliers and so on, and illuminate "six kinds of satisfaction" for the owners, society, enterprises and other related parts, are the general requirement of goal management of modern construction.

*Analysis on Cost Management of Engineering Project* possesses not only profound theoretical foundation but also a lot of practice. After summarizing and refining his years of experience and lessons on construction enterprises and project cost management, Lu Guiqin put forward the concept of "Project Cost Management's Square-Round Chart", which at last became a concise geometric figure with full contents, and beautiful composition through many times of perfection. Project Cost Management's Square-Round Chart won "the first prize for the 6th National Excellent Construction Management Performance" in 2011. Though it's a simple geometric figure with the round outside but the square inside and combination of the void and the solid, it explicitly includes the entire process of undertaking the project, constructing the project, doing accounts and earning money, the requirements of managing the project by legal person, and the modern management concept of uniting right, duty and benefits. Project Cost Management's Square–Round Chart is the powerful weapon of reducing cost and increasing benefits, and theoretical guidance for cost management of CSCEC 5b. As there was increasingly fierce market competition in the construction industry, they paid great attention to internal control management, strictly controlled the enterprise cost, gained competitive advantage of low cost, which obviously promoted the development quality and profits of enterprises with the rapid expansion of management scale, realized sound and fast development, and set a good "example" for Chinese construction industry.

Lu Guiqin, the manager of large state–owned construction enterprise, finds time to do painstaking research and delve deep into his thoughts though his official duties kept him busy, which is commendable. What is even more encouraging is that he takes pains to write a book about his management results so as to share them with the whole society. I convince that the publication and distribution of that book will play an active role in the healthy development of Chinese construction industry.

So I am glad to write the preface.

**Yao Bing**

July, 2015

Yao bing, has worked as Secretary for the construction industry, the director of the supervision department, Chief engineer, and discipline inspection team leader of Ministry of Housing and Urban–Rural Development, standing vice–president of China Civil Engineering Society, Chairman of China Construction Metal Structure Association; doctoral supervisor of Tongji University, CIOB, with major works like *"Engineering Management"*, *"Project Management"*, *"Analysis on Modern Engineering Corporation"*, *"Research on Engineering Economy"*, *"Research on Real Estate Studies"* and so on.

# 目　录

# CONTENT

## Chapter 5　Application cases of Square–Round Theory / 219

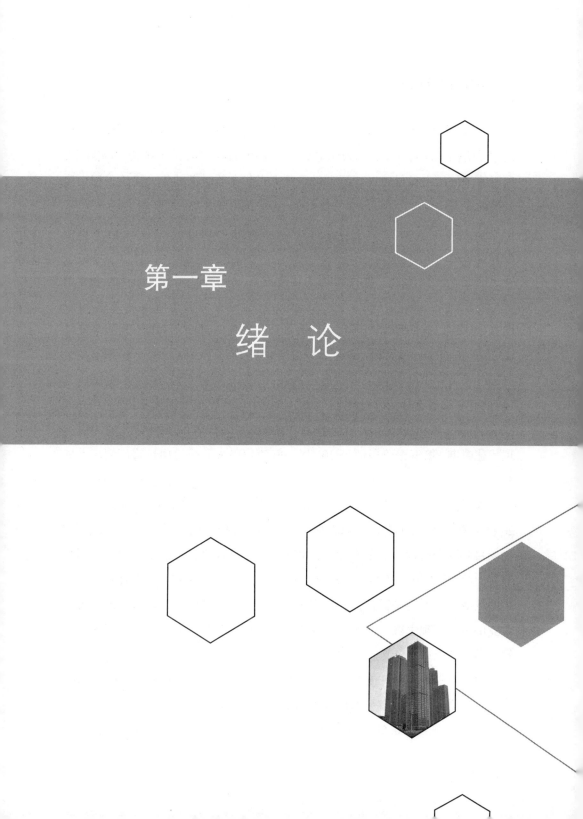

第一章

绪 论

# 一、项目管理概述

"项目管理"作为新的现代管理学概念，通常被认为是以美国研究原子核的"曼哈顿"计划的实施为最明显标志，是第二次世界大战的产物。实际上，项目管理的历史最早可以追溯到世界几大古代文明时期的伟大建筑工程，代表性的有古埃及金字塔、古罗马供水渠、古中国万里长城、都江堰水利工程等。很显然，这些宏伟的建筑项目，如果没有实质上的项目管理行为，完成这些世界奇迹是无法想象的。

因此，现在考查"项目管理"历程时，一般将其划分为五个阶段：第一个阶段就是以前述古代工程为代表的古代时期；第二个阶段是在 20 世纪四五十年代以国防和军工项目为代表的近代项目管理萌芽时期；第三个阶段是 20 世纪 50 年代后期以美国出现的关键路线法（CPM）和计划评审技术（PERT）为标志的近代项目管理成熟期；第四个阶段是以 1969 年美国成立项目管理学会（PMI）和该组织于 1987 年推出项目管理知识体系指南（Project Management Body of Knowledge, 简称 PMBOK）为标志的项目管理的传播和现代化时期；第五个阶段即是 20 世纪 90 年代以来的现代项目管理的新发展时期。

为了方便起见，项目管理学研究者也将项目管理的历程划分两个大阶段：20 世纪 80 年代以前称为"传统项目管理"阶段，20 世纪 80 年代以后称为"现代项目管理"阶段。20 世纪 80 年代以前，项目管理主要应用于建筑、国防和航天等少数领域；20 世纪 80 年代以后，项目管理在迎接经济全球化、一体化的挑战下发展突飞猛进，广泛应用于社会生产生活的各个领域，成为现代企业的重要管理手段，继而逐步成为一个专门的学科体系和行业，属于现代管理学的一个重要分支。

"现代项目管理"被引入新中国的时间并不算晚，20 世纪 60 年代初，在著名数学家华罗庚教授的倡导下，就将项目管理的核心方法称为"统筹法"引入国内，并在国民经济各个部门试点应用。当时中国科学院管理科学与科技政策研究所还牵头成立了"中国统筹法、优选法与经济数学研究会"。但项目管理被大量应用在各行业领域，还是在改革开放之后。后于 2006 年 4 月，由当时的国家经贸委、中国科学院、国家外国专家局和联合国工业发展组织在北京共同举办了首届"中国项目管理国际研讨会"，并发布了《中国项目管理知识体系纲要》，正式全面推进现代项目管理理论在我国各类项目管理实施领域中的指导与实践。

中国工程建设企业全面推行"项目管理"的体制改革应该是从 1987 年原国家计委组织总结推广"鲁布革经验"开始的。中国建设工程项目管理的历程到目前为止，大致分为三个阶段：

1. 第一个阶段（1984 ～ 1995 年），可以称之为"鲁布革经验"形成与推广阶段

这个阶段的主要特点是在全国范围内全面推广"鲁布革经验"，建筑施工行业推行项目法施工，建筑施工企业实行管理层和操作层分离，改革建筑业管理体制。

1984 年世界银行在我国第一个贷款项目——云南"鲁布革"水电站引水隧道工程实行国际招标，日本大成公司中标，比标底低了 43%。1984 年 4 月日本大成公司中标后派了 30 多名管理人员，从水电十四局雇了 424 名工人，工程进度相当于我们当时同类工程的 2 ～ 2.5 倍。1986 年 10 月 30 日，隧洞全线贯通，工程质量优良，比合同工期提前了 5 个月。鲁布革经验引起了当时国务院总理、副总理的高度关注，1987 年 6 月，国务院召开的全国施工工作会上提出全面推广鲁布革经验，要求国家有关部门对鲁布革管理经验进行全面总结，在建筑行业全面推广鲁布革经验，实行管理层、作业层"两层分离"，推广项目法施工。1987 年 8 月 6 日《人民日报》头版头条发表题为《鲁布革冲击》的专篇通讯，引起社会的强烈反响。鲁布革经验对我国传统的投资管理体制、项目管理模式、建筑施工企业组织结构及其管理模式乃至整个中国建筑业都产生了巨大影响。

1987 年 7 月 28 日，国家计委等五部委联合发布《关于批准第一批推广鲁布

革工程管理经验的试点企业有关问题的通知》（计施［1987］2002 号文件），从此，鲁布革项目管理经验在全国得到全面推广，以工程项目为载体的招投标制、总承包制、项目法施工制、管理层与作业层分离制以及项目经理责任制等项目管理的基本制度、运管机制、责任体系等方面得到了逐步建立和完善。这期间，国家建设主管部门也多次召开"项目法施工"研讨会、项目管理工作会，推动了工程建设领域的项目管理进程。

可以说，从 1987～1995 年，是中国工程建设领域"现代项目管理"理论、管理模式和管理体系奠基建设的开创时期。这一时期以推广"鲁布革经验"为契机，国家有关部委强力系统推进建设项目管理的新体制、新模式和新方法，在工程管理、施工技术、劳务管理、资源组织配置以及体制机制等方面，极大地创新并丰富了我国建筑行业的项目管理体系。同时，还第一次把竞争机制引入工程建设领域，实行工程发包招标投标制度，提出施工项目总承包管理、项目管理层与作业层两层分离，实行精兵强将上战场，解决企业办社会，管理效率低下的问题，从而实现工程项目科学组织管理，提高经济效益。

这期间，建设部先后在兰州、沈阳、西安组织召开试点工作会议。自 1990 年到 1993 年的几次会议，形成了业内广为熟悉的"6+7"项目法施工的 13 个理论观点，标志着项目法施工的新体系在中国初步形成。其中特别是 1992 年成立了"项目法施工研究会"，正式提出要在施工企业中以项目法施工为突破口进行企业内部配套改革。

2. 第二个阶段（1995～2002 年），可以称之为项目管理体系规范建设阶段

这一阶段，国家建设主管部门为适应建立现代企业制度的需要，按照国际惯例推行项目管理进行了大量研究和总结，进一步明确了推行项目管理的方式，1995～1996 年先后两次颁布推行项目管理的指导意见，提出了推行工程项目管理实现"四个一"的管理目标。建设部于 1998 年，提出全面运用项目管理现代化管理方法创建优秀工程，2002 年正式颁布《建设工程项目管理规范》GB/T 50326-2001，从而使工程项目管理步入了科学化、规范化的

新阶段。

在此期间，中国建筑业协会受国家行业主管部门委托，自1999年连续多次召开了项目管理专题研讨会，重点围绕当时推行项目法施工中存在的问题，就进一步深化和规范建设工程项目管理、项目经理部的建立及其与企业的关系、项目经理与企业法人之间的关系、项目经理地位及责权利的确立等问题形成了广泛的共识。2000年元月，由30多家相关企业、院校和行业协会参与的《建设工程项目管理规范》编制工作启动，并于2002年以建标〔2002〕12号文正式颁布实施。

3. 第三个阶段（自2002年至今），可以称之为项目管理的创新发展阶段

在这最近的十多年里，中国建筑业蓬勃发展，不断改进创新，国家行业主管部门于2006年发布了《建设工程项目管理规范》GB/T 50326-2006。中国建筑业协会自2006年以来，每年举办一届"全国建设工程优秀项目管理成果"评选，大力推进了新形势下中国建筑项目管理理论与实践的经验总结与管理创新成果的普及应用。同时，随着国际经济技术合作加速前进，中国建筑企业大步迈上了国际建筑业舞台，而伴随着全球工程技术科学与管理科学的日新月异，并借助网络信息技术革新的突飞猛进，中国建筑企业正不断借助国内大量的"高、大、特、外"项目建设平台，努力深化和实践项目管理新理论、新工具与新方法。无论是在项目管理新机制、新制度层面，还是建筑工程企业的转型升级，即所谓的建筑工程生产组织方式的"第二次变革"，都取得了前所未有的新成就，从根本上大力提升并创新了项目管理的理论与实践水平，使很多企业已经逐步具备了与其他国际承包商竞争的能力。

## 二、工程项目管理的基本内涵与绿色行动

中国工程建设项目管理在前述三个阶段的不同时期都相应地、不断地取得了令人欣喜的、阶段性的成绩，不断推进着中国工程建设项目管理向前发

展。但基于中国国情，中国建筑工程企业的项目管理一直以来还是面临着多个方面的现实压力：一是面临"四难、四烦与四险"难题，"四难"指接活难、干活难、结算难、收款难；"四烦"指面临被垫资、压价、拖欠、维稳的烦心事；"四险"指营销风险、安全风险、质量风险与财务成本风险。二是建筑行业长期处在趋势性"五个越来越"之中，即：工期要求越来越短，质量要求越来越高，成本支出越来越大，投标报价越来越低，项目利润越来越薄。在此种环境下，建筑工程企业如何提高工程项目管理能力，如何缩短工期，提高质量，降低成本，确保安全，做好环保，提升效益，从而实现"低成本竞争，高品质管理"，使企业在激烈的市场竞争中立于不败之地，是每个企业和企业管理者必须面对、必须解决的长期课题。

建设工程企业的产品就是一个个工程项目，因而建筑工程企业的一切管理工作必须以工程项目的管理为出发点和落脚点。工程项目管理得好坏的标准，或者说项目管理的目标主要包括：质量、工期、安全、环保、成本五个方面，也就是说，一个工程项目的建造过程，如果质量是优的、工期是短的、安全是好的、环保是良的、成本是低的，那么这个项目的管理就是好的，管理水平就是高的。这与普遍的项目管理三要素即时间、质量、费用，所强调的项目管理目标是一致的。如何实现质量、工期、安全、环保、成本等项目管理的五大目标是项目管理的核心内容。

在我国由计划经济向市场经济发展演进过程中，建筑业是最早进行市场化改革的行业之一，建筑施工企业作为一个市场竞争主体，是走在我国市场经济改革前列的，因而，建筑行业成为一个完全竞争性行业。在这个行业里，不论国企、民企，都是作为一个完全的市场主体参与市场竞争的。一个建筑施工企业能不能生存，能不能发展，很大程度上取决于它的项目管理能力和水平。在市场经济条件下，一般来讲，建筑施工企业的运营可以概括为三件事，即接活、干活、算账收钱。"接活"的过程称之为"一次经营"，"干活"的过程称之为"二次经营"，"算账收钱"的过程称之为"三次经营"。企业的经营生产围绕着一、二、三次经营展开，企业的生产要素也必须根据一、二、三次经营的实际需要进行优化配置，企业的组织体系必须根据一、二、三次经营的实际需要进行合理设立，企业的绩效也就必须按照一、二、三次经营的实际效果进行评价考核。

企业通过市场竞争拿到"订单"——工程项目后，就要根据业主合同要求和企业的实际，组织项目管理班子，优化配置资源，确定科学合理的项目管理责任目标。这就需要建立责任目标考核机制，先要进行"价本分离"，也就是在企业通过投标中标的"价格"中，将企业要求项目经理部完成整个项目建造过程所需要的建造成本分开，确立项目经理部的责任成本考核目标。项目经理部在得到企业给自身确立的责任成本目标后，必须将责任成本目标进行分解细化，从而制订出项目的计划成本目标，来指导项目经理部的过程管控，从而实现企业"低成本竞争、高品质管理"管理目标。在这个过程中，项目成本管控是贯穿始终的，成本管理是企业项目管理的主线。这就是说，工程项目管理是建筑施工企业运营管理的基石，成本管理是项目管理的基石。

在明确了"一条主线"、"两个基石"之后，还必须要强调成本与质量、工期、安全、环保之间的关系，如果一味地"低成本"，忽视了质量、工期、安全、环保目标的实现，那最终"低成本"的目标也是无法实现的，必须科学合理地、综合平衡地考虑五大目标最优化，有效配置生产力要素，才能实现项目管理目标，实现通过尽量少的投入，得到尽量多的产出，不断提高企业精细管理的水平，从而提高企业的经济效益和社会效益。

低成本、少能耗、多产出、优品质、高效益是我们追求的目标，如何才能做到呢？近年来，建筑行业开展的"绿色行动"具有很重要的积极意义。所谓"绿色行动"，应该包括"绿色建造"、"绿色施工"、"绿色建筑"、"绿色城区"四个层次。"绿色建造"是指一个项目从投资者角度在规划设计阶段就要考虑节能减排，在源头上落实生态文明建设要求，要大力推行工程项目总承包制，实行设计施工一体化，改革设计、施工分离的管理体制，以使投资、规划、设计、施工等全过程都践行生态文明理念，消除"肥梁胖柱"，减少过度奢华建筑，提高资源利用效率，减少资源消耗。与此同时，要大力推广工厂化预制、现场装配化施工的工业化建造方式，依靠科技进步，实现节能降耗，减少污染，降低工程项目的建造成本。"绿色施工"是指在工程项目施工阶段，注意节能减排，在项目建造施工的全过程落实生态文明建设要求。要大力推广绿色施工新技术、新工艺，做好节能、节地、节材、节水和环境保护工作。推广可重复利用的生产工具与周转材料，促进施工过程中资源与能源的节约和综合循环利用。要大力发展建筑垃圾处理产业，推行建筑垃圾分类归集，专业回收处理，鼓励修旧利废，推广垃圾处理、垃圾发电、垃圾再生等建筑废弃物处理资源化利用，实现变废为宝，化腐朽为神奇，发展循环经济。"绿色建筑"是指建筑物本身要具有节能、产能功能，在建筑物的使用运维阶段降低能耗，落实生态文明建设要求。要以建筑物全生命周期来考量能源消耗，降低建筑物运维成本，综合考虑建筑物节能、环保、低碳、生态等诸多因素，大力发展光伏、光热技术、外墙保温技术，建造更多的"低耗能建筑"、"零耗能建筑"乃至"产能建筑"。要加强绿色材料的推广应用，加快淘汰高能耗、高污染的材料，减少对木材、黏土等自然资源的耗费，大力发展绿色建材。"绿色城区"是指综合考虑区域的人口、资源、经济、社会、文化和生态环境等重要因素，将城镇社区建设置于整个经济、社会、人文和生态系统中，在新型城镇化建设中落实生态文明要求。要统筹规划布局，坚持敬畏山水、环境优先，敬畏历史、文化优先，敬畏人性、民生优先的基本原则，大力发展绿色、节能、环保的新社区。推广新技术、新材料、新能源、新工艺，建设绿色、健康、零碳社区，打造科技创新、以人为本、生态宜居、可持续发展的活力新城。

总之，开展"绿色行动"，既是国家生态文明建设的战略要求，也是社会市场的客观需要。同时，又是建筑施工企业持续发展的必然选择，更是工程项目精细管理的题中之义。许多具有战略眼光的建筑施工企业在实施"绿色行动"，优化生产要素配置，强化成本管控，提升精细管理水平，降低能耗，提高效益等方面做出了不懈努力，取得了可喜的成效。

## 三、工程项目成本管理的方圆理论

中国建筑第五工程局有限公司（以下简称"中建五局"）作为创建于

1965 年的大型国有建筑工程企业，正是踏着中国项目管理，特别是建筑工程项目管理不断进步发展的三个阶段的脚步走过来，不断成长发展起来的一个新的大型国有建筑工程企业。2002～2014 年，本人曾有幸在中建五局工作。在我主持中建五局工作期间，与同事们一道根据建筑工程企业特点和企业"扭亏脱困"、"创新发展"、"差异化竞争"的持续发展战略，在深入思考"项目法施工"、中国国情中的项目管理、国际化视野下的中国项目管理创新等问题的前提下，以所属项目为研究对象和管理实践与总结的平台，着力考虑建筑工程项目的根本管理目标、核心管理要素、关键管理环节和以往存在的管理机制缺陷与系统管理的不足，将马克思主义生产力理论的基本原理、现代管理学"责权利统一"的基本原则和中国传统文化的"方圆之道"，运用到现代项目管理的实践中，持续研究总结，反复实践验证，形成了以"工程项目成本管理方圆图"理论模型为主体的项目管理理论体系。2011 年 6 月，"工程项目成本管理方圆图"模型被中国建筑业协会评为"全国优秀建设工程项目管理成果"一等奖。

"工程项目成本管理方圆图"（以下简称"方圆图"，见图 3-1）用"三实三虚"的线条构成一个有机的方方圆圆的几何图形，将项目管理的关键控制点（两个造价、五项成本费用）和管理着力点（四大支撑、三个效益）全部纳入这外圆内方、平衡稳固的图形中，系统地表述了施工项目管理的全部基本要素。形象地描述了一个建筑工程项目自投标承接开始，到过程施工管理，到最后结算完成，整个施工项目生命周期过程中各类项目管理行为和成本、收入及效益之间的关系。

### 1. "工程项目成本管理方圆图"是一种管理理念

首先，"方圆图"体现了中华文化的"外圆内方"的哲学思想。"方圆图"用三条实线、三条虚线形成的外圆内方的几何图线，意在将中国古典文化中"天圆地方"、"外圆内方"的哲学思想运用到现代项目管理的实践中。在市场经济条件下，建筑工程企业作为完全竞争性的市场主体，要想生存、要想发展就必须适应市场环境，适应激烈的市场竞争，因此，"方圆图"中凡是涉及企业外部要求的因素线条均使用"圆线"表达。同时，建筑工程企业作为一个运转高效的组织，内部管理又必须制定具有刚性的组织运行规则和规章制度，实现组织运行的硬约束和高效率。因此，"方圆图"中凡是涉及企业内部管理的因素线条均使用"方线"、"直线"来表达。"方圆图"就是要告诉企业管理者和全体员工，企业运营必须贯彻"内外有别"、"外圆内方"的基本理念和基本原则。其次，"方圆图"体现了"少投入，多产出"、"项目生产力最大化"的理念。"方圆图"将建筑工程产品的材料费、人工费、机械费、现场经费和专业分包费五大成本费用，置于"方圆图"的中间部位，并且把"材料费"置于正中间，意喻要实现"少投入，多产出"就必须以降低成本为中心，特别要关注占成本比例最大的"材料费"的节约。同时"方圆图"在涉及"五大成本费用"时用"虚线"来表达。"虚线"是可以"移动"的，意喻管理的重点在于"缩方"，也就是降低建造成本。还有，只有实现生产力要素的合理配置、优化配置，才能实现项目生产力的最优化，这方面，"方圆图"也给予了明确地提示，要求管理者必须综合考虑项目的质量、工期、安全、环保目标与"成本目标"的匹配性，不能顾此失彼，只有综合全面实现项目的管理目标，才能实现项目生产力的最优化。第三，"方圆图"体现了"责权利相统一"的现代科学管理的基本原则。"方圆图"中集中反映了建筑施工企业"接活、干活、算账收钱"的三次经营理念，将建筑施工企业的运营划分为三个阶段，通过"线条"区分"经营效益"、"管理效益"和"结算效益"，使得企业在对市场营销人员、项目管理人员、结算收款人员等不同群体进行行业绩考核奖罚时有了一个计算基础，"经营效益"的高低，决定"市场营销人员"的奖罚多少；"管理效益"的高低，决定"项目管理人员"的奖罚多少；"结算效益"的高低，决定"结算收款人员"的奖罚多少；这样就使得企业业绩考核奖罚兑现时有了一个可以衡量计算的客观基础，保证了企业责权利责任考核体系落到实处，从而提高全体员工的积极性，进而提高企业的经济效益和社会效益。"方圆图"中用不同的颜色表示三种效益，咖啡或茶色表示"经营效益"，意喻市场营销人员在承揽工程项目时的商务营销活动；用蓝色表示管理效益，是借用"蓝领"的含义，意喻我们的项目管理人员在施工现场辛勤工作所创造的收益；用"太阳的金黄色"表示"结算效益",意喻由于企业的有关管理人员用高于社会平均值的管理能力、技术、经验所创造的收益,并且这种收益要遵从市场规则,在阳光下取得。与此同时,由于企业进行了"价本分离"和"结算收款责任制",使得企业从市场上拿到的肥瘦不一的项目,在项目施工阶段得到了"削肥补瘦"。从而使各个施工项目经理部在企业对其进行管理业绩考核时处于同一起跑线上,解决了企业对施工项目经理部考核的公平性的问题,最终调动各个项目经理部的积极性,最大限度地提高企业生产力,提高企业经济和社会效益。第四,"方圆图"体现了"两个基石,一条主线"的管理理念。项目管理是建筑工程企业管理的基石,成本管理是项目管理的基石,项目的过程管理必须以成本管控为主线,这"两个基石,一条主线"的理念体现了企业管理和项目管理的核心要求,越来越得到业界的认可。实际上"项目成本管理方圆图"就是"项目管理方圆图","方圆图"体现的"两个造价、三个成本、三个效益、四大支撑、五类费用"涵盖于项目管理目标的各个方面,反映了企业层面与项目经理部层面的管理关系,从这个意义上讲,"方圆图"就是"项目管理方圆图"。体现了建筑施工企业管理必须以项目管理为基石,企业的一切管理工作必须以工程项目为落脚点和出发点。同时,"方圆图"在反映项目各项管理时是以成本管理为中心的,在反映诸如质量、工期、安全、环保等目标要求时,强调了他们的成本属性,强调了这些管理目标与成本管理目标的一致性、协调性,以及他们之间的相互作用,也就是说,成本管理是项目管理的基石,项目的过程管理必须以成本管控为主线。

2."工程项目成本管理方圆图"又是一种管理工具

首先,按照"方圆图"的要求,可以实现"价本分离",将企业从市场投标竞争中得到的"合同造价"与企业对施工项目经理部确定的"责任成本"分开,企业根据市场情况、项目具体情况和企业管控需要确定的"项目责任成本"是企业对项目经理部的考核依据。其次,"方圆图"还要求将经营效益、管理效益、结算效益三个效益分开,使企业业绩考核有基础,奖罚有依据。第三,"方圆图"将项目的质量、工期、安全、环保四大目标置于整个图形的支撑位置，这就要求项目管理必须以工期管理为纲，质量管理为本，安全管理为重，环保管理为要。第四，"方圆图"将项目建造的"五类费用"置于"内方"位置，清晰明了地要求项目管理必须以成本控制为中心，项目管理部的重点在于降低成本，目标在于控制"五类费用"。项目管理部必须采取切实有效地措施实施企业"降本增效"的目标。

3. "工程项目成本管理方圆图"也是一种管理方法

"方圆图"在管理实践中，首先，要求企业围绕项目管理实行项目经理责任制、项目组织策划制、项目过程管控制、项目结果考评制四项基本制度。其次，要求项目经理部要做好现场策划、施工策划、商务策划、资金策划四大策划。第三，在商务合约管理上要遵守"三大纪律八项注意"，"三大纪律"即"项目经理责任制"、"合约交底策划制"、"分供方选择招标制"三项基本制度；"八项注意"即"合同洽谈、价本分离、商务策划、供方管理、过程管控、签证索赔、结算收款、奖罚兑现"商务成本管理的八个主要环节。第四，在资金管理上，要实行"分资制"管理法，即"费用划分开，资金分级算，收支两条线"。

总之，通过"工程项目成本管理方圆图"模型，我们可以直观地分析一个建筑工程项目的管理过程，质量、进度、安全、环保、成本、效益等管理目标的状态，检讨项目生命周期全过程中的流程、制度是否合理、科学、有效，并通过不同项目在不同阶段所反映出的不同对应图形变化检验项目过程管理的所处的受控状态。

项目管理的理论来自于项目管理的实践。实际上，"方圆图"的形成是从2004年中建五局项目管理会议上"一二三次经营"概念的提出而开始的。中建五局以所实施的项目为研究对象和平台，通过深入学习马克思主义生产力理论的基本原理、理解现代管理学"责权利统一"的基本原则、领悟中国传统文化的"方圆之道"的基础上，在"信和文化"滋养下，用系统管理科学的思维和方法，以进一步清晰项目管理中的责权利为改进管理的出发点，以全面提升和创新项目生产力为目标，经过十余年的持续探索实践总结提升，最终形成本书所要论述的"方圆图"管理理论体系。这个管理理论模型是在施工项目管理的实践基础上总结创新出来的，通过数年来的应用，可以说它符合建筑工程项目管理的一般规律，符合中国工程建设市场的基本环境；在管理理念上的先进性与管理方法上的有效性方面，也是符合当前工程建设领域项目管理第三阶段的发展与创新要求的。无论从所表达的管理思想，还是所提出的管理方法上看，它是一个具有开放性的管理模型，值得其他领域的项目管理借鉴。至少，从中建五局自有的房屋建筑施工、基础设施营造和投资地产开发这三大业务板块的应用效果来看，是可以证明这一点的。

## 四、本书的基本架构

本书的基本架构如下：第一章绪论，概括介绍"工程项目成本管理方圆图"系统理论产生的背景，主要内容，创新点；第二章基础理论，主要论述项目成本管理方圆理论的三大基础性理论及其产生的土壤，也就是马克思主义的"生产力理论"，现代管理学的"责权利相统一理论"和中国传统哲学的"方圆之道"以及"以信为本，以和为贵"的"信和文化"；第三章具体介绍了"工程项目成本管理方圆图"模型的理念性、工具性和方法性三大属性及其内涵；第四章侧重阐述了"方圆理论"指导下的工程项目管理过程，主要包括组织管理、目标管理，并且将房地产投资项目的成本管理作为单独一节重点介绍"方圆之道"在房地产投资项目成本管理的应用。将基础设施投资项目的成本管理也作为一节，重点介绍"方圆之道"在基础设施投资项目的成本管理中的应用。对信息技术在项目管理中的应用也专门作为一节，对在"互联网+"的大时代背景下，工程建设企业的信息化、标准化、精细化融合进行了论述。为了给读者更具体操作的范例，本书第五章以中建五局运用"工程项目成本管理方圆图"进行项目管理的实践作为典型案例，以期使本书更加具有可操作性。需要说明的是，管理是一个不断创新、不断完善的过程，这些图例表单以及具体做法，随着时间的推移，会有一新变化和创新，提醒读者不可不察。

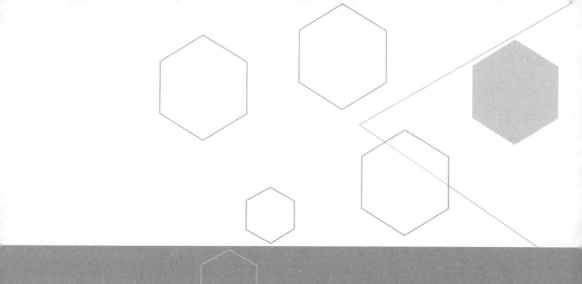

# 第二章

# 基础理论

"工程项目成本管理方圆图"理论模型是在马克思主义生产力理论、现代管理学"责权利相统一"基本原则与中国传统哲学"方圆之道"的基础上，在中建五局"信和文化"滋养下，借助企业从"扭亏脱困"到"创新发展"到"差异化竞争"的发展实践，结合中国国情下的建设工程项目管理和国际化视野下的项目管理创新要求，以进一步清晰工程项目管理中的责权利为管理改进的出发点，以全面提升和创新项目生产力为目标，创建的以成本管理为核心的项目管理模型。

## 第一节 对马克思主义"生产力理论"的认识

"生产力理论"是马克思主义哲学研究的重要范畴，也是马克思主义政治经济学研究的重要内容。虽然马克思主义政治经济学是从政治经济学的角度出发，将其主要研究对象确定为生产关系，但其学说中包含了关于生产力的丰富论述。特别是马克思在其一生中最伟大的主要理论著作——《资本论》（全称《资本论·政治经济学批判》）中，用了大量的笔墨，基于对生产关系的研究，对生产和生产力进行了深刻地阐述。马克思主义生产力理论是涵盖了要素生产力与协作生产力在内的二维理论体系，为研究生产力的内生演变和发展现象提供了有力的理论解释。

在马克思主义理论中，"生产力"的概念来源于"生产"的概念，是基于对人类劳动生产过程考察而来的。人类社会的起点就是劳动、生产，生产劳动是人类社会赖以生存与发展的基础。因此，对社会经济规律的研究必须要建立在对生产纵向与横向的正确认识基础之上。马克思主要以英国与德国的社会生产发展历程为研究样本，对生产力和生产关系的研究一开始就是从考察"劳动过程"，即生产过程开始的。他在《资本论》导言中就直接表明："面前的对象，首先是物质生产"；又在该书第一卷中明确指出："在劳动过程中，人的活动借助劳动资料使劳动对象发生变化，如果从劳动的结果即产品看，这一劳动过程就表现为生产过程，从而劳动对象和劳动资料可以统称为生产资料"。马克思主义理论认为：生产即物质资料生产活动，既是历史唯物主义的出发点，也是其政治经济学的出发点。①

因此，对于马克思主义的"生产力"，即"劳动生产力"，一般定义为：人类运用各类知识，制造和创造物质文明和精神文明产品，以满足人类自身

---

① 《马克思恩格斯全集》第 1 卷，1972 版。

生存和生活的能力，即劳动产出价值的能力。"生产力"与"劳动力"的区别在于前者是社会性的概念，而后者是个体性的概念。

由于生产力是指人们生产创造的一种能力，那么它就是一个大小、高低与水平的概念。马克思说："生产力当然始终是有用的、具体的、劳动的生产力，它事实上只决定有目的的生产活动在一定时间内的效率。"① 所以，生产力水平高，就是指生产活动的效率高。或者说生产力水平的外在表现就是生产活动效率。通常来看，"生产力"就用以表示某个集体组织生产行为的水平，某个具体的劳动组织所具备的生产力就是指这个组织的生产能力，组织的生产能力用生产力的水平来表示和概括。生产力具有社会性，是人们对社会状况的一种抽象概括表达，生产力概念，用以表示在某个社会层面范围内所存在的社会生产状况和生产水平，其生产力本身也是为表现人类社会发展进程中处于某个时期这个社会总的生产情况，并且，通常用生产力水平的高低作为衡量社会进步与否的标准。于是生产力就成了社会状况和社会形式进步与否的标志，是对社会发展水平评估的一个量化性工具。

可以看到，马克思主义政治经济学关于生产力理论的论述至少阐明四个方面的问题。一是回答了生产力是什么的问题。它提示了生产力的本质和内涵。马克思认为生产力的现代生产形式是"人的本质力量的公开的展示"，是社会生产实现程度的一种标志，反映出人类与自然的现实的历史关系。二是说明了生产力在人类社会发展进程中的基础性作用。正如他在《德意志意识形态》中所说："人们所达到的生产力的总和决定了社会的状况"。他认为一定的物质生产力决定了一定的生产关系以及其他的社会关系，并归根结底决定了一定生产关系基础之上所形成的政治上层建筑和社会意识形态。三是阐明了生产力和科学技术之间的一般关系。他在《资本论》中写到："同价值转化为资本时的情形一样，在资本的进一步发展中，我们看到：一方面，资本是以生产力的一定的现有的历史发展为前提，在这些生产力中也包括科学技术"、"劳动生产力是随着科学和技术的不断发展而不断发展的"。这充分反映

---

① 《马克思恩格斯全集》第 23 卷，1972 年版。

了科学技术在生产力中应有的地位和作用，体现了科学技术所固有的客观性和现实性特征。四是得出了生产力是衡量社会进步的根本尺度的结论。体现了马克思唯物史的基本观点。

正因为"生产力"是一个能力水平概念，是讲生产活动效率，即表现为生产绩效，那么它本质上应该是一种由劳动生产的自然条件、技术条件和社会条件组成的系统结构。所以对马克思主义"生产力理论"的认识，就应该对应地主要从生产要素维度、科技进步维度和组织协作维度来探究。同时，基于马克思主义关于生产力与生产关系是"生产力决定生产关系，生产关系适应生产力"的基本论断，我们还需从生产力与生产关系的相互作用层面予以分析认识。

### 1. 基于生产要素维度对马克思主义生产力理论的认识

所谓要素维度，就是从生产力要素组成的角度认识分析生产力理论。马克思主义政治经济学对于生产和生产力都进行了要素维度的论述。我们在此重点关注对生产力要素的相关论述。

马克思主义认为生产力的基本要素包括三个：劳动者、劳动资料和劳动对象，这三个基本要素决定了生产力的高低，更确切地说是必须具备有这三个要素相结合才能形成一定的生产力。当然，在马克思关于生产力与生产关系的论述诞生以来的一个半世纪里，随着社会生产变迁、科学技术进步与生产方式的日新月异，马克思主义研究者陆续提出了"生产力四要素"、"生产力多要素"等多类观点，包括诸如管理要素、信息要素、资本要素、文化要素、教育要素乃至精神要素等内容。实际上，我们认为这并不与马克思的原意相违背，因为他在《〈政治经济学批判〉导言》中明确说明了前述三要素是"最简单要素"。而且他还说："不论生产的社会形式如何，劳动者和生产资料（即劳动资料和劳动对象）始终是生产的因素。"

劳动者。马克思主义的定义是有一定生产能力、劳动技能和生产经验，参与社会生产过程的人们，既包括体力劳动者，也包括以各种方式参与物质生产过程的脑力劳动者。它是生产力诸要素最为活跃和最富有创造性的要素，是推动人类社会历史前进的根本动力。

劳动资料。马克思主义的定义是劳动者用以作用于劳动对象的物或物的综合体。以生产工具为主，也包括人们在生产过程中所必需的其他物质条件，如土地、动力、生产用建筑物、交通运输等。广义地说，劳动资料包括了劳动过程中除劳动对象以外所必需的一切物质条件。而且机械性的劳动资料比那些只是充当劳动对象容器的劳动资料更能显示一个社会生产时代的具有决定意义的特征。它们中有的是直接把劳动传递到劳动对象上去，如工机具类；有的则间接地发挥相应作用，如土地、道路类。而且，这其中前者起决定性作用，后者则是不可或缺的。另外，在不同的社会经济发展阶段，劳动资料的构成以及劳动资料中的各个部分的作用也会有所不同。如产业革命以前，劳动资料以手工工具为主体，产业革命以后，劳动资料就以机器为主体了，而在当代，劳动资料中的能源、动力、自动控制系统、物流运输系统、信息传递系统乃至资本运营系统的作用则已经越来越大。

劳动对象。马克思主义的定义是人们把自己的劳动加于其上的一切物质资料，包括直接从自然界获得的资料和经过劳动加工而创造出来的原材料。劳动资料和劳动对象一起被统称为生产资料。劳动对象的数量、质量和种类对于生产力的发展有很大影响。特别是随着科学技术的进步，人类不断发现自然界许多新的有用物质，或者是发现物质的许多新的有用的属性，使劳动对象的范围在以往基础上进一步扩大，因此劳动对象越来越多样化。特别是当代新的材料革命和生物工程的兴起，使人们可以选择性能更好的、价格更低廉的劳动对象，这对于生产力的发展具有重大意义。另外，对劳动对象和劳动资料两个概念，划分标准是按照它们在劳动生产过程所处的地位和所起的作用不同来区分的，两者是可以在一定条件下互相转化。有的在某种场合下是劳动资料，但在另一场合就会是劳动对象。有如一头牛，用它耕地时，它是劳动资料，但如果放到屠宰场宰杀时，它就是劳动对象了。

2.基于科技进步维度对马克思主义生产力理论的认识

马克思主义认为科学技术虽然本身并不是生产力的要素，但在它生产过程中转化渗透到生产力诸要素中实现、转化为现实生产力，所以科学技术也是生产力。马克思曾指出："生产力中也包括科学"。他在《资本论》中写到："固定资本的发展表明，一般社会知识已经在多么大的程度上变成了直接的生产力"、"大工业把巨大的自然和自然科学并入了生产过程，必然大大提高劳动生产率"、"社会劳动生产力，首先是科学的力量"、"在资本的进一步发展中我们看到，资本是以生产力的一定的现有的历史发展为前提，在这些生产力中也包括科学技术"、"劳动生产力是随着科学和技术的不断发展而不断发展的"等。

科学技术是被人掌握的，也就是科学技术被劳动者所掌握，于是它便转化为了劳动的生产力。同时，科学技术在劳动资料和劳动对象的物化过程中，又必然地转化为了物质的生产力。所以，就生产力的三要素来讲，科学技术把巨大的能量并入了生产过程中的生产力要素中，提升劳动者的技能、活跃度和创造力，提升劳动资料的先进性与生产能力，提升劳动对象的品质、种类和数量等，都是从根本上推动生产力水平提升的因素。因此，马克思主义生产力理论对科学技术有三个结论：科学技术是推动生产力发展的重要因素和重要力量；科学技术是推动生产力发展和经济增长的第一要素；科学技术的超前性对生产力的发展具有强有力的先导作用。马克思主义生产力理论对生产力与三要素之间的关系的正确表达为：生产力＝（劳动者＋劳动资料＋劳动对象）×科学技术。由此，科学技术已被后来的马克思主义理论发展者定义为"是第一生产力，是先进生产力的集中体现和主要标志"。

另外包括现代科学技术为生产管理所提供的崭新的科学理论、方法和手段，使生产力各要素更有效地组成一个整体系统来运转，并在生产力的发展中起着日益重要的作用，其最大限度发挥作用的结果也更是显而易见。只不过这应该归属于生产方式与生产关系层面的内容。

### 3. 基于协作维度对马克思主义生产力理论的认识

所谓协作维度，实际就是从社会分工合作的角度认识分析生产力理论。同要素维度一样，马克思主义政治经济学对于生产和生产力都进行了协作维度的论述。我们在此重点关注对协作生产力的相关论述。

　　所谓协作生产力，马克思主义生产力理论认为，是在既定生产力各要素质量不变的条件下，仅仅由于生产要素数量方面的、以某种形式进行组合的集合，就可以提高并且创造生产力。马克思在《资本论》第一卷中说道："许多人在同一生产过程中，或在不同的但相互联系的生产过程中有计划地一起协同劳动，不仅提高了个人的生产力，而且是创造了一种生产力"。"这种生产力是由协作本身产生的"。并且他在该卷中还归纳了协作本身导致生产力提高的九种原因或途径："由于提高劳动的机械力、由于扩大这种力量在空间上的作用范围、由于与生产规模相比相对在空间上缩小生产场所、由于在紧急时期短时间内运用大量劳动、由于激发个人的竞争力和集中他们的精力、由于使许多人的同种作业具有连续性和多面性、由于进行不同的操作、由于共同使用生产资料而达到节约和由于使个人劳动具有社会平均劳动的性质。"

　　同时，以分工和专业化为基础的协作，就必须要求构造某种协作劳动的组织形式，从而便创造了新社会劳动生产力。马克思在《资本论》第一卷中指出："工场手工业分工通过手工业活动的分解，劳动工具的专门化，局部工人的形成以及局部工人在一个总机械中的分组和结合，造成了社会生产过程的质的划分和量的比例，从而创立了社会劳动的一定组织，这样就同时发展了新的、社会的劳动生产力。"实际上，显而易见，即使最简单的协作，只要有一定的规模，都应该有严密的组织，否则金字塔和长城是建不起来的。更不用说以社会分工为基础的手工业工场和大机器工厂生产，只有更复杂的组织形式才会创造出更大的生产力。这样，由于大工业的协作变成劳动资料之间的协作。由于这种"劳动过程的协作性质现在变成由劳动资料本身的性质所决定的技术上的必要"，必然"要求以自觉应用自然科学来代替从经验中得出的成规"，所以社会协作"把巨大的自然力和自然科学并入生产过程，必然大大提高劳动生产率"，社会生产力由此就更加获得巨大的发展空间。正如马克思在《德意志意识形态》中所说："一定的生产方式或一定的工业阶段始终是与一定的共同活动的方式相联系的，而这种共同活动方式本身就是'生产力'"，因此，"一个民族的生产力发展水平，最明显地表现在该民族分工的发展程度上"。

从协作维度学习、认识马克思主义生产力理论，我们可以得到以下结论性的启示：一是协作导致生产资料的节约和规模扩大，从而提高了作为物的要素的生产力；二是协作会刺激劳动者的竞争心和好胜心，从而提高了作为人的要素的生产力。正如马克思说的："且不说由于许多力量融合为一个总的力量而产生的新的力量，单是不同层面的社会接触就会引起竞争心和特有的精力振奋，从而提高每个人的个人工作效率"；三是协作推进社会分工和专业化，进而使协作生产力本身获得进一步的发展；四是协作导致作为要素生产力的管理职能的产生，而管理的有序性一定会提高生产力，马克思用一个乐队需要指挥、一个军队需要军官来证明这一点；五是社会分工和专业化促进要素生产力（包括人与物的要素）的改进和提高；六是社会分工导致不同产业的集聚和专业化的扩展，进而促进整个社会的生产力发展。

4.基于生产力与生产关系相互作用的维度对马克思主义生产力理论的认识

马克思主义认为，生产关系是人们在物质资料生产过程中所结成的社会关系。它是生产方式的社会形式，是人类社会存在和发展的基础。生产关系包括了所有制形式、人们在生产中地位与相互关系、产品分配关系三项内容。是马克思、恩格斯提出的标志历史唯物主义形式的基本概念。

生产力与生产关系二者的有机统一构成了生产方式。就生产方式来说，生产力是内容，生产关系是形式。生产力决定生产关系，同时生产关系对生产力有反作用。生产力的发展是生产关系变化的原因，是新旧生产关系更替动力和依据。生产关系是否能够推动生产力发展，是评判其先进与落后的根本标准。生产力与生产关系之间的矛盾运动规律是人类社会发展的基本规律。

马克思主义政治经济学关于生产力与生产关系的论断归结为：生产力决定生产关系，生产关系必须适应生产力。一方面，社会生产力的发展导致社会生产关系的变化。另一方面，社会生产关系与社会生产力发展相适应时，就促进生产力的发展，从而促进整个社会的向前进步；但当生产关系与生产力发展要求不相适应时，就会阻碍生产力的发展，从而阻碍社会的进步。因此，生产关系一定要适合生产力发展的状况，是人类社会发展的普遍规律。

马克思主义关于生产关系三项内容的论述以及关于生产力与生产关系相互作用、矛盾运动规律的揭示，使我们至少认识到以下几点：一是考察生产关系是否适应生产力的发展状况，或者说是否阻碍生产力的发展，必须兼顾生产关系的三项内容系统考虑，包括所有制关系是否科学，人们在生产过程中形成的相互关系是否协调，分配机制是否相对公正合理。二是认识到一定是生产力决定着生产关系，只有生产力发展才会导致原来生产关系改变，它一定是个被动的发展过程，我们不能试图从主观上改变生产关系的内容来提升所谓的生产力水平。否则，这种"改善的生产关系"只会是因为"超前"于生产力发展状况而不适应当前生产力水平，阻碍生产力发展。三是生产关系必须适应生产力发展要求，才会使当前生产力水平呈现最大化，如果生产力水平没有最大化，则生产关系一定有改进空间。但又正如前述，生产关系不能"超前"。也就是说生产关系必须"跟着生产力同步走"，既不能落后也不能超前。

总体来讲，本节对于马克思主义生产力理论的学习和认识阐述，并不基于对马克思原著的纯理论探讨，更不是对后期发展的各类马克思主义哲学和政治经济学观点分析作理论上的穷究讨论。而是基于认为其以社会生产过程、经济活动为考察对象，以历史唯物观、辩证方法论得出的深刻理论精华是非常正确的，并能指导我们在企业管理上改善企业管理层面的"生产关系"，进而提升我们企业和项目层面的"生产力"而进行的分析认识。特别是类比于马克思主义生产力理论对生产力的要素维度、科技维度、协作维度的理论论述和生产力与生产系相互作用规律，对于我们在企业管理、项目管理中如何做到"生产力最大化"启示巨大。

## 第二节　对现代管理学"责权利相统一理论"的理解

管理，是指通过对资源的有效运用，以有效实现组织目标的协调活动过程。这个定义说明了管理的三层含义：管理的本质是决策指挥；管理活动的主要内容是协调；而管理的作用在于它的有效性。

管理源于社会生产的协作，普遍存在于社会化生产的每个角落。正如马克思主义政治经济学理论所说：协作导致作为要素生产力的管理职能的产生，而管理的有序性一定会提高生产力。马克思还用一个乐队需要指挥、一个军队需要军官来证明这一论点。

管理学作为一门学科，其产生和发展，是基于大工业生产的发展而产生和发展起来的。以弗雷德里克·温斯洛·泰勒（泰罗）的《科学管理原理》为标志的古典管理学形成后，先后形成了决策理论、运营理论、系统理论、控制理论等各类管理学分支，进而发展为当代的组织管理学。到20世纪50年代，以彼得·德鲁克的著作《管理的实践》问世为标志，管理学进入了现代管理理论发展时期。现在，随着社会生产的日新月异，现代管理学已经派生了多达几十类的分支理论，并已经呈现出了发展迅速、多学科交叉融合，以及向哲学化高度迈进的趋势，成为现代科学体系中不可或缺的前沿学科。

但不论现代管理学的分支如何众多，内容如何发展丰富；其基本原理不论是总结为"四个基本原理"，还是"五个基本原理"；我们看到，"责权利相统一"始终是现代管理学遵循的基本原则。

所谓"责权利"，即责任、权力和利益的简称。"责"就是应当担当或承担的责任，是对应职位上所对应的应当负责的义务，通俗地说是分内应该完成的事情或实现的目标；"权"是权力，是个人职责范围内所被赋予或拥有的支配力量，通常被描述为组织中人与人之间的一种关系，一般指由国家行政体系与业务运行中向特定人（岗位）或单位明确的支配力量，特指处在某个管理岗位上的人对整个组织或所辖单位及人员的一种影响力，简称管理者影响别人的能力。权力包括专长权、个人影响权和制度权（法定权），管理学重点关注是制度权。"利"是利益，是指在一定的生产基础上获得的社会内容和特定的需要，是一个社会学意义上的概念。由于人的需求是多种多样的，所以利益也是多种多样的。其实通俗地讲，利益就是能得到的好处，包括物质利益和精神利益。

所谓"责权利相统一"，则是一个管理学上的概念，是现代管理学的基本原理之一。现代管理学理论强调，管理必须遵循"责权利相统一"的原则。一方面是指出责、权、利三者是相辅相成、相互制约、相互作用的关系，另一方面是要求社会生产活动中的管理活动的责、权、利三者应该对等，才能调动管理资源的积极性。即在社会生产活动中负有什么程度的责任，就应该具有相应程度的权力，同时应该取得对称的利益。其讨论对象是生产要素中的劳动者，是讲人的因素，包括管理学中的管理者和被管理者都应遵循这一原则。现实生产生活中，一般贯彻着"责权利相结合"、"责权利一致"或"责权利对等"的原则，都是遵循了"责权利相统一"原理。

"责权利相统一"可以由管理学的"责权利三角形定理"进行全面解读（图2-1）。

标准的或者说理想的"责权利三角形"把责、权、利分配为一个等边三角形的三条边。同时把人的能力作为三角形的高。因此这个三角形就包括了四个组成要素：责任、权力、利益和能力。

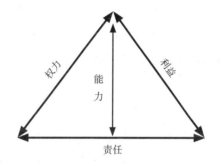

图2-1　责权利三角形

之所以把责、权、利分配为等边三角形，就是强调管理学要求的责权利相统一原则。而且我们必须知道，这个等边三角形所表达的对等要求，不但是制度设计者所期望的，而且也是处在被管理地位的当事人所期望的。如果这个三角形不是等边三角形，即责、权、利的大小（在三角形上表现为边的长短）不配比（不对等），则我们会发现，一方面的结果是，非对等的各种配比类型都存在明显的管理上需要改进的问题，都比不上配比对等时的经济性；另一方面，当事人会试图通过其他的甚至是非正常途径来补充"三角形短边"。

我们把三角形中责、权、利的情况简化为大、小两种状态，以表示其不对等的配比关系，则可以组合成表2-1所示的6种不同情形。

责、权、利配比关系                                           表 2-1

| | 第 1 种 | 第 2 种 | 第 3 种 | 第 4 种 | 第 5 种 | 第 6 种 |
|---|---|---|---|---|---|---|
| 责任 | 大 | 大 | 大 | 小 | 小 | 小 |
| 权力 | 大 | 小 | 小 | 大 | 大 | 小 |
| 利益 | 小 | 小 | 大 | 大 | 小 | 大 |

第 1 种情形：利益小，但责任和权力都偏大，或者说是责任和权力相对比较配比，但利益过小。这时，容易诱使，甚至在一定条件下是迫使当事人利用手中的职权去谋取自己的私利，以补偿责任重大而利益太小所遭受的损失。一旦把握不好，很容易形成滥用职权、过度消耗企业资源和财富的情形。解决这个矛盾的措施，当然最好是提高"利"，使它与其他两个要素配比统一起来。但现实中经常出现的情形不是"放利"，而是"缩权"，即减小其职权或限制其权限的发挥，或者是在强化权力监督机制方面作文章。显然这是没有看到问题的本质，是治标不治本的做法。而这种状态就是下述第 2 种情形。

第 2 种情形：责任大，但权力与利益都偏小。或者说是权力与利益相对比较配比，但责任过大。这种情形下通常的结果是责任形同虚设，因而既定目标不可能完成。或者说当事人无论从客观具备的条件、职权能力来看，还是从所获利益而带来的主观能动性上的努力意愿，对于责任目标来说都是难以支撑的。最后形成当事人抱怨不休、推诿扯皮的状态，甚至撂挑子另谋出路。这种情形对组织来说最大问题是降低了效率，在某种程度上浪费了人力资源。对当事人来说则会认为组织所给的平台不够，不足以体现个人价值，同时因为所得的利益太少，消极怠工。

在管理实践中，一般情形下是领导喜欢给下属承担更多的责任，但实际都达不到其预想的效果。因为在没有先行调整权力与利益的条件下，增加责任总是上级管理者的一厢情愿，但现实中的每一个人都几乎是平衡专家，他一定是在生产生活中衡量着自己的得失，做最经济的盘算。

第 3 种情形：权力小，但责任与利益都偏大。或者说是责任与利益相对比较配比，但权力过小。这种情形与第 2 种情形的问题有一定的类似。一方面，当事人限于所授予的职权能力根本无法完成既定的责任目标，使组织利益蒙受损失。同时从组织整体层面来看则是降低生产效率，即在某种程度上浪费了人力资源。另一方面，对当事人来讲，较大的利益预期就像责任目标一样，是镜中花、水中月，变成了高空中的一个"饼"而已，久而久之就会失去激情。要么感觉"多干多错、少干少错、不干没错"，作一天和尚撞一天钟，久而久之，表功的多了，做事的少了，锦上添花时都来了，雪中送炭时都跑了，要么感觉工作太吃力，进退两难，抱怨指责。显然这是很不理想的管理状态。

实际上，在很多组织、企业中，授权问题一直是"老板"们的难题。一方面是企业生产经营活动千头万绪，有大量的具体事情和问题要处理，但受专业技能、身体和时间等因素的制约，自己不可能包办所有的事情。另一方面又总是担心下属做不好。于是在组织架构设计或授权时犹豫不决，甚至有些当权者宁愿权力放在手里而效率低下，也不愿意放权到下属，结果下属永远无法得到应有的锻炼与成长机会。因而企业总是无法做得更好更大。其实，实践证明，充分相信下属的能力，科学、有序地放权出去，在组织生产力的提升上，其效果往往是以几何级数增长的。

第4种情形：责任小，但权力和利益都偏大。或者说是权力与利益相对比较配比，但责任过小。一般来讲，这种情形在现代企业管理中很少有现实意义，因为通常情况下，三角形中的权力和利益两个要素被确定下来后，责任要素的大小会被固定下来。包括前述的第2种情形也会是比较少的。这种情形的不良结果当然是显而易见的，那就是对企业的明显不经济，人浮于事，利益高出部分不仅构成了企业浪费，还有可能对其他三要素成配比的员工形成不公平，扰乱企业的"生态环境"。调整这种情形的方法主要是两个：一是正确评估责任的虚置和被掏空的成本，把原来多余的水分挤出来，成正比例地增加责任；二是成反比例地裁减人员。当然还可以进行权力和利益的调整。

第5种情形：权力大，但责任和利益都偏小。或者说是责任与利益相对比较配比，但权力过大。这种情形下，容易形成权力过剩。权力过剩一般会导致两个方面的问题：要么滥用权力做不相干于岗位职责的事，随意发号施令，瞎指挥，并助长不利于组织凝聚的长官意志氛围；要么是当事人形成"没有挣到那份钱，不要管理那些事"的心态，使过剩的职权得不到充分开发，形成企业管理中不应该存在的一些真空或盲点。

第6种情形：利益大，但责任和权力都偏小。或者说是责任与权利相对比较配比，但利益过大。一般而言，这种情形在现实管理实践中也少有出现。如果要说这种情形的问题，则类似于前述第4种情况：首先是对于企业来讲不经济，超出的利益部分形成浪费，同样对于其他人也会是不公平的。而对于当事人来讲，有可能促使其主观层面去想办法更完美地完成责任目标，但也可能让当事人形成专心于一己私利，总是打小算盘，做老好人，或是为了保住这种岗位现状专走所谓的"上层路线"。当然，就这种情形还有一点是管理者应该清楚的：那就是在以"经济人"为假设前提的生产经营活动中的人的激励机制上，利益的作用常常是巨大的。何况一个企业在人力资源上的利益投入所节约下来的机会成本，给企业带来的潜在发展能量更是不可忽视的。

其实，除前述六种组合情形之外，根据"责权利三角形"的三个要素和两种状态，还应该有两类组合情形，即三者都"大"或三者都"小"的情形。实际上这就是责权利相匹配的状态。只不过前者的特点是明显良性运转的状态，越"大"越适合层级越高的"领导人"，而后者则是相对于职位处于下层相对应的人员。

另外，"责权利三角形"中还有一个"能力"概念。我们认为从"能力"作为"等边三角形"的"高"可以进行两个方面的辩证理解：一是在责权利相统一的前提下，也就是责、权、利构成等边三角形时，当事人也必须具备相对应于"三边大小"的"能力"，否则他就不能成为这个"三角形"的"高"；二是"能力"处在"三角形"内，作为"高"线它一定是小于"等边三角形"的"边长"，即能力一般要小于责权利任何一方才符合这个三角形的要求。这对于现实管理实践中的人力资源管理在选人用人方面的启示至少有如下两点：一个人的能力应该在基本适合岗位责权利的前提下小于"责权利"。能力小于责任时，才会有学习上进的动力；能力小于权力时，才不至于将权力玩弄于股掌之间而出是非；能力小于利益时，才会减少寻租或跳槽的想法。同时，随着一个人努力提升自己的能力，超过"三角形"的边长后，就应该转换环境到更高"三角形"职位。这正是管理学上由管理学家劳伦斯·彼得提出的"彼得定律"：一个人最终会提升到他不能胜任的岗位为止。

最后，对于"责权利相统一"还有一个三要素的顺序问题需要说明。即先"责"再"权"后对应"利"。为什么是"责→权→利"，而不是"责→利→权"、"权→责→利"，也不是"权→利→责"、"利→权→责"，或是"利→责→权"的顺序呢？因为这其中存在着一组逻辑关系：职位设置时，一定是先明确目标责任，有了责任，则要完成责任，于是再需要匹配权力；因为承担着责任，要履行完责任，才会由此获得应有的利益回报。所以，责权利既不能失衡，也不能错位。

因此，在管理实践中，无论是进行组织结构设计，还是进行岗位职责评价设计或进行授权管理设计，都应该是先分析岗位责任，再讨论对应这些岗位责任的权力匹配，最后以责任和权力的对应配比情况来确定岗位利益的合理配比。只有按"责→权，（责＋权）→利"的逻辑配置顺序，才是科学地、有效地实现"责权利相统一"目标的流程和方法。当然，对于责任与权力两个要素，其评价设计时还必须同时关注好"大小"和"边界清晰"两个方面的内容。而且责任的边界清晰要求相比权力的边界清晰更为明显，一般要求不能有"阴影"部分存在。而权力边界往往出于权力制衡和管理辅助的需要，则可能存在一定程度上的交叉。

总之，现代管理学阐明的"责权利相统一"原理，体现了责权利三位一体的特性。即责任、权力和利益均统一于当事承担者一体，责任者既是责任的承担者，也是权力的拥有者和利益的享受者。而且"责权利相统一"的内涵至少包括了两个方面的要求：一方面要求责权利三者必须对等匹配；另一方面要求实现其对等匹配还要讲求相应的逻辑方法。

"责权利相统一"作为现代管理学的基本原则之一，揭示了企业管理中可能存在问题时的一些根本原因。当管理出现问题的时候，也往往就是责权利三者不匹配，失去平衡和协调的时候。所以，当我们发现企业内部管理出现了这样或那样的问题时，首先应该想到我们的"责权利"关系是不是已经出现了失调现象，这将是我们学会从管理的根本机制上去发现问题和解决问题的方法和途径。

在管理实践中，"责权利相统一"的应用实际主要就体现在组织结构设计、授权管理设计和利益分配机制设计上。以"责权利相统一"为指导的管理实践重点把握两点：一是"责权利"必须互相挂钩配比，使组织成员能够对等地有责有权有利，克服有责无权或有责无利的责权利脱节状况；二是责权利明晰，使组织成员明确知道其具体的责任内容、权力范围和利益大小。当然，在这一原则指导下，还会涉及成员业绩考核评价等方面的内容。关于这方面的内容，将在以后的"方圆图"内容的相关章节，结合建筑工程企业的项目管理进行详细论述。

## 第三节　对中国传统哲学"方圆之道"的参悟

中国传统文化是中华民族长期形成和发展起来的文化形态。其之源远流长，是整个中华民族文明和智慧的结晶；其之博大精深，蕴涵了弥久丰富的文化与科学内容。她是中华民族数千年来延绵不息的精神源泉，更是中华民族在新世纪发展壮大的思想宝库。

"方圆之道"——天圆地方，外圆内方，是中国传统文化宝库中一颗闪亮的"恒星"，一直以来被国人尊崇为为人处世的座右铭。

"方圆"之说，据考证是源于中国古代的钱币。最早说外圆内方的方孔圆钱象征着天圆地方的是西晋时的鲁褒。他在《钱神论》中考据钱币的产生时说："上智先觉者乃掘铜山，俯视仰观，铸而为钱，故使内方象地，外员（圆）象天，大矣哉。"大意是说上古贤人在铸造铜钱时，上观天形，下察地势，于是造币取象于外形穹圆如天空，内形方正如大地，真是太妙了。而"外圆内方"用于表述人之性格，做事处世的行为和思想智慧，则最早是以反义词——"外方内圆"见于南朝宋人范晔的《东观汉记·郅恽传》："案延资性贪邪，外方内员，朋党构奸，罔上害人。"

铜钱形圆孔方的形状，简洁朴实，其本意主要是为方便铜钱铸造时的操作，并考虑携带使用时的便利且不易磨损，但古代先哲和后世贤达却以"格物致知"的精神，不断从中悟出许多为人处世的道理，成为中国传统文化传承下来的大智慧。

西汉淮南王刘安在《淮南子·主术训》中说："智欲圆而行欲方。"即讲思想方法要平顺中庸、灵活多变，而行为原则则要方正有度，不能丢失正气和品德。

元末明初道人洪应明的《菜根谭》则讲："处治世宜方，处乱世当圆，处叔季之世当方圆并用。"阐述了不同的时代背景下应该选择不同的方圆处世态度。

晚清重臣曾国藩的《曾国藩家书》："立者，发奋自强，站得住也；达者，办事圆润，行得通也。"也是讲内方外圆方能成事。

近现代著名教育家黄炎培给儿子告诫道："和若春风，肃若秋霜，取象于钱，外圆内方。"意即做人处世当方圆并举，该方则方，须圆应圆。

"智圆行方"被中国历代当作境界很高的人生道德和智慧。很多人因领会"方圆"之道而成就功业，诸如春秋时的越王勾践、西汉的高祖刘邦、三国时的蜀汉国君刘备、乾隆时期的名臣刘统勋与刘墉父子以及晚清重臣曾国藩等。而因欠缺"方圆相济"，使自己"出师未捷身先死"的案例也不少。如北宋名相寇准、南宋名将岳飞等。唐代著名文学家柳宗元也因方正有余、锋芒毕露而多次被贬，最后觉悟感叹道："吾子之方其中也，其乏者，独外之圆者。"

由此总结："方"为做人之本，是堂正立世的基石；"圆"为处世之道，是善身处世的锦囊。"外圆内方"既是思维方式，也是行为方法。

再进一步对"方圆"进行体会，可以发现，"方圆之道"的内涵应该同时对"方"与"圆"进行两个维度的体悟。于"方"，一是讲单个的人为人方正，有自己的主张和原则底线，不被外人所左右。讲团队、企业乃至国家和民族，则是讲制度严谨、法纪严明，不容侵犯破坏，这是一个维度。另一个维度则是从汉语言文字文化上体会，"方"的另一个意思是"方家"——有能力、有智慧的人。同样，于"圆"，一是讲性格圆融、思路开阔、整体全局地思考问题、行为方式适合时宜、适合对象需求。而从汉语言文字文化上体会，它也作为一个动词——如"圆梦"、"圆场"等，则是讲完美实现目标的过程、最佳达到目的的途径。

"方"，方正。棱角分明，稳健严谨，有张力。"方"为静态，不思变通，是具象性的。讲做人做事有主张、讲原则、守底线。团队组织讲求内控有序、管理系统、流程规范、制度严谨、权责清晰、规则至上、奖罚分明。

"方"，方家，大方之家。指饱学之士，精通专业技能，掌握高超技术的人。说明要做好"内方"，不但在精神思想层面要怀抱原则、坚持信念，还得本身具备过硬的本领，具有完成学习、工作目标的专业能力。

"圆"，圆融，圆通。整体思考，灵活变通，因时而异。"圆"为动态，随机应变，是初象性的。讲求适时而为，灵活多样，平衡协调。

"圆"，很好地完成，最佳地实现。指为完成目标而选择合适的过程、完美的途径去实施。

"外圆内方"是取象于形，实际就是做事为人需要方圆相济、方外有圆、圆中有方。一个人如果仅持方正、突棱出角，不合时宜地坚持自己的主张和原则，就会经常头撞南墙，即使是再好的愿望也会经常难以如愿达成；但一个人如果总是八面玲珑、圆滑过人，总想着自己占便宜，让别人吃亏，或总是瞻前顾后，照顾方方面面的情绪，那也很容易失去机会，难成大事。过分圆滑，凡事"打太极"，甚至圆滑得让人捉摸不定，没有底线，有时候招来的可能是众叛亲离的结局。因此为人做事必须遵循外圆内方的规律，在具备"大方之家"能力的基础上，把握自己的底线原则，在实现方法和途径上应要讲究技巧、认清时务，主动灵活地创造办事所需的天时、地利、人和环境，才能进退自如、游刃有余地完美实现既定目标。而且在某种程度上来讲，能"圆"比有"方"对于成功更为重要。正如西方现代人际关系学奠基人戴尔·卡耐基所说："一个人的成功只有15%是依靠专业技术，而85%却要依靠人际关系、有效说话等软科学本领。"

方圆辩证，相辅相成。是一种艺术，是一门哲学。所谓"有圆无方则不立，有方无圆则滞泥"。一方面，于个体的人而言，总是应该坚守一些信念，要有尊严与道德的底线，这些信念无论大小，底线无论高低，都是生命中挺立不倒的骨架。于组织、企业、国家和社会，则必然要有相应的法度与规则，必须提倡真善美，反对假丑恶，必须是非分明、奖贤惩奸，"秉天下之大公方能服天下之大众"。此即所谓的"方"，是个人和团体赖以存在的基础——无方则不立。另一方面，"圆"是方法和策略。有能力、有信念、有原则还得在社会生活中付诸实践，以实现自己的目标。与外界的沟通、协调是实现自身价值的基本媒介。每个人的内心复杂多样，每个人的性格也有不同多面。不同的团体也会有不同的需求。中和的行为方式总是易于被人理解，偏激的行为多为人们难以接受。有时候正直的实话也会像是过热的阳光，要灼伤人们的眼睛。讲究策略的表达总是更容易取得事半功倍的效果，而直接鲁莽的要求通常会造成事倍功半的局面，甚至是无功而返——无圆则滞泥。所以，只有方没有圆，为人行事死守规则，毫无变通，就会曲高和寡，走入极端。只有圆没有方，则会失去基本的立世准则，一味阿谀谄媚，甚至不择手段，必将失去他人的信任和尊敬，最终落得一败涂地。只有方圆结合，辩证相成，才会恰到好处，乃至得到一加一大于二的结果。

真正悟得"方圆之道"的人，是大智慧与大胸襟的结合体。有着大方之家的才能，有着宁静智慧的平和。其藏巧于拙，或大巧若拙。真正"外圆内方"的人对大喜悦与大悲伤都能泰然处之，有着"不以物喜，不以己悲"的心态，有着"泰山崩于前而面不改色，黄河决于口而心不惊慌"的定力。真正"方圆相济"的人借时势而起，顺时势而为，把握最佳时机。行动时迅速干练，退避时审时度势，决绝干脆，所谓"动如脱兔，静如处子"、"该出手时就出手"。真正"寓方于圆"的人，在强大对手高压或外围环境不具备时，以拙诚相周旋，他们没有失败，只有以积蓄力量的韬光养晦来等待，而且往往是转危为安，化危机为时机，转逆境为顺境。远如曹操"青梅煮酒论英雄"时的刘备、诈病骗曹爽而奠基西晋的司马懿，近如"遵义会议"时期的毛泽东，"三起三落"的邓小平，都是个中之代表。

因此，取象于"天圆地方"的"外圆内方"作为中国传统文化的精要，至少包括了两个层面的文化基本精神：一是阐述个人与他人、个人与团体以及人与天地、自然和社会环境之间的融合联系，强调人的思想行为应注重兼容和谐的精神要旨；二是以经世致用为目标的儒家思想精神。坚持"内方"的原则底线，以"大方"之家的能力，加上"外圆"有效地沟通方法与最佳途径，从天地融和之理出发，落脚点则是以力求在现实社会中实现人生价值为评判成功的标准。

取象于"外圆内方"的"方圆图"，正是在深刻体悟"天圆地方"、"方圆相济"的思想过程中，汲取中国传统文化的精华，直观上体现了"中国式"管理的特性。用外圆内方的整体几何图形来表达项目管理的内外要求：对外的管理行为强调能动性、协调性；对内的管理行为强调标准化、制度严谨、权责清晰、规则至上、底线制约。进而使企业的项目管理更有效地适应当前中国建筑市场，创造更好的项目管理现实业绩。

## 第四节 "工程项目成本管理方圆图"孕育自"信和"主流文化

"方圆图"产生于中建五局，还有一个重要的企业微观文化环境因素是必须向读者进行说明的，那就是孕育"方圆图"的中建五局"信和"主流文化。它是"方圆图"的理论得以系统形成并快速有效应用，获得最终成效不可或缺的企业内部环境条件和催化剂。

中建五局对自己企业文化的主动总结提炼始于 2003 年，成形于 2006 年。它以源远流长的中国传统文化、所在地域的湖湘文化和所属母公司的中建文化为基础，总结下属三个优秀分公司文化的先进成分而形成，最终用"信"与"和"二字冠名。这两个字都是中国传统文化中的精髓之词，也是近些年来中国社会经济活动中使用频度相当高的词汇。古今相融，不可多得。

"信和"主流文化的"信"指"信心"和"信用"，"和"即为"人和"。"信心"是针对人的个体本身而言，"信用"是讲人与人、人与社会之间的关系，"人和"

则指追求的目标,讲最终结果。显而易见,这个文化贯穿了"以人为本"的主线,其内在逻辑是:以源自于个人内心的信念力量,营造人与人之间诚信的氛围,从而达成企业、员工与社会和谐共生的人和目的。

"信和"主流文化中的"信心"文化被定义为中建五局的企业立业之源。即为企业得以生存发展的源泉。包括了三个层面的内容:一是强调积极的思维。信心是一种精神力量,当信心源自于科学的信仰,并奠基于客观现实时,这种力量就是所向披靡、无坚不摧的力量。托尔斯泰说:"决心即力量,信心即成功。"每个企业在发展过程中都不可能一帆风顺。坚持以积极的思维去工作,去解决问题,企业的发展就不会止步于一时的困境。相反,失去了这种积极的思维,也就是失去了主动求生的意识,企业就会在困境中越陷越深,甚至走向衰亡!二是强调积极的心态。对于一个企业的发展而言,信心就是旗帜,信心就是力量。只要旗帜不倒,信念犹在,企业就不会被暂时的困难击倒,就总能找到摆脱困境的办法。在困难的时候,讲困难是很容易的,但不讲困难找信心则是需要勇气的。三是积极地工作。做企业,发展是第一要务,发展是解困的根本途径。发展要靠积极的工作去落实。在好的战略与方法的前提下,以"高层领导用命工作、中层干部用心工作、一般员工用力工作"的状态去扎实地落实每项工作,企业必将以跨越式发展的实践成果,从物质层面支撑每个员工的信心!

"信和"主流文化中的"信用"文化被定义为中建五局的企业立业之本。即为企业得以生存发展的根本。认为如果企业背弃了信用,仅仅满足于追求企业眼前的短期利益最大化,必将受到市场的惩罚。也包括了三个方面的内容:一是讲企业对社会的"守信"。企业对于社会和业主,要追求诚实信用的经营方式,崇尚规则,守法经营,提供最优质的产品和服务,力争为客户和社会带来更多的价值。现代市场竞争要争夺的,其实是顾客的满意度,谁拥有了顾客,谁就拥有企业的未来。企业必须从倡导履约意识开始,通过每一个项目全面履约,树立"不为失约找理由,只为守信想办法"的价值观,逐步赢得顾客信任,并以合同外超值的服务,使其满意度上升为品牌忠诚。二是讲企业与员工的"信用"。每个满意的顾客身后,都站着一批企业满意的员工。企业对员工的诚信表现为"福利员工"，员工对企业的诚信表现为"忠诚企业"。企业只有真心"福利员工"，员工才会自觉"忠诚企业"；企业坚持"付出必当回报"，员工才会相信"付出必有回报"。每个员工本职工作质量的提升，又外化为企业对顾客、对社会的诚信，从而形成一个良性互动的信用体系。三是讲员工人与人之间应遵循的"诚信"原则。表现为生活工作中的相互尊重、真诚相待、沟通顺畅、言行一致。

"信和"主流文化中的"人和"文化被定义为中建五局的企业立业之魂，即为企业得以生存发展的灵魂。"人和"是企业内部、企业与同行和业务关联方、企业与社会和环境之间应当保持一种共生共赢的良好生态，形成"天人合一、人人合一、个人合一"的和谐氛围，这是一个企业追求的最佳状态。同时，企业应当遵循人本理念，营造"企业即人、企业为人、企业靠人"的人本氛围，增强员工在企业的成就感、成长感、归属感，让所有有贡献的人能分享企业发展的成果，实现强企与富民的共赢目标。从这个角度看，企业构建"人和"文化的过程，实际上是一个塑造价值观的过程。它的具体内容包含了三个方面：一是企业内部的"人和"。强调这种"人和"不是迷失自我的一味附和，而是"和而不同"的一种境界，是建立在统一价值观和公平正义基础之上的一种企业内部秩序，是团队的统一与个性的张扬相统一，是企业的发展与员工的成长有机结合。企业致力于在内部营造积极、健康、向上的人际环境和公开、公平、公正的制度环境。二是企业外部的"人和"。从宏观上来讲，企业应当与社会及环境处于和谐共生的状态，应当遵守社会生态观念，兼顾自身发展与生态环境保护之间的关系，着眼于提高人类的生活质量、造福子孙后代，实现企业与社会、企业与环境的共赢共生；从微观上来讲，建筑工程企业是处在产业链中游的企业，它与上下游之间不仅仅是单纯的经济关系，同时与同行也不能看作竞争关系，而是竞合关系，相互之间更重要的是要共同成长、共同发展，才能最终实现做强做大的可持续发展目标。企业与同行要变"恶性竞争"为"良性竞合"，与上下游供给与服务伙伴之间要变"纯商务关系"为"战略合作伙伴关系"，统筹相关方利益，共同做大"蛋糕"，实现共赢目标。三是员工个人的"心和"，也就是员工自己内心的和谐。我们强调企业员工要加强个人的修身养性，诚意正心，树立正确的世界观、人生观和价值观，弘扬社会主义核心价值观，正确处理"公与私、是与非、苦与乐、言与行"四组关系，提倡大公无私、是非分明、以苦为乐、言行一致，做到先公后私、是非明白、先苦后乐、少说多做，批评公私不分、是非模糊、计较享乐、只说不做，惩处损公肥私、是非颠倒、贪图享受、言行不一。教育员工做到"知足常乐、以苦为乐、助人为乐"，使企业员工成为品德高尚、内心和谐、乐观豁达、遵纪守法、爱岗敬业、勤奋工作，有益于己、有益于家、有益于人、有益于企业、有益于社会的人。

"信和"主流文化在前述的"信心、信用、人和"基本表述的基础上，在内化于心的企业文化精神层面还包含着"以信为本、以和为贵"的企业核心价值观；"创新、敬业、团队、节俭"的企业精神；"立德、立人、立业"的企业使命；"服务社会、福利员工"的企业宗旨；"社会尊敬、员工自豪、全国一流"的企业愿景；"尊重贡献、崇尚简单"的企业准则；"全国一流的房屋建筑施工总承包商、全国一流的基础设施专业营造商、全国一流的房地产品牌发展商"的三个一流的企业目标以及"规则无上、做守法企业，追求无限、创精品工程，地球无双、建绿色家园，生命无价、圆健康人生"的管理方针。

有这样一个源于自身的、先进的、充满活力的、塑造正确价值观的企业文化所营造形成的企业文化氛围作基础，必然地、理所当然地在它十多年的实践浸润下，会在促使企业生产经营跨越发展而形成丰富的物质价值的同时，也形成良好的企业管理理念、方法与制度层面的成果。"方圆图"就是"信和"主流文化在项目管理实践过程产生的，经过不断总结创新的众多管理成果之一。某种程度上，可以说是中建五局的"信和"主流文化孕育了系统的"方圆图"理论模型。这于"方圆图"管理理论中所体现"管理人本原则"和"管理伦理原则"方面的内容，最能说明其与"以信为本，以和为贵"的"信和"主流文化核心内容的传承与关联关系，这将在后面的"方圆图"管理理念和方法中予以得到充分体现。

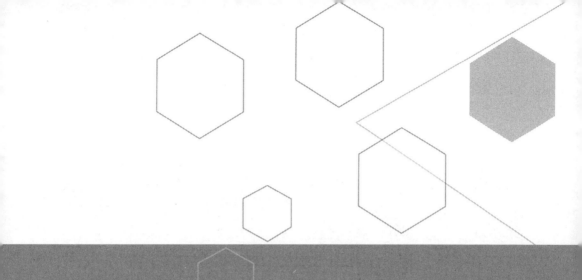

# 第三章

# 项目成本管理方圆图理论模型

　　"项目成本管理方圆图"外圆内方，虚实结合，是一个既稳固又极具张力的几何图形。它系统地表述了建筑工程项目管理的几乎全部要素，并赋予了丰富内涵的线型与色彩，充分体现了工程项目管理过程中各种管理行为和目标的内在逻辑关系，提炼出了理论层面的"四个管理理念"和实践层面的"四个管理工具"和"四种管理方法"。是一个在实践中总结出来的、科学研究分析工程项目管理的体系。

# 第一节　"工程项目成本管理方圆图"解析

从 20 世纪 80 年代中后期开始，中国由计划经济转入市场经济的形势逐步深入，以 1984 年国务院批准的《关于改进计划体制的若干暂行规定》为起点，中国建筑行业就完全被纳入到了最早实行市场经济、自由竞争的行业之一。同时随着改革开放的推进，全国各领域工程建筑迅猛发展，使原有建筑业的施工力量短时间内难以满足，进而造成了建筑企业入市门槛低、建筑产品技术难度低和项目一线管理水平与工人专业技能低的"三低"局面。这种似乎谁都可以做"建筑工程"的状态使建筑市场"狼多肉少"、竞争异常激烈的情形展现无遗。当然，企业同业间的充分竞争也说明了建筑行业是一个充满活力的市场。

另外，建设工程企业无论是国有还是民营，由于其所处的产业链地位，决定了其不存在任何计划保护和资源垄断优势。本质上，建筑工程企业就是一个"打工者"，它只有依靠自身的服务能力提升、服务水平提高，满足业主的项目履约目标，才能在这片完全竞争的"红海"中获得生存发展的一席之地。

## 一、"方圆理论"的建筑业背景

在中国建筑工程项目管理于 21 世纪之初进入新的创新发展阶段的这十多年时间里，中国建筑业企业在市场规模不断扩大的同时，感受更多的则是在这片"红海"的生存压力。一些有战略眼光的企业开始思考管理和文化的作用，根据自己的项目管理实践经验检讨企业的项目管理行为是否科学、是否符合中国建筑市场、是否有效，并认真学习项目管理理论，总结管理实践。"工程项目成本管理方圆图理论模型"（以下简称"方圆图"）正是在这种情形下应运而生的。它产生的主要背景有以下两个方面。

### 1. 外部的建筑行业背景

整体概括为日益激烈的市场竞争形成的建筑工程企业面临的严峻形势。

随着建筑工程市场竞争的不断白热化，建筑行业表现为明显的"五越"趋势性状态：工程项目的工期要求越来越短、工程质量要求越来越严、项目投标报价越来越低、工程施工成本越来越高、企业与项目利润越来越薄。

国资委统计评价局的统计年鉴数据显示，自 2004 ~ 2010 年，全国建筑业全行业的企业平均利润水平从 7.4% 下降到了 4.5%，整体下降率为 40.5%；其中房屋建筑业的企业平均利润水平从 6.6% 下降到 3.5%，下降率为 47%；建筑安装业的企业平均利润从 8.3% 下降到 6%，下降率为 27.7%。而根据湖南省招投标中心的统计数据，湖南省国有投资项目投标入围单位与中标单位的年平均数量比从 2004 年的 4.3：1 增加到 2010 年的 27.6：1；另根据湖南省建设工程造价管理总站定期发布的建筑工程造价指数与人工日平均工资数据显示，湖南省中高层房屋建筑指数以 2001 年为标准，造价指数自 2004 年的 109.08% 上涨至 2010 年的 137.48%，上涨百分比 28%，其中 2008 年的指数达到 139.19%，湖南省建筑人工综合用工日工资则从 2004 年的平均 38 元/工日上涨到了 2010 年的 145 元/工日，上涨幅度近 300%。当然，这期间乃至到当前，市场物资材料、设备租赁价格的持续上涨也是有目共睹的。

在这种情形下，建筑工程企业所处的环境显而易见：市场订单越来越难拿，现场管理越来越吃力，结算收款越来越难办，成本管控压力越来越大。我们看到：建筑工程企业面临着生存的挑战，如果不能真正体会并做到"低成本竞争、高品质管理"，企业有所发展是难以持续的。

另外，《建设工程项目管理规范》GB/T 50326—2006 于 2006 年正式发布，从行业规范层面要求建筑工程企业的项目管理必须坚持以人为本的科学发展观，采用先进的管理手段，全面实行项目经理责任制，不断改进项目管理水平，实现企业的可持续发展。

## 2. 内部的企业自身管理背景

概括为建筑工程企业的管理应当以项目管理为基石，而项目管理应当以成本管理为基石。

从 2003 年到 2013 年的十余年间，中建五局通过实施"扭亏脱困—创新发展—差异化竞争"的发展战略，攻坚克难，演绎了一个大型国企涅槃重生的生存发展奇迹。主要经济指标连续 10 多年创出历史新高。合同额从 2002 年的 22 亿元提高到 2013 年的 1335 亿元，营业额从 2002 年的 26.9 亿元提高到 2013 年的 628 亿元。这对企业的项目管理无疑提出了更高的要求，稍有不慎，一个项目的管理失误或严重经济亏损就有可能给企业带来不可预计的负面影响。

而就项目本身而言，其作为建筑工程企业最基本的生产单位，无疑是企业效益的根本源泉。企业所属的项目管理不成功，这个企业就不可能成功。企业如果做不好项目层面的管理，那么这个企业的发展显然会是无源之水、无本之木。中建五局作为一个建筑工程企业，效益主要来源于工程项目。所以说：企业管理必须以项目管理为基石。

面临市场日益激烈的竞争大环境，工程项目造价越来越低，根据企业内部统计全局的项目投标预期利润，则从 2006 年的平均 8.5% 下降到 2010 年的 5.94%。工程项目成本管理日益成为项目管理成功与否的重中之重。

在项目建设的几个基本要素中，项目质量与安全，政府、行业协会，包括业主与监理单位，不但有着严格的法规监管，还有契约关系的合同控制；项目进度也是业主和监理永远不会放松的管理目标，这都容不得建筑工程企业在这些目标管理上不予重视。而唯有项目的成本管控，则必须由建筑工程企业、项目经理部自己用心把握、自觉强化。只有真正在项目管理中实践"低成本竞争、高品质管理"，锤炼企业低成本的核心竞争力，扎实地围绕项目成本去抓管理落实，不断提升项目降本增效水平，才是建筑工程企业做强、做大、做久的不二法门。

而且，只要是用心管理过工程项目的人都会有体会，那就是"工地遍地有黄金"，项目要降本增效，途径很多，空间很大。同时我们发现：只要项目管理者用心分析、寻找工程项目管理过程降本增效的途径，科学系统地落实项目成本管理先进理念与方法，不但项目效益一定大有提升，而且项目的质量、安全、工期、环保以及诸如项目的人性化管理等"软目标"都会达到乃至超过预期。而反过来，项目的质量、安全、工期、环保和其他目标不能综合实现时，这个项目的成本管理目标多数都是空中楼阁，难如人愿。为此，我们统计了全集团 2004 ~ 2010 年 7 年的"五大"亏损与盈利项目的一组平均指标，如表 3-1 所示。

全集团 2004 ~ 2010 年"五大"亏损与盈利项目的平均指标　　　表 3-1

| 统计指标名称 | 指标数据（平均） | | 备　注 |
| --- | --- | --- | --- |
| | 亏损项目 | 盈利项目 | |
| 工期延误（天） | 91.00 | 2.29 | "亏损"项目高出"盈利"项目 38 倍 |
| 质量安全直接经济损失（万元） | 23.43 | 1.14 | "亏损"项目高出"盈利"项目 20 倍 |
| 与分供方争议纠纷（次） | 7.71 | 0.29 | "亏损"项目高出"盈利"项目 26 倍 |
| 员工主动申请调动（人次） | 4.83 | 0.14 | "亏损"项目高出"盈利"项目 34 倍 |
| 业主满意度（分） | 63.29 | 96.57 | "亏损"项目低于"盈利"项目 34.5% |

项目管理是建筑工程企业管理的基石，成本管理是项目管理的基石。当然，如前一章节中所述，在 2006 年正式系统成形的中建五局"信和"主流文化的进一步深入践行，也是"方圆图"产生的重要的企业内部文化背景。

## 二、方圆图图形释义

"方圆图"外圆内方，虚实结合，是一个既稳固又极具张力的几何图形。它在形式表现上整体以"三实三虚"、"三方两圆"几何线条构成的平面图形，并在相应的区域赋予不同的代表色彩。它系统地表述了工程项目管理的几乎全部管理要素，是根据工程项目的管理实践总结出来的、一个科学研究分析工程项目管理的几何模型。其标准图形如图 3-1 所示。

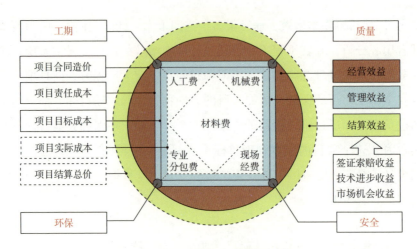

**图 3-1　工程项目成本管理方圆图**

可以看到,"方圆图"首先是从时间维度上涵盖了一个建筑工程项目自承接时的合同签订开始,到过程管理,到最终结算完成的项目全过程。同时通过整体表述几组成本概念、收入概念与效益概念之间的关系,形象地描述了工程项目的两个造价管理控制关键点(项目合同造价、项目结算总价)、三个成本管理控制关键点(项目责任成本、项目目标成本、项目实际成本)、四个施工现场管理控制关键点(工期、质量、安全、环保)和五个具体费用管理控制关键点(材料费、人工费、机械费、现场经费、专业分包费),以及工程项目管理的三个效益着力点(经营效益、管理效益、结算效益)。

图形中的实线表示管理过程中相对固定的内容,而虚线则表示管理过程因管理情况变化而经常会发生变化的内容。图形中用咖啡色表示项目经营效益,用蓝色表示项目管理效益,用金黄色表示项目结算效益。这样,它将项目的合同造价、责任成本、目标成本、实际成本和结算总价,项目的经营效益、管理效益和结算效益,项目成本应重点管控的材料费、人工费、机械费、现场经费和专业分包费,以及项目现场管理的工期、质量、安全和环保四个支撑点等工程项目管理要素——清晰地在一个外圆内方的图形中系统集中而又十分形象地展示了出来。

我们赋予"方圆图"几何图形与色彩的含义包括了以下几个方面:

**1. 面向对接市场的两个"圆形"，是一组收入概念**

"外圆"定义为"项目结算总价"。包括工程实体结算价、工程变更、签证索赔以及履约奖励等全部收入。因为它受项目过程管理中因素与结算管理水平的影响容易发生变化，而且必须在项目全部完成后才能确定其边界位置，所以用"虚线"表示。

"内圆"定义为"项目合同造价"。即建筑工程企业与项目业主签订的承包合同的合同价款额。因为其在项目开始时一般即由作为发包方的业主与作为承包方的建筑工程企业通过项目承包合同确定下来，所以用"实线"表示。

**2. 面向对内管理的三个"方形"，是一组成本概念**

"外方"定义为"项目责任成本"。是指建筑工程企业依据工程项目承接时的投标成本测算和与业主确定的合同洽谈条件，通常依据企业的平均项目管理水平（也有针对不同工程项目以较先进水平要求的），由企业层面给工程项目管理团队确定的项目成本支出最大额。因为一般会在工程项目开始时，在企业对项目经理部下达的《项目管理目标责任书》（也称为《项目管理责任书》、《项目目标责任书》等）中被固定表现出来，且通常在项目没有较大变更或合同条件变化的情况下不予调整，所以用"实线"表示。

"中方"定义为"项目目标成本"。是指工程项目开始时，项目管理团队（项目经理部）依据合同条件、责任成本，并结合进场时的项目具体情形，在进一步优化项目管理方案的基础上，综合考虑项目管理团队实际完成责任成本的能力，预计项目超责任成本节余的目标后，详细编制的项目计划成本额。一般项目的总目标成本是在项目开始时在《项目策划》中的商务成本策划内容被相对确定，过程管理使用的月度/季度/节点类的目标成本也是在月/季/节点工作内容开始前，就以相应计划内容的形式被确定或固定了。所以用"实线"表示。

"内方"定义为"项目实际成本"。即工程项目完成相应工作内容最终实际形成的真实成本额。图形中将其划分为材料费、人工费、机械费、现场经费和专业分包费五个组成部分。因为项目实际成本一定会因不同的企业管理水平和不同的管理能力，以及管理措施、方法的改进与否而体现出不同的结果，只有在工程项目完成后才能最终确定其边界。所以用"虚线"来表示。

### 3. 四大支撑点，是一组现场管理目标概念

分别被定义为"工期"、"质量"、"安全"和"环保"。之所以把它们表述为整个图形的"支撑"，意在强调工程项目的这四个管理要素、管理目标是工程项目管理的重中之重，在"方圆图"的几何图形中，它们相当于我们建筑工程施工时的"定位角点"，如果这四个角点定位"不正"，那么依据其定位所画出的"方形"就会不"方"，说明项目的内控管理出了或可能会出问题，进而以这些"方"为依据所画的外切"圆"就会不圆，说明项目的对外履约以及收入效益也是出了或有可能出现不尽人意的结果。

### 4. 对三个效益的划分

图形中的三个效益分别被定义为工程项目的"经营效益"、"管理效益"和"结算效益"。是一组收益概念。

"经营效益"，指因为建筑工程企业具有资质、品牌等因素，由项目营销人员在承接项目时，即以施工承包合同条件和中标价的形式确定下来了的，某个项目在正常组织实施完成后就应有的预期效益。在图形中由"项目合同造价圆形"与"项目责任成本方形"所围成的部分来体现划分。我们将这块区域的颜色取定为"咖啡色"，来源于我们营销活动中常出现的茶、咖啡等饮品的颜色，喻意是我们在项目的营销承接阶段，由企业层面主导的营销经营活动、营销经营行为所带来或形成的预期效益。

"管理效益"，是指工程项目的项目管理团队通过不断加强和改进项目的过程管理，在企业下达的项目责任成本额基础上，有效节约实际成本费用支出而得到的成本降低额收益。在图形中由"项目责任成本方形"和"项目实际成本方形"所围成的部分来划分体现。我们将这块区域的颜色取定为"蓝

色"，借用于"蓝领"概念中的"蓝"。喻意是工程项目现场一线员工的工作条件较为艰苦，这是由工程项目管理现场管理团队成员集体努力、来之不易的由管理提升获得的效益。

"结算效益"，是指以工程项目技术管理与商务管理相结合，实际没发生或少发生了成本费用，但由项目经理部具体负责技术与商务的人员按照市场规划、通过一定的方法最终结算回来而产生的效益。"结算效益"一般包括三个部分：一部分是并不需要发生额外建筑成本，项目通过办理相关技术经济签证索赔得来的效益；一部分是现场实际并没有发生，但按照市场规则或合同约定的计价原则应当计取的收益；还有一些是按当期市场平均技术经济管理水平，这些成本费用应当发生，但由于项目采用了新技术、新工艺或新方法而使这些成本费用没发生或少发生，但按相应规则能从业主那里结算回来而形成的收益。在图形中由"项目结算总价圆形"和"项目合同造价圆形"所围成的部分来划分体现。我们将这块区域的颜色取定为"金黄色"。一方面是借用了交通信号灯中"黄灯"的概念，喻意工程项目和结算效益要估好、最大化，我们应当在有理有据的前提下，在可进可退、含混模糊的收益界面上努力去争取，去"抢一抢"；另一方面是用"金黄"这种阳光的概念，强调我们的工程项目管理一定要以追求"阳光下的利润"为原则。

### 5. 对于五项成本费用的划分与排列

对于成本费用科目划分，在这个图形中，我们对工程项目的成本费用划分列项没有按通常的现行造价规则将其划分为标准的七类一级科目，而将"其他直接费"和"间接费"合并为以往我们传统称谓的"现场经费"，同时将"税费"这项与工程项目过程管理行为关联不大的科目列入"现场经费"中的子科目，"周转材料费"列入"材料费"的子科目。这样，更有效的突出了项目成本管理的真正重点要素，体现出了"方圆图"作为工程项目管控的实践指导意义。

关于五项成本费用的顺序编排，在这个图形中也作了一些有意的安排。我们安排"方圆图"的"阅读顺序"基本有两个规则：一是对于整个图形的阅读体会应该在这个"方圆图形"上自内而外；二是在分析图形的具体要素时应自左上角开始，沿顺时针方向进行。所以，这五项费用的第一项是项目实体成本占比最大的"材料费"，众所周知它是工程项目实体成本费的绝对主体，放在中心首位，而且占据最大面积；第二项则是放在外围的起始项——人工费，把它放到前面，喻意"人工费"的管控关键是在工程项目开始时，必须在劳务分包资源招议标选择引进的时候就把控好其履约能力的评定。把"专业分包费"放在最后；则喻意专业分包工程费是以市场价格为基础，以专项分包合同来约定的，其管控方法与企业直接控制的材料费、人工费、机械费、现场经费等的管控方法是有所区别的。

通过这些线条、图形、颜色和定义的赋予，可以看到："方圆图"模型作为工程项目管理的工具，其组成系统、结构顺序和管理逻辑的设定是经得起推敲的。而且，用这个图形能更直观、有效地理解一个工程项目的收入、成本与效益间的关系，反映各管控要素所呈现的数据上的合理性，进而可以由此思考、改进我们在项目管理过程的既定制度是否有效、管理方法是否科学、降本增效是否已经做到了最大化。包括反过来检讨我们在项目承接时的投标成本测算、合同签订条件的质量等。

因为其以数据表现管理状态的直观性，"方圆图"的标准图形表现的是一个工程项目管理非常正常的状态。这种状态可用"项目结算总价 > 项目合同造价 > 项目责任成本 > 项目目标成本 > 项目实际成本"的不等式关系表示（为方便阐述忽略等于的情况）。这时项目投标时的中标价（合同签订价格）合理，有正常的经营效益。而且项目责任成本的下达与项目以此为依据确定的项目目标成本编制也比较合理，同时，项目的前期策划、过程管控与实施都在预期范围内。包括项目最终结算办理效果也很好，形成了一定的结算效益。但以前述的标准图为基础，"方圆图"针对具体的工程项目而言，还会形成其他几种因"造价线"与"成本线"位置不同而造成的非标准型"方圆图"。有普遍管理实践意义的大体有以下三种：

第一种，用不等式表示为："项目结算总价 > 项目合同造价 > 项目责任成本"，但"项目实际成本 > 项目目标成本"。至少可以反映该工程项目管理过程中几个方面的信息：整体说明项目承接时投标报价的投标预计成本和企业对项目下达到责任成本两项指标是比较合理正常的，保证了项目应形成的经营效益。同时，项目最终结算办理的效果比较好，形成了一定的结算效益。但项目在过程实际成本控制或者项目目标成本制订方面存在一定的问题。而问题的原因应该从两个方面查找，一方面，可能项目目标成本制订时对项目实际履约条件估计过于乐观，预期要求有些偏高，而实际实施过程中因相关内控因素影响不能完全实现原项目策划的一些思路和降本增效措施，或项目管理外部环境在过程中发生较大变化，而合同约定该类风险是由承包方承担，致使部分目标成本不能按计划控制到位，整体目标未能实现；另一方面，可能在实际成本管控过程中，项目策划措施就不合理，或本来策划措施可行，但管理责任人员主观努力不到位，致使既定目标不能实现。实践中诸如对外签证索赔错过时限或证据收集缺失等原因未办回；对内过程控制不力而造成质量返工、工期延误、安全事故赔付；材料设备进货没有货比三家而高价采购；劳务成本不依合同随意涨价补价；临时设施不依策划随意高档多量配置；管理费用的开支不受控制等。虽然这种状态整体来讲项目有一定盈利，甚至还完成了企业的责任指标，但不应该是我们提倡表扬的榜样。实践中甚至有个别项目就是以项目责任成本为"外框"，在责任成本范围内最大化消耗和扩充项目实际成本，并在此过程中牟取个人或小集体私利，是企业管理应当警惕并予以预防和纠正的对象。

第二种，用不等式表示为："项目结算总价＞项目合同造价＞项目责任成本"，但"项目实际成本＞项目责任成本"。整体来讲，该项目最终结算办理效果较好，形成了一定的结算效益。但项目在过程实际成本管控上肯定存在较大问题，实际成本线已经覆盖掉部分经营效益，表明项目现场管理过程中不但没有成绩，反而"吃掉"了部分经营成果，虽然项目没有形成绝对亏损，但已经不能完成项目承接时的预期效益责任目标了。对于这种状态的项目，一方面，我们有必要回头检讨承接项目时的投标报价工作，是否项目的投标预期利润测算不准确，致使营销决策误判，或当时本身就主观上夸大了项目的经营效益额。另一方面，我们应该重点检讨项目实施过程中的成本管控行为，包括管理是否到位、策划措施是否科学，或者策划本来合理，但管理人员主观努力不到位等诸如前一种情形下同样的问题。这种情形下的项目虽然最终没有绝对亏损，从企业层面看是有所效益的。但从项目管理的角度讲，这种项目过程效益管理基本是失败的。它不但会因为项目整体上没有亏损而容易让管理层忽略管理过程中的不足甚至个别可能损公肥私的问题，也会造成项目正常的激励机制对大多数员工失效的结果。这是必须引起项目管理者关注的一类问题项目。

第三种，项目实际成本线已经跨出了图形的"外圆"，用不等式表示为："项实际成本＞项目结算总价"，即项目绝对亏损。我们应该彻底分析项目实施过程中各项管理行为，包括主、客观因素，包括项目从承接投标阶段开始直到最终结算的全过程。当然，项目管理的关键还在于过程管理上的功夫，在过程中及时发现问题并跟踪纠偏，以杜绝这类项目出现。一旦形成，则应认真对待，追究必要的责任。

当然，"方圆图"有三个成本数据线与两个造价数据线，理论上它们在图形中的位置变化还会有多种项目状态存在，但因其实践中极少发生而对我们普遍的项目管理指导意义很少，这里不再一一罗列。

## 第二节　"方圆图"的理念属性

### 一、"外圆内方"的管理理念

"外圆内方"的哲学理念源自中国古代智慧贤者对"天圆地方"物象的"格物致知"（图3-2）。"方圆图"模型对这种"方圆之道"的领悟表达，显而易见，在我们对"方圆图"的名称冠予和图形设定上进行了非常直观、非常明确的体现——图形名称即为"方圆"，图形组合即是外"圆"内"方"。

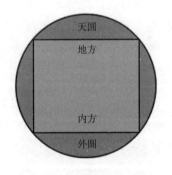

图3-2　"外圆内方"图

正如我们在第二章中对"外圆内方"这一方圆之道的理解阐述,"外圆内方"作为中国传统文化的精要,至少可以从"圆"与"方"两个方面,并对这两个方面各自从"意象"和"物象"两个层面,在思维方式和行为方法上"格物致知",达到"方圆相济"的境界状态,进而实现"经世致用"——在企业与工程项目的管理中完成既定管理目标。"圆"讲灵活与周密,"方"代表稳健与严谨。所以,我们在"方圆图"中对于建筑工程项目管理在"外圆内方"哲学上的理念要求主要体现在以下四个方面。

1. 从"意象"层面理解"方圆图"的"外圆"

所谓"意象"层面,就是在思维方式层面的理解。

对于建筑工程项目管理工作,"方圆图"对外的两个"圆"是面向市场、面向业主的,主题落在对外开源创效上。市场必定伴随竞争,竞争必然带来压力。现实中的竞争往往是残酷的,业主要求越来越高,相关监管越来越严,分包也确实难管等,这就是工程项目管理所面临的外围环境。那么,我们在面向市场和业主时,在思维方式和项目管理的运营理念上,就应当深入领悟并遵循传统智慧中的"圆":要清楚地认识到市场环境的复杂与多变,人的性格与内心是复杂多样的,不同组织和个人有着千差万别的特点。建筑工程项目管理的基本特性之一就是其"复杂性",所以工程项目管理的工作,特别是对外协调工作往往不是一蹴而就的。要达到目标必须具备圆融的心态与思维模式。"圆"的思维方式和运营理念讲求的就是整体思维、系统思维的圆通、圆融。做好随机应变、因地制宜、适时机而动的心理准备,处理问题强调主观能动性,要把握好平衡协调之术。通俗地讲,就是要具备"适应"与"适合"的解决问题和困难的心智,才会在工作方法上找到最好的扩"圆"途径。

2. 从"物象"层面理解"方圆图"的"外圆"

所谓"物象"层面,就是在行为方法上找到实现"圆"的结果的途径。

在面向市场和业主等工程项目对外相关方的工作行为方法上,认识并遵循方圆之道中的"外圆"就是讲求对外工作的方法必须思路开阔、方法寻求灵活多样。这种方法行不通就要有另外可行的方法，这个场合不合适就得换另一个适合的场合，这个时候不行就要在另一个时候处理。特别是在项目营销承接、合同洽谈与过程变更签证、结算收款等这些环节，要具备把握问题的关键点，找到处理对接市场、对接业主，特别是创造"扩圆"工作的"天时、地利、人和"条件的能力，才会进退自如、游刃有余地、完美地实现目标。而且，讲行为方法，肯定是要落到具体的项目管理行为人身上的。所以要求工程项目管理者必须认识到相应工作方法的重要性：一个"人和"的行为方式总是易于被人理解，而偏激的行为多为他人所难以接受；讲究策略的表达方式总是更容易取得事半功倍的效果，而直接鲁莽的要求常常会造成欲速则不达的局面。

3. 从"意象"层面理解"方圆图"的"内方"

即指从一个团队组织的行事规则和制度流程建设、执行层面的理解，当然也包括个人在精神层面的怀抱理想、坚持信念，做人做事有主张、讲原则、守底线。

对于建筑工程项目管理工作，"方圆图"对内的三个"方"都是面向对内管理的，主要体现在对内节流管理上。一是有制度，制度完善、流程清晰、规则合理、系统严谨；二是执行制度，策划科学、措施到位、责权明晰、奖罚严明。"方"就是讲管理有依据，而且严格执行这些规章依据。正所谓"不以规矩，无以成方圆"，就是这个道理。一个团队组织，必须纪律严明，有明确的制度且严肃执行这些规章制度，必须有是非分明、奖优罚劣的导向和措施，而且这些措施不能随意受到破坏和非正常干扰。本质上，"方"是强调企业、项目管理过程中的标准化要求，讲管理的内控有序，强调了规则至上、底线制约的执行要求。

4. 从"物象"层面理解"方圆图"的"内方"

即是在前述章节中所阐明的"方家"、"大方之家"之意，是在对个人能力概念层面的理解。是指要体现"外圆内方"的结果，必须具备相应的

"大家"技能。

　　建筑工程项目管理是一项专业性很强的工作，对于具体的岗位而言，要做好工程项目管理的工作，必须具有在建筑工程项目管理上的专业技术、商务法务、物资管理、设备管理等各项专业技能。所以，"方圆图"的"方"在"物象"层面的意思还要求我们作为建筑工程项目的管理者，必须在自己的专业领域不断学习和总结实践经验，力图使自己成为专业方面的"大方之家"。只有自身拥有过硬的工程技术本领，在精通专业技能，掌握高超技术的条件下，甚至能够做到引领行业标准时，那就能真正支撑想要达到的"外圆内方"的结果。为什么我们经常会有想"圆"却"圆"不了，想"方"却"方"不正的情形呢？说到底本身的能力还欠缺，本身还有不过硬的地方。

　　总之，中国传统文化告知我们"外圆内方"的方圆之道，是在工程项目管理实践中，首先要注重提升自身大方之家所指的"方"的能力，进而在精神层面要有怀抱原则、坚持必胜信念的心态，同时以规则至上的原则形成团队的力量，取法于灵活有效的工作方法和途径，讲究相应的形式和技巧，就容易事半功倍地实现工程项目即使在复杂条件下的管理目标。

　　当然，还必须强调，"外圆内方"讲的一定是"寓方于圆"、"方圆相济"的要求。"方"与"圆"是中和有度、相辅相成的。在工程项目管理的实践中一定要"圆"得有理，不是瞎忽悠，也不是无理取闹。也要"方"得有据，即所谓的"低成本竞争"一定是以高品质管理为前提的，低成本绝不是粗制滥造、偷工减料，一定是实现在项目工期、质量、安全和环保等履约目标和社会效益前提下合理的成本管控目标。

## 二、"项目生产力最大化"的管理理念

　　在"方圆图"的基础理论论述中，我们基于生产力的要素维度、科技进步维度、协作维度和生产力与生产关系相互作用的维度阐述我们对马克思政治经济学关于一般意义上的生产力理论的相关认识（图3-3）。实际上，我们知道，马克思主义生产力理论只划分了社会生产力、部门生产力（行业生产力）

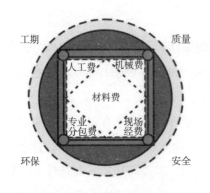

图3-3 生产要素图

和企业生产力三个层次，并没有所谓的"项目生产力"层次的概念。那么，为什么我们还认为针对工程项目管理提出来的"方圆图"所体现的"项目生产力最大化"的理论基础源于马克思主义生产力理论呢？一方面，马克思在论述生产力理论时还没有现代项目管理的概念，而且马克思关于生产力理论的划分主要是针对大工业生产时期一般的工业企业生产力，还没有涉及建筑业和建筑工程企业生产力的特殊性。另一方面，"项目生产力"概念正是依据马克思生产力理论的基本原理和论述得来的。

马克思在《资本论》第2卷中明确指出："不论生产的社会形式如何，劳动者和生产资料始终是生产的要素，但二者在彼此分离的情况下，只能是可能性上的生产要素。凡要进行生产，就必须使它们结合起来。实行这种结合的特殊方式和方法使社会结构划分为各个不同的经济时期。"这段论述清晰地表达了两个意思：一是讲生产力三要素是生产活动得以进行的必要条件，而且必须有一定的结合方式。即三要素的结合是生产活动得以进行的充要条件。也就是说生产必须得有生产三要素，但有了生产三要素并非一定能够进行生产，生产力的各要素自身都很难作为一种生产力存在，生产要素必须通过一定的方式结合才能形成现实生产力，否则它们就只是潜在的生产要素而已。二是为了实现生产，要在生产三要素基础上建立起一定的结合方式。一个企业，一个行业或部门，只有构建在一定的结合方式中才能进行生产。现实中一些企业不能顺利生产的根本原因不是欠缺生产三要素，而是在于其没有确立适应生产力特点的结合方式。

众所周知，建筑工程企业生产的最重要特点之一在于：生产要素的结合场所是在工程项目上。劳动者、施工机具（包括各类辅助设施）和劳动对象（各种原材料和半成品物资）等生产要素只有在项目上才能真正结合为现实的生产力。由此，并基于建筑业三个基本特点可以得出：建筑业有与其他普通工业企业的重要区别——存在项目生产力这样一个第四层次的生产力概念。

这是 20 世纪 80 年代后期，实际一直延续至整个 90 年代，以原中建总公司党组书记张青林同志为主要代表的我国建筑业界一大批改革发展的倡导者、推动者、实践者们，在潜心研究、领会马克思主义生产力理论的基础上，深入挖掘"鲁布革"经验的精髓本质，集思广益，凝聚智慧而提出来的，并将它作为中国建筑工程项目施工生产组织方式第一次变革的理论支撑，总结了"项目法施工"的要求，对推动我国建筑工程项目管理的创新与发展产生了深远而重大的影响，甚至早已超出了工程项目管理的范畴。

那么，"项目生产力"理论在我们建筑工程项目管理上的实践应用意义应当是什么呢？或者说项目生产力最大化的管理理念含义包括了什么内容？围绕生产力要素、生产关系对生产力的影响，我们认为应当主要包括：生产资料——资源配置最优化，劳动者——人才队伍现代化，与项目生产力对应的生产关系——建筑工程企业层面主导的管理体系与机制建设。

1. 资源配置最优化

我们知道，"资源最优配置"源于微观经济学研究，是现代经济学理论研究的基本问题。指生产中资源配置最有效率的理想状态，即如何使有限的资源在生产过程的相应配置是最优化的。这种理想状态，被定义为"帕累托最优"，"帕累托最优"本身是基于整个社会生产进行定义的，但其定义在具体某项生产行为上的通俗描述可以表述为：在某种资源配置状态下，不能再通过资源的重新配置而使整体收益增加更多了，这时候就是对应这项生产行为的资源最优配置状态。显然，这也就是这项生产活动的生产力最大化的状态。

在建筑工程行业，工程项目资源的配置对象主要包括了人员、材料、机械设备以及时间资源。它们之间的结合配置，特别是最优结合配置，是一个系统管理工程。是工程项目管理实践中不断优化、永无止境的提升与创新进程。

工程项目的一次性特点，决定了建筑工程项目形成现实生产力的劳动者与生产资料是在流动的场所——不同的工程项目上进行结合的。既然是在流动中实现结合，其特点就会是表现在时间和空间上的、时断时续的结合来实现现实生产力，包括项目与项目之间的转换、工序与工序之间的搭接，还有因露天作业受气候与季节影响，乃至现代城市管理行为形成的暂停施工等原因，都会暂停工程项目上劳动者与生产资料的结合。因此，研究工程项目施工组织过程中的平行流水、立体交叉作业，研究人员与机械设备产能配比，研究物资材料的计划供应科学性，尽量使其在时间和空间上间断得少一点，相互结合得更紧密一些，使时间尽可能连续、作业空间尽可能占满。这都是工程项目管理中资源最优配置的题中之义。所以，项目经理和专业技术工程师们，着力于不断优化施工技术方案、提升管理组织计划能力，都是工程项目管理中进行资源最优配置，最大程度实现工程项目的进度、质量、安全与环保目标的重要方法和有效途径。

工程项目的另一明显特性是单件性，几乎是一个工程项目一个模样。这决定了建筑工程项目的生产不可能像工业企业那样具有批量生产产品的全机械化程度，它只能是半机械化、半手工和全手工劳动相结合的行业。但不断提升工程项目生产的机械化程度，进而提升项目生产力，一定是建筑行业的努力方向。包括不断总结生产实践，运用科学技术进步提升生产机具的效能，改进和发明新型实用的生产机具用于项目生产。同时以最优产能合理配置生产机具，提高机械设备利用率，特别是当前针对大型建筑、新型建筑和群体建筑工程项目进行生产机具科学配置研究和策划。更是实现项目生产力最大化中资源配置最优化的重要内容。

进行建筑工程项目生产的资源当中，物资材料所占比重最大，它一般占工程项目成本组成的60%以上。它在生产力要素中属于生产资料中的劳动对象部分，包括了建筑工程的原材料和半成品材料。对于这部分资源的配置要求，简单地说就是"少的投入，多的产出"。减少损耗，降低浪费，从施工组织角度科学计划材料进场时间和规范材料使用管理，就是建筑材料资源的最优配置途径。另外，据有关资料显示，中国建筑业每年消耗的钢材和水泥量占全球总产量的50%，消耗的木材占全世界森林砍伐量的49%。而另一组分析数据表明：将钢筋强度每提高一个等级，可节约用钢量10%，将钢筋性能每提高一个等级，则可节约用钢量30%，建筑工地减少1%的木材消耗，就可以减少全球0.5%的森林采伐。显然我们在"少投入"上还有巨大的空间去努力，也一定有相应的方法可以去实现。包括优化建筑设计、推广新技术与新材料应用、提高材料利用率、减少材料浪费与损耗，当然还包括对建筑产品工业化和建筑施工过程半成品工业化的发展探索等。这既是实现工程项目管理环保节能目标的重要途径，也是工程项目资源配置最优化，达到项目生产力最大化的基本内容。

### 2. 人才队伍现代化

从提升生产力的角度来讲，人才队伍现代化应当包括两个方面的内容：一是工程项目管理中人力资源的最优配置，二是具体人员作为劳动者要素的文化技能提升。

工程项目管理中人力资源配置的最优化与物资、设备配置最优化的要求一样，都需要以"少的投入、多的产出"为原则。但它需要更多地考虑人力资源的稀缺性和主观能动性，还要强调人与人之间的协作生产力效能。要研究处理好不同岗位、不同专业、不同能力水平人员之间的配合、配比，人力资源针对具体工程项目不同特点和目标要求下的人员质量、数量上的科学配置。包括"两层分离"原则下的项目管理层和作业层两个层面的人员。尽量实现"一个和尚挑水吃"，杜绝"三个和尚没水吃"。

"劳动者是最活跃的生产力要素"。人（劳动者）所掌握的技术水平高低与发挥的协作效能大小从根本上决定了生产力的水平。因为作为生产力标志的生产要素，特别是其中的劳动资料（主要指生产工具）一定是人发明创造或改进的，并由人加以运用才形成现实生产力。包括对劳动对象的改造和运用，也是由人来完成的。同时，科学技术既是人所发现或创造的，它又必须被人在生产中加以使用才会转化为现实的生产力。人的文化素质更是进一步推进了团队协作的可能性，形成协作生产力。所以，加强学习与培训，尽力提升工程项目管理者（包括项目管理层与作业层）现代化要求下的科学文化水平，提升人文素养，使工程项目生产中的人成为高素质人才，也是工程项目管理必须关注的生产力最大化的前提条件。

3. 管理体系与机制建设

从前述我们对建筑业生产力层次的分析来看，项目生产力是建筑业生产力层次中由建筑业的特殊性决定的，在建筑工程企业生产力层次之下的一个生产力层次。则在建筑业中，企业生产力是项目生产力的前提和条件。而企业层次是一个法人责任范畴，由此它有三个主体特性：企业是市场竞争的主体，企业是对外履约的责任主体，企业是利益主体。而这三个特性决定了企业是项目的运营管控中心的地位。既然企业是运营管控中心，那它势必要主导对生产力基本要素的占有和组织权归属企业层面，要决定配置这些要素的管理制度与机制设置，而这些都会形成影响项目生产力发展的、企业内部微观层面的、但对整个项目生产关系起决定作用的生产关系。

我们知道，"生产关系反作用于生产力，生产关系必须适应生产力"。因此讲工程项目生产力的提升，必须强调与之相适应的项目管理体系与机制的建设。当然还包括了建设合适的企业文化氛围提升创造激情与工作积极性，包括了企业通过转型升级、创新发展等营造良好的项目运营环境和管理优化平台等。

实际上，建筑工程项目生产力对应的生产关系——主要决定于建筑工程企业层面主导形成的项目管理体系建设与流程机制设置。其实也就是我们常讲的企业管理标准化、信息化与精细化建设——以全面地、科学地建立企业管理标准化管理体系为基础，以合适的、先进的信息化系统为手段，实现项目管理精细化的目标。它对应地、有效地响应了"项目法施工"和《建筑工程项目管理规范》GB/T 50326—2006 中提出的"法人管项目"的要求。强调了建筑工程企业在工程项目管理中的主导作用占有举足轻重的地位。无论进行工程项目管理研究，还是要实现项目生产力最大化，前提是必须清晰认识建筑工程企业"两个中心"（企业是利润中心与项目是成本中心）的概念和"两制建设"（项目经理责任制和项目成本核算制）的重要性。

　　总体来看，在项目生产力理论中，以生产机具为主的劳动资料、以工程材料（包括半成品）为主的劳动对象和以项目管理层与作业层为主的劳动者是基础性要素，科学技术是发展性要素，管理组织和信息沟通是综合性要素。讲项目生产力的最大化，建筑工程企业和工程项目两个层面的管理者和执行者都应该从这三类要素发挥最大作用出发，提升劳动者的积极性、创造力和工作技能，优化物资、机具与人力资源的配置组合，提升机械化生产程度与机械设备产能，优化施工组织与工序搭接的系统性统筹，创建科学的管理体系与管理机制，营造良好的企业文化氛围。真正从根本上发挥出项目生产力的效益性、创新性、集约协作性和多元性能力，全面达到项目生产力的最大化。

　　项目生产力最大化是"方圆图"理论中的核心理念。我们之所以说"方圆图"体现了这一理念，一方面是"方圆图"在图形中直观的、有序的把工程项目管理的人、材、机等全部基本生产要素和基本管理目标表现了出来，让我们一目了然地掌握了工程项目管理的目标和提升项目生产力所需要关注的管理重点。自内而外的阅读"方圆图"，我们能清晰地看出：人、材、机等生产要素的科学配置与管理，是工程项目进度、质量、安全、环保和成本五大管理目标最大化实现的前提。二是以本书以后章节对"方圆图"总结的工程项目管理方法，更能有效体现力求项目生产力最大化的根本目的。

## 三、"责权利相统一"的管理理念

　　"责权利相统一"是现代管理学的基本原则，即指管理中必须遵循"责权利相统一"的原则（图3-4）。工程项目管理无疑属于现代管理学的一个重要分支，它当然应该遵循这一基本原则。

　　"责权利相统一"，一方面是指责、权、利三者是相辅相成、相互关联、相互制约、相互作用的关系，另一方面是要求管理活动的责、权、利三者应该对等，才能调动管理资源的积极性。即对象负有什么程度的责任，就应该具有相应程度的权力，同时应该取得对称的利益。这里的对象包括了管理中的管理者和被管理者。我们在现实生产生活中，所谓"责任权利相结合"、"责权利一致"或"责权利对等"的原则，都是遵循了"责权利相统一"的要求。

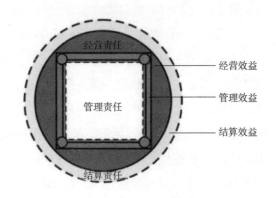

**图 3-4　责权利关系图**

正如我们在前述的"基础理论"章节中讲到：在管理实践中，"责权利相统一"的应用实际主要体现在组织结构设计、授权管理设计和利益分配机制设计上。以"责权利相统一"为指导的管理实践则重点要把握两点：一是"责权利"必须互相挂钩配比，使组织成员能够对等地有责有权有利，克服有责无权或有责无利的责权利脱节状况；二是责权利明晰，使组织成员明确知道其具体的责任内容、权力范围和利益大小。包括这其中还会涉及考核评价、奖罚兑现等具体管理环节的设置。

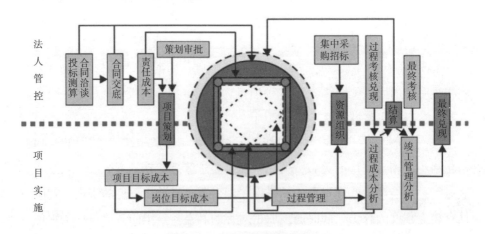

**图 3-5　成本过程管控流程图**

基于建筑业生产力的特殊性，我们认为，建筑工程企业对于工程项目实践"责权利相统一"理念，包括了两个方面：一是企业与项目之间的责权利，二是完成项目过程中应当体现的项目管理本身所涉及的责权利（图3-5）。正是基于这样的认识，"方圆图"开创性得将项目效益划分为三个类别——项目经营效益、项目管理效益和项目结算效益。而且其划分标准主要是沿着工程项目生命周期的时间维度，以"一、二、三次经营"的概念为基础，根据工程项目效益来源形成的原因和责任主体不同来考虑的。所以，"方圆图"模型通过"三个效益"的划分，启示我们以此为依据，在项目管理过程中必须分清企业层面的责权利有哪些，项目层面的责权利有哪些，同时不同阶段对工程项目效益形成有着不同关键作用的核心团队（或岗位）的责权利有哪些。充分体现了"方圆图"体现"责权利相统一"的管理理念。

1. 企业与项目之间的责权利统一

在我国建筑工程项目管理发展过程中，我们的建筑企业与项目之间的关系，也就是两者之间责权利的科学划分一直是在随着我们对建筑工程项目管理的科学规律认识提升而不断科学化的。实际上，这个不断科学化的前提来源于我们对生产力理论的研究和认识进步。

项目生产力理论告诉我们，基于建筑业的特殊性，只有当建筑工程企业和工程项目两个层次都实现了项目生产要素的优化配置，才能有效体现项目管理运作机制的运行质量和实践效果。简单地讲，企业层次生产力是项目生产力的前提和条件，因为企业是建筑经济活动的责任主体，由此它拥有决定生产要素的占有、组织和配置的主导性；而项目生产力是企业生产力的落脚点，因为生产要素必须落到工程项目上才能最终实现配置和生产，进而形成现实的生产力。所以，两者之间的关系可以表述为：企业服务于项目，项目服从于企业。

讲企业层面服务于项目层面，就是企业法人层面要清楚认识到自己的前提条件作用，把自己当作生产要素控制和调配的第一层面，在占有和控制生产要素的基础上，面向项目生产需要，充分发挥好科学调配资源的作用。企业总部在项目管理方面不断提高集约化程度，强调从项目信息跟踪、投标承接、签约履行到过程管控和结算收款等全过程，实现对项目全业务、全过程的服务和管控。并从管理项目的层面做好检查、考核、评价以及奖优罚劣工作。

讲项目服从于企业，就是项目经理部必须清楚地认识到，自己作为工程项目客观所具有的"三个一次性"（一次性的临时组织机构、一次性的成本中心、一次性的授权管理人）的特点。并按照这个特点自觉规范自身定位。那种以所谓项目利益对企业的主体地位和利益进行对抗的思维和做法，显然都是不符合项目经理部本身的客观属性的。企业与项目是委托和被委托、授权与被授权的关系。这一点，项目管理团队，特别是项目经理必须有清醒认识：项目经理作为企业法人在项目上的委托人，在授权范围内行使职权，实施对工程项目的计划、组织、指挥、控制和协调管理，完成工期、质量、安全、环保和成本管理等各项目标，实现企业的决策意图和企业对业主的合约承诺。实际上，从建筑工程企业从项目经济承包制到项目经理负责制，再到项目经理责任制的改进历程，可以清晰地看到企业与项目之间的关系在不断科学化地发展。

"方圆图"正是基于前述在建筑工程企业与工程项目之间必须"责权利相统一"的原则，认为"项目经营效益"在企业与项目之间的关系是：经营效益是以企业拥有的资质和品牌来实现的，企业才是工程项目承接的平台和主体。一个工程项目是否承接，或以何种合同条件承接，均是由也应当由企业法人层面决策。因此，经营效益形成的"责权利"相对项目来说必须落到企业层面，具体由企业的决策团队和市场营销团队来完成。而"管理效益"和"结算效益"主要依托具体的工程项目管理平台形成，其"责权利"则相对落到项目层面，具体主要由项目管理团队或具体和结算责任人员完成。同时，因为企业层次是项目层次的前提和条件，所以后两类效益的形成也是以企业管理为前提基础的，一个企业的整体管理还必须考虑企业整体发展状况，不同项目、不同人员之间的责权利分配公平、公正等因素。所以，企业对于"管理效益"与"结算效益"的评价、责任考核、利益分配也必须进行相应的调节与管控。

2. 项目管理过程不同主体的责权利

我们知道，因为建筑工程产品具有生产周期长的特点，所以在工程项目管理上形成了"一、二、三次经营"的概念。这个概念是沿着建筑工程项目生产的时间维度，对工程项目有着不同阶段管理重点而进行的总结，我们认为它从本质上揭示了工程项目具有不同阶段的效益管理着力点。即"方圆图"从项目成本效益角度所表述的"项目经营效益、项目管理效益和项目结算效益"。而且，细分这三个效益的具体责任主体，我们发现，它们是由不同的主要管理团队（岗位）来承担的。这样，工程项目管理实践中要有效体现"责权利相统一"的基本原则，就有必要，也必须对整体工程项目划分不同阶段进行责任主体的责权利分配。如前所述，"项目经营效益"由具体市场营销团队（包括投标专业技术人员）完成，相应的，以"营销奖"来激励这批人。同时通过对"项目经营效益"的评价和切分，使不同工程项目在交给项目实施管理团队时基本不会有"肥瘦"差别，让企业内的各项目"起跑"于同一"起跑线"，再来"比赛"各项目在管理实施过程中的能力高低。而"结算效益"主要由具体的技术与商务专业人员完成，则以"结算奖"来激励具体的结算效益实现人员。因为"结算效益"客观上存在一定的偶然性，我们把它也进行合理的评价和切分，使之与"管理效益"分开。那最后剩下的部分就是由项目管理团队来完成的"项目管理效益"，相应地以"成本降低奖"来激励以项目经理为首的项目现场管理团队成员。这样，就能让企业不同岗位的人员在具体项目管理工作中各尽其责、各施其才、各显其能、各得所利。

总之，"责权利相统一"理念是"方圆图"理论关于工程项目管理中实践管理执行的关键所在。将"方圆图"应用在建筑工程项目管理的实践中，以其体现的"责权利相统一"理念告诉我们：建筑工程项目管理首先要科学划分落实企业与项目之间的责权利，做到企业层面集权有道、分权有章、授权有序，项目层面则要做到用权有度。其次是必须科学划分和落实不同阶段、不同岗位的责权利，使相关人员的有效付出得到奖励，错误受到惩戒。对工程项目管理过程中完成接活、干活、算账收钱这些事的具体实施团队或人员用经营效益、管理效益和结算效益分别进行对应的考核奖罚，项目的最终管理目标实现就会得到有效的保障（图 3-6）。

**图 3-6　项目过程管控框架图**

## 四、"两个基石一条主线"的管理理念

所谓"两个基石一条主线"，即建筑工程企业管理以项目管理为基石，项目管理以成本管理为基石，成本过程管控是建筑工程企业项目管理的主线。

站在项目现场管理的角度，工期管理是工程项目管理的主线。而基于项目生产力效益性的特征，以及"两个中心"中项目是成本中心的前提，工程项目的管理归根结底要以成本管理为主线。这两条工程项目管理主线，是我们站在不同的管理角度来讲的，它们之间绝不矛盾，而是相互关联，互为支撑的。工期管理为主线是强调注重现场施工组织安排，其目标还是围绕完成履约、降低成本来展开。而成本管理为主线是同时站在企业和项目两个层次相结合的层面来看待工程项目管理，应该讲其所站层面相对还要更高一些。

项目生产力是建筑工程企业生产力的落脚点，企业的生产要素只有在项目层面结合才能形成现实的生产力。一个建筑工程企业的正常运营，就是其项目的正常管理并形成既有的效益，企业层面的管理指向、人财物的应用都要归结到工程项目层面上去。如果没有工程项目，那么这个建筑工程企业就失去了存在的意义，或者至少说它已经不是一个建筑工程企业了。所以讲"项目管理是企业管理的基石"。

同时，项目是建筑工程企业最基本的生产单位，项目效益是企业效益的根本源泉。如果一个建筑工程企业的项目都没有收益，不能向所属的企业输送效益，甚至还要企业对项目贴钱履约，那显然这个企业就不断亏损，就会失去作为企业的存在价值，就失去了应有的造血功能，是无法运转下去的。所以讲"成本管理是项目管理的基石"。

而讲"项目管理要以成本过程管控为主线"，则既是基于前述"两个基石"的理由，也还包含以下三个方面的原因：一是在当前市场竞争日益激烈的建筑行业大环境下，工程项目的工期要求越来越紧、质量要求越来越高，但造价越来越低、成本压力越来越大。项目成本管理是工程项目能否成功的重中之重。二是在工程项目的质量、进度、安全、环保和成本等各项管理目标中，政府、业主、监理和行业社会监管方对除成本以外的目标都有着严格的法规监管或合约要求，不容企业和项目管理者不予以重视。而唯有成本管控，是必须由企业自己用心把握、自觉强化的一项重要内容。作为建筑工程企业必须清楚地认识到，认真做好项目成本管理这一"企业自己的事"，才是企业生存发展的根本。必须真正以质量、进度、安全和环保管理为基础，围绕成本管理抓项目管理，锤炼出企业的低成本核心竞争力。三是当前的建筑工程项目管理中，项目降本增效的空间还很大，途径还很多。只要我们能用心分析、科学实践，着力于优化管理品质，"建筑工地遍地有黄金"。

"两个基石一条主线"的管理理念，是建筑工程企业在现实市场经济环境中进行工程项目管理实践的基本思路。实践这一理念，重点要关注两个方面的内容：一是践行"大成本"管理思路。所谓"大成本"，即非就成本而论成本，降成本而非唯成本，而是必须强调站在更高的、企业和项目两个层次相结合的层面来理解和实践项目成本管理要求。理解"低成本竞争、高品质管理"之间相辅相成的关系，是讲求全面实现进度、质量、安全和环保管理目标条件下的降本增效，是以高品质的项目过程管理为手段，通过优化管理、落实相关方和谐共赢来实现项目低成本竞争的结果。还要充分理解"现场支撑市场"的内涵，现场管理的"出彩"，才会带来项目效益的真正"出彩"。只有企业的每个工程项目的"现场"进度、质量、安全和环保履约目标的高品质确保，并以此让企业赢得了更多更好的"市场"，才是更高层面的成本竞争胜出。二是落实"全员全过程成本"管理思路。工程项目成本管理涉及项目管理的各个岗位、方方面面以及项目生命周期的全过程。从投标成本测算到责任成本下达、目标成本编制、实际成本统计、过程成本分析考核，直到竣工成本还原总结，贯穿了建筑工程项目从市场营销承接开始，到项目过程管控，再到竣工结算收款完成等全过程的管理流程。它的每一个环节都涉及了项目管理的工程技术、施工组织、资源配置和后勤、内控体系管理等各岗位的工作。因此要求企业和项目两个层面的各岗位员工都必须强化成本意识，严格履行责任，将项目成本管控做到全员性、全过程的精细化。

纵观整个"方圆图"，两个造价、三个成本、三个效益、四大支撑和五类费用，其几何图形的构图要素几乎全部是站在项目收入成本的角度来定义的，体现的都是项目成本概念。同时，我们把构成"成本"的"方"放在这个图形的"正中心"，就是强调"成本"的核心地位，目的就是要体现"两个基石一条主线"的项目管理理念。而且，就"方圆图"涵盖的内容、总结的管理方法来讲，我们完全可以称之为"项目管理方圆图"，但我们一直坚持冠名以"项目'成本'管理方圆图"，也是要有意识地强调这个管理理念。从这一点来讲，"方圆图"是站在比传统的项目管理"三角形"更高、更系统的层面，更有效地反映了建筑工程项目的管理规律，更科学、更全面的从项目生产力提升的根本层面表现了项目管理要素、管理要求和管理目标。

# 第三节　"方圆图"的工具属性

## 一、分离"两个价格"的工具

所谓分离两个价格，即我们通常所讲的"价本分离"（也称"标价分离"）。就是进行合同造价（中标价）与项目责任成本的分离工作。"方圆图"清晰地用"项目合同造价"的"圆"和"项目责任成本"的"方"来实现"价本分离"的要求，因此我们讲"方圆图"具有工程项目"价本分离"的工具性（图3-7）。

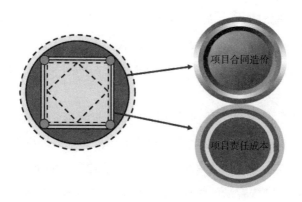

**图3-7 "价本分离"示意图**

我们知道,"价本分离"中的"价"即某个工程项目的合同造价或中(议)标价格,是建筑工程企业作为工程承包人,向发包人承诺并得到认可的完成相应合同履约内容所能得到的工程价款;"本"是指对应合同履约的工程内容,由企业层面主导,根据企业当期自有生产力水平,考虑项目具体情况而测算出的该项目预计的成本费用支出额。实际上,"价本分离"就是企业对中标项目的成本再测算,从而使项目的合同造价与项目的责任成本进一步清晰,也就是对"项目经营效益"进行划分。明确"价"是企业的"价","本"是项目的"本"。并由此明确项目经理部的经济活动支出应该被规范在"项目责任成本"线以内,项目的成本测算和管理都必须以此为基础,项目实际成本突破了这个责任成本,就是成本管理不到位,它的成本节超责任就没有完成好。从"责权利相统一"的角度来讲,那它的"利"就应当相应受到损失。

"价本分离"的难点和主要工作体现在分"本"上。一般来讲,"本"的确定应该坚持两个原则:一是公平公正的原则。即其目的是划分出"经营效益",使企业内的各项目基本处在同一"起跑线",用以考核评价各项目的管理能力和过程创效效果。因此"本"的分离是以企业的平均项目管理水平、企业内部定额为技术参照,同时充分考虑具体项目的特点,由企业层面的专业技术人员进行划分。而且它不应该包含经营风险。二是坚持合理动态调整的原则。因为建筑工程项目生产周期较长,期间合同条件、管理条件可能发生较大变化，因此对项目开始时确定的责任成本额应有一个动态调整的机制。不过在实践中应当注意根据企业的管理制度把握好调整的原因和调整批准权限的原则设定，既要相对公平，又要讲求效率，同时贯彻执行好工程项目管理中"法人管项目"的要求。

"价本分离"是建筑工程项目管理中一项非常重要的成本管理技术性工作，是对工程项目实施科学管理的基础性工作。如果不进行"价本分离"，把"价"和"本"混为一谈，项目经理部就会不清楚自己的责任成本边界线在哪里，它往往在过程中很容易就将项目的"经营效益"部分变成了"本"的范围，不但让我们对经营效益界定不清，还会存在项目实际管理状况并不好，但只要没有形成绝对亏损，企业反而评价考核它优秀并奖励它。显然这是与我们的管理初衷相违背的。所以，只有明确地分出了"本"，并通过责任制的方式确定了项目经理部的责任成本，才能有效促进项目层面的精细管理，才能实现集约增效。而在此基础上，项目经理部也才能将成本的责任目标进行相应的岗位成本责任分解，明确项目各具体岗位人员的管理目标、义务和利益，增强全员、全过程的成本责任意识，真正导向大家在具体的项目管理过程中时时刻刻、事事处处都精打细算，实现"纵向到底、横向到边"的量化责任管理效果，使项目的一切经济活动都事关对应的每个员工自身，达到全员管成本、全过程控成本的"大成本"管理境界。

## 二、划分"三个效益"的工具

"方圆图"作为划分三个效益的工具在其图形中是一目了然的（图3-8）。它通过不同区域中的三种颜色醒目地划分出了工程的经营效益、管理效益和结算效益。因此我们讲"方圆图"具有划分三个效益的工具性。

在"方圆图"理论模型中，我们

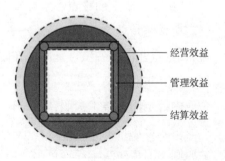

经营效益

管理效益

结算效益

图3-8　"方圆图"中的三个效益

对三个效益都进行了明确的界定。"项目经营效益"，是指因为建筑工程企业具有资质、品牌等因素，由企业层面主导的营销经营活动和营销经营行为所形成的项目预期效益。它是由项目营销人员在项目承接时，即以施工承包合同条件和中标价的形式确定下来了的，某个项目在正常组织实施完成后就应有的预期效益。在图中被"项目合同造价圆形"与"项目责任成本方形"所围成的部分划分出来。"项目管理效益"，是指工程项目的项目管理团队通过不断加强和改进项目的过程管理，在企业下达的项目责任成本额基础上，有效节约实际成本费用支出而得到的成本降低额收益。在图中被"项目责任成本方形"和"项目实际成本方形"所围成的部分划分出来。"项目结算效益"，是指以工程项目技术管理与商务管理相结合，实际没发生或少发生了成本费用，但由项目部分具体负责的技术与商务人员通过一定的方法最终结算回来而产生的效益。主要包括三个部分：一部分是并不需要发生额外建筑成本，项目通过办理相关技术经济签证索赔得来的效益；也有一部分是现场实际并没有发生，但按照市场规则或合同约定的计价原则应当计取的收益；还有一些是按当期市场平均技术经济管理水平，这些成本费用应当发生，但由于项目采用了新技术、新工艺或新方法而使这些成本费用没发生或少发生，但按相应规则能从业主那里结算回来而形成的收益。在图中被"项目结算总价圆形"和"项目合同造价圆形"所围成的部分划分出来。见图3-9。

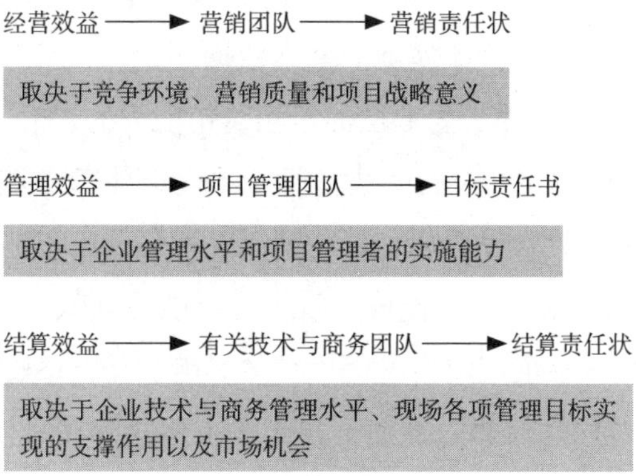

经营效益 ──→ 营销团队 ──→ 营销责任状

取决于竞争环境、营销质量和项目战略意义

管理效益 ──→ 项目管理团队 ──→ 目标责任书

取决于企业管理水平和项目管理者的实施能力

结算效益 ──→ 有关技术与商务团队 ──→ 结算责任状

取决于企业技术与商务管理水平、现场各项管理目标实现的支撑作用以及市场机会

**图3-9　三大效益的责任体系图**

在管理实践中，从专业技术角度科学、合理地对"三个效益"进行划分是一项非常重要的工作。划分"经营效益"相对比较简单，主要以投标策划、投标成本测算、合同条件和合同造价（中标价）为依据，做好如前所述的"价本分离"后既可得到相对合理的"经营效益"，它可以简单地表达为"项目经营效益＝项目合同造价－项目责任成本"。大家认为相对困难一些的是对"结算效益"的划分，因为它的形成来源比较多、过程原因比较杂、额度大小也参差繁复，加上工程项目周期比较长的特性以及建筑工程企业"两个中心"的特点，造成企业要精细核算"结算效益"有一定的技术难度。实际上，在管理实践中，我们只要把握好效益划分的根本目的是清晰责任激励、力求内部公平这一原则，其划分也不是很难的一件事。那就是企业对于"结算效益"的划分一定不要纠结于"结算效益"的细枝末节，而要采取"抓大放小、避轻就重"的原则，提取项目管理过程中几项、十几项主要的、大额的、有创效指导意义的"结算效益"内容即可。这才是相对科学合理划分"结算效益"的有效方法，当然它就不能被简单地表达为"项目结算总价－项目合同造价"。三个效益划分出来两个后，"管理效益"也就自然可以分清了。

"方圆图"划分三个效益的意义主要有两个方面：一是表明这三个效益是建筑工程企业的项目经济效益管理着力点。分阶段盯住这三个效益的打造，就完成了企业对项目整体经济效益目标的实现。二是明晰了三个效益的不同责任主体，为工程项目管理过程中的"责权利相统一"原则得以有效执行奠定了坚实的理论基础，找到了实践的基本依据。

"经营效益"的打造在于企业层面市场营销能力的提升。而企业市场营销能力的提升直接源于两个方面：一是企业品牌和项目管理能力，即业主对企业能否做好项目的预期评估高低；二是投标策划与投标实施的专业技术能力，即投标竞争时表现出来的议价报价、技术支撑能力高低。当然，经常还会受到竞争环境和项目承接的战略意义等因素的影响。"管理效益"的打造在于企业与项目层面的过程管控能力的提升，当然主要落脚在具体的项目管理团队的过程管控能力高低上。实际上它着重体现在项目管理团队科学进行施工组织、优选具体施工方案、有效管理分供方和进行精细化成本管理，进而履约完成项目的工期、质量、安全和环保等管理目标的能力上。"结算效益"的打造则取决于部分专业人员和项目主要管理者开源创效意识高低、扩圆创效思路的开阔程度和实现能力的大小。当然，实践表明，这三个效益的打造一定不是决然分开的，而是相互关联、互相支撑的。

我们真正认识"方圆图"划分三个效益的工具性，就是要有效利用这一工具对具体项目进行效益划分，并依据"法人管项目"的要求划分好企业与项目之间的责权利分配，同时依据"责权利相统一"的原则激励相应的管理团队和个人。"经营效益"必须留在企业层面，并对有功的营销团队依据"营销经理责任制"进行相应的奖罚，而不是接到项目就奖，必须还要看承接到的项目的经营效益如何；"管理效益"要依据"项目经理责任制"大幅度奖励以项目经理为首的项目管理团队所有成员；"结算效益"则要依据"结算责任制"奖励突出的创效有功人员。

这样，我们在工程项目管理过程中，才能清晰得认识到企业管什么，项目干什么，两级的责权利怎样才能科学划分、管理有效，才能使各级、各岗位的管理者各得其所，各自分别去努力，真正让"三个效益"管理着力点得以落到实处。否则，建筑工程企业就总是陷在以往"收则死、放则乱"的项目管理困境中。

## 三、强化"四大支撑"的工具

"方圆图"将工程项目的工期、质量、安全和环保四项管理目标作为理论模型的四个重要构图要素，并表述为项目管理"四大支撑"（图3-10）。意为这四个支点是"方圆图"正常存在的根本基础。借用建筑语言，显然，一个建筑物如果没有了"支撑"，项目的"大厦"是要垮掉的。如果"支撑"不稳固，"大厦"的存在也是不会长久的。在"方圆图"的几何图形中，这四个"支点"就相当于建筑工程施工时的"定位角点"，如果这四个角点定位"不正"，那么依据其定位所画出来的"内方"就不是我们想要的"正方形"，进而以这个"方形"所画出来的"外圆"就不是一个"正圆形"。那就不是我们所说的"方圆图"了。

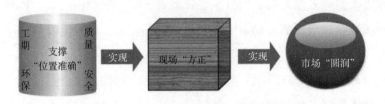

图 3–10    "四大支撑"与现场市场的关系

显然，建筑工程项目管理如果没有四大支撑的良好履约结果为前提，就无从谈及三个效益的形成和打造。即便理论上这个项目的经营效益还存在，实践证明也势必会被过程中的管理和结算负效益所吞噬、抵销。我们利用"方圆图"作为强化四大支撑管理的工具，关键是要树立"大成本"管理意识，执行"全员全过程"成本管理思路，以满足国家规范和标准要求、满足业主合同约定、满足项目策划要求为基本前提，全面实现项目工期、质量、安全和环保管理目标，为实现企业与项目效益最大化奠定基础。如果这四大支撑在项目实施过程中实现不了或实现不好，其直接影响是工程项目延期、返工、整改所造成的项目直接经济损失和企业品牌效益流失，影响重大时甚至还会对企业整体经营发展带来不可估量的损失。

所以，"方圆图"对四大支撑要素的强化，应该包括两个层面的含义：一个方面是强调这四个要素在工程管理中的根本性、基础性作用。要求工程项目现场管理必须做好工期、质量、安全与环保管理，强调项目现场管理"以工期为纲、以质量为本、以安全为重、以环保为要"（图 3–11），实现这四个支撑的"定位准确、支撑有力"；另一方面，基于"方圆图"是以项目成本管理为主线的项目管理理论，它是着力强化这四大支撑的成本属性概念，即强调四大支撑既是项目管理的要素目标，而且它们的管理过程也就是项目成本的形成过程，四大支撑的过程管理和目标实现好坏，直接影响着项目最终成本（效益）的优劣。

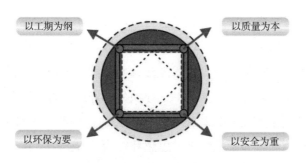

**图3-11　四大要素的支撑作用**

**1. 工程项目现场管理以工期管理为纲**

工期管理是项目现场管理的纲，纲举才会目张。这是一直以来工程项目管理理论研究与实践者的共识。无论是最早"统筹法"的引进，还是之后"网络图"的应用，都是围绕工期这个目标来实施的管理方法和手段。项目工期目标既是企业签订合同后对业主的履约责任，也是企业立足于市场对社会的诚信要求。项目完成工期管理目标，既可以减少项目本身的管理固定成本开支，又能避免业主对项目工期延误时的索赔损失，同时还会增加商务扩圆的砝码，增强企业的市场竞争能力。所以项目现场管理一定要把握住工期管理这条纲领不偏离。企业层面和项目层面一定要着眼于"大成本"，不能算了小账误了大工期。解决工期问题的着力点无非是施工组织和资源配置。工程项目管理的两个层级一定要建立健全工期管控体系，做好项目工期策划和过程计划管控的审批、检查、纠偏，强化内控管理能力。同时强化企业总部作为项目工期管理的资源调配大本营和技术支持司令部的作用，保证资金、劳动力、物资、设备等各类资源的履约策划科学性与现实投入保障性。建立实时项目工期管理预警、动态调整和督导机制，促进项目加强工期签证索赔办理，确保项目有序、有效实现工期目标。

**2. 工程项目现场管理以质量管理为本**

"百年大计、质量第一"是建筑工程项目现场管理一直以来的管理方针。

项目高品质质量结果是建筑工程企业打造"百年老店"的要求，是企业生存发展的根本。好的工程质量，可以最大限度地减少建筑工程产品质量返工成本，避免质量事故损失，减少售后维修成本。做好工程质量管理，企业层面要着力建设好质量内控管理体系，主导项目做好质量管理策划，坚持工程质量管理的基本制度和现场操作基本程序，要旗帜鲜明地反对那些偷工减料、以次充好、粗制滥造和粗放管理的思想和行为，着力于工程质量管理标准化和精细化建设。项目层面要在实践中创新质量管理精细化措施，大力推进新技术、新材料的应用，强化对劳务作业层的管理交底、质量三检、复核验收，把质量管理的"六查五防"要求落到实处，加强质量管理改进，预防质量事故发生。

### 3. 工程项目现场管理以安全管理为重

安全管理是工程项目现场管理中贯彻执行"以人为本"的基本管理原则，进行科学发展的要求。做好安全管理，可以减少安全事故引发的赔损费用，避免企业市场行为受限。企业层面必须强化"安全管理无小事"的安全工作思想，建立健全企业的安全与职业健康管理体系，主导项目做好安全管理与职业健康策划，从制度层面保证项目现场安全生产费用投入，加强安全专项方案审批，主导定期的项目安全教育培训工作。项目层面则必须建立健全现场安全管理组织机构，确保安全管理的人、财、物投入到位。提升安全应急管理和安全事故处理能力，加强项目安全管理交底、巡检和考核评价。

### 4. 工程项目现场管理以环保管理为要

环保管理目标是贯彻"人与自然和谐发展"的要求而提出的。实际上，环保是当前更广泛意义上、更高层面上的项目"大成本"管理理念的体现。建筑工程企业作为社会的一员，必须具备环保的社会责任感和公民意识，积极推进绿色建筑、绿色施工的生产实践。做好环保管理，可以减少环境事故赔损费用，和谐项目周边社区与居民关系，保证作业人员的安全，减少环保事件影响损失，节约能源资源。企业层面必须认真贯彻执行"地球无双，建绿色家园；生命无价，圆健康人生"的管理方针，建立健全企业的环保管理体系，主导项目做好项目环保策划并督导项目将策划执行到位。项目层面必须全面领会绿色施工的本质要求，做好节地、节能、节水、节材等"四节"工作。包括合理进行现场平面布置，施工作业区与生活办公区分开设置；设置现场医务室；醒目标识危险、有毒有害物资安全存放；采用洒水、喷雾等措施防尘降尘；对生活生产产生的油烟、污水进行过滤净化；大体积混凝土利用粉煤灰、矿渣、外加剂等手段节约水泥使用量；对于结构施工模架使用管件合一的工具式模板支撑体系；现场临时设施尽量选用可拆卸、可回收周转利用的材料和产品；现场安全防护、临时楼梯设施多采用标准化、工具化、定型化的可多次周转设施；办公生活区与施工生产区用电用水分别计量管控；尽量使用节能灯，在供热供暖上合理利用太阳能设备、太阳能照明灯具；机械设备尽可能使用高效率低能耗机具；有效推进"四新技术"应用，减少浪费、降低能耗等。同时还要有效控制形成有效的项目环保事故应急预案和应急响应机制，把项目施工环保检查和考核评价工作做好实效。

"方圆图"作为强化四大支撑管理的工具，从项目成本管理的角度将四大支撑管理与整个工程项目的管理目标实现串联起来，更系统地表述了工程项目管理的几大基本要素。它要求我们要把企业管理和项目管理两个层次更紧密地结合起来，各专业线条要更紧密地结合起来，特别是施工技术与商务成本线条要在工程项目管理过程中更紧密地结合起来，通过强化工期、质量、安全和环保的成本属性，以"项目成本分析会"为平台，借助量化的指标来分析评价"四大支撑"的管理状态，在过程中就得阶段性地找出管理漏洞或不足，及时进行管理纠偏，改进即有的、现场存在的不合理资源配置和管理缺陷。

## 四、管控"五类费用"的工具

"方圆图"将图形中的"成本内方"划分为五个部分，分别表示材料费、

**图3-12　五类费用管控示意图**

人工费、机械费、现场经费和专业分包费这五类费用（图3-12），并不是讲工程项目成本费用就只包括这五项科目，这在"方圆图"的图形释义中已经说明。它是将这五类费用定义为工程项目管理过程中的成本费用管控重点，即要求我们利用"方圆图"的这一工具性，找准进行项目成本管控的方向和关键点。

我们知道，建筑工程行业一直有一句俗语：效益是"算"出来的，成本是"干"出来的。工程项目成本管理强调一个"干"字，就是讲成本管理要求扎扎实实、规规矩矩，讲标准，讲科学。主观上不能偷奸耍滑、损公肥私，客观上不得偷工减料、以次充好。所以"方圆图"把"成本"定义为图形正中央的"方形"里，既是突出成本管控的重要性，也是强调其管理必须"方正"之意。另外，所谓是"干"出来的，意思就是"成本行为"只要做了，发生了，你就没办法再让它减少了。例如，本来图纸中只需要 $1m^3$ 混凝土浇筑出来的建筑物构件，因为操作过程中的损耗浪费用了 $1.1m^3$，那它就一定是 $1.1m^3$ 的成本，分供方不会因为图纸算出来只有 $1m^3$ 而少要货款，那就是得比计划多出来 10% 的成本。其他几项成本费用也是同样的道理，建筑工程项目具有一次性的产品特性，过程是完全不可逆的，成本"干"完就产生了，再怎么"算"也算不少了。

认识"方圆图"管控五类费用的工具性，或者说用"方圆图"这个工具来管理建筑工程项目的成本，就是要求项目管理者在工程成本的管控上不用东想西想，也不用出奇创新。要有好的结果，就得一心一意盯着"方圆图"告诉我们的这五类费用。把握这五个关键点，通过项目岗位成本责任制，把全员、全过程成本管理的要求落实到位，就一定能有效地实现成本管控目标（图3-13）。

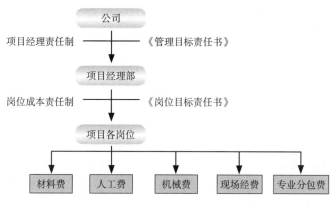

**图 3-13　五类费用管控责任体系图**

## 1. 材料费管控

材料费占建筑工程项目成本组成的大部分，是我们项目成本费用管控的大头。材料的量与价都是管控的重点，在当前集中采购不断推进的条件下，企业层面的把控重点在选择与工程项目特点、施工方案相匹配的价格材料，包括主导编审好有针对性的项目施工方案与施工工艺，因为一般来讲，建筑工程材料的基本用量的多少是受这两项工作的质量高低影响的。项目层面侧重在把控进场材料的质量和数量，即材料的进出场验收环节的严肃性。当然，工程项目现场材料使用过程中的消耗控制方式和责任制建立健全也是重要内容之一，以确保材料在过程使用中少损耗、不浪费。特别是科学有效地推进以工长算量预控和分包参与验收为前提的"限额领料"制度，以定期"成本分析会"为管控平台的材料量价分析、原因查找、措施改进等工作。

在材料费的管控中，需要特别强调一下周转材料费的管控。我们从管理实践中知道，工程项目的周转材料费用是项目成本管理中弹性最大的管控项。控制得好，几百上千万费用的节余是常事，反之，几百上千万费用的增加也是常事。周转材料费的管控要素在于工期管控和最大进场量的管控两个方面，它们都决定于项目策划的质量高低和技术方案的经济与科学性，包括周转材料本身的采购质量品质。因此，周转材料费的管控关键是技术方案的经济技术论证与比选，同时把控好材料采购进场的质量验收环节，对于进场总额摊销较大的周转材料，企业层面还必须要做好前次使用的残值出场率的管控，尽量在多个项目之间形成尽可能的多次周转调拨，有效降低摊销成本。

### 2. 人工费管控

在建筑工程项目的人工费成本管控中，实践证明，在当前建筑工程企业所面临的劳务供方市场环境下，工程项目的人工费管控目标主要强调两个字：防超。即预防人工费结算价超出原来分包合同约定价。在这方面，要求企业层面和项目层面管理相结合，重点把握好五个内容：一是有效落实分供方的集中采购要求，公司与项目两个层面协作结合，做好供方招议标选择机制。在充分评价项目特点和难点的基础上，做到"胸有成竹"，有针对性地选择合适的劳务分供方，不宜唯价格论；二是做好招议标选择的前提条件工作，即建立企业层面有效的"劳务供方储备性考察机制"，有意识地形成战略合作劳务资源培育机制，防止因为进场急、考察虚、招议标假而埋下过程管理隐患；三是大力提升项目现场管理精细化水平，工程技术准备充分，工序搭接优化合理，减少可能的劳务返工与窝工等非正常管理现象发生，尽量提高操作工人劳动工效，让操作工人有钱挣，让劳务公司减少成本；四是企业和项目要讲"信和"，诚信履约、按时结算、足额支付，强调对劳务队伍的情商管理，扎实将"五同原则"（即政治上同对待、工作上同要求、素质上同提高、利益上同收获、生活上同关心）落到项目的一线生产管理实践中去；五是专业工程师要做到勤与一线操作工做沟通交流，了解市场行情，摸清劳务实际成本标准，主动控制好分供方的反索赔。

### 3. 机械费管控

对于机械费的管控主要是机械费形成的两个要素：机械设备的数量和机械设备的使用时间长短。前者由工程项目策划和技术方案确定，所以重在企业层面和项目层面相结合，充分论证方案的可行性与科学性，把握好设备选型的合理性和项目策划、技术方案选择时的经济技术比较工作；后者取决于工程项目的工期管理优劣，所以工程项目管理一定要认识到"方圆图"提出的现场管理"以工期为纲"的思想，这涉及整个项目系统协调管理的方方面面，关键是把握项目策划的科学性，并因时因地制宜地在过程中实施、调整、改进好策划应用。

4. 现场经费管控

现场经费包括了我们财务会计科目中通常所讲的其他直接费和间接费和税费部分。其在工程项目成本中的整体占比应该并不太大，但在当前的工程项目管理实践中，由于项目体量越来越大，使得现场经费的绝对值越来越高，而且实践证明这一费用的降本空间还不小，主要体现在项目固定性成本开支的控制管理上还需进一步提升。一方面，要有效实施"费用预算"管理，把控好一定体量的工程项目的现场经费总额，通过项目策划的科学编制与使用合理地结合起来。另一方面，一定要强化固定成本概念，项目主要管理人员要对项目的各类固定成本开支了如指掌、时时把控。特别要树立好"工期为纲"的管理意识，强调项目的全面协调管理，科学组织安排，按既定的履约工期完成项目的各项履约内容。同时，由于人力资源成本是现场经费中的大头，要求项目管理团队，特别是项目经理要有正确的人力资源成本观念，充分调动项目各岗位人员的能动性与潜力，适当从紧配置管理机构人员。另外，现场临时设施费用也是现场经费中的"主力军"，所以项目现场策划一定要科学安排好平面布置和 CI 投入标准，企业层面把握好具体的策划审核批准，做好不同项目之间的可周转临设物资的周转重复利用。

5. 专业分包费管控

在目前的市场条件下，每一个工程项目都会有部分专业工程是业主直接分包或指定分包或推荐分包，或由总承包企业分包，总承包企业在接到业主指令或业主建议后一般都会认真考虑，并根据专业分包商的资质实力等综合因素，通过招标投标方式择优选用专业分包商，纳入项目总承包管理的范畴。而专业分包的价格费用则要由总分包双方或者加上业主三方共同签订的分包合同确定，费用结算付款则依据合同和有关法规及市场规则进行。通常地，总包企业履行总包管理和服务的同时，会收取一定的总包管理费和总包配合施工费，这也在一定程度上影响着项目的进展和项目成本与效益的高低，影响着整个项目的管理水平和管理效率。

## 第四节　"方圆图"的方法属性

### 一、强化"四个基本制度"

"四个基本制度"是指以"方圆图"为指导，从责权利统一、系统管理的要求出发，以项目生产生命周期从开始、过程、结尾的时间维度所总结的，建筑工程项目管理必须强化项目经理责任制、项目组织策划制、项目过程管控和项目运营结果考评制四个基本制度。

#### 1. 项目经理责任制

"项目经理责任制"实际是指建筑工程企业对于工程项目的一种管理模式。自 20 世纪 80 年代开始，我国建筑工程项目管理先后经历了项目经济承包制、项目经理负责制和项目经理责任制为主的三种不同工程项目管理模式。"项目经济承包制"实质是生产经营单位厂长（经理）负责制的一种延伸与借鉴，它的主要特点是强调项目层面的经营自主性，项目经理在这种模式下是作为项目施工的承包人性质出现的，其基本特征是对项目在经济指标上"包死基数、确保上交、超收自留、欠收自补"，一个项目经理部就相当于是一个小法人单位。这种模式在改革开放的转型时期的确发挥过积极作用，但在后期实施中，因其包盈不包亏的弊端越来越制约企业的正常发展而被淘汰。"项目经理负责制"是 20 世纪 90 年代随着国有企业改革转换企业经营机制时出现的，它实际上是"项目经济承包制"的改良，虽然此时项目经理部不再像是一个"法人单位"了，但这种模式仍然偏重于单纯的企业对项目扩权让利，从而造成项目层面放权过度，包括企业法人经营权力下移、内部员工管理失控等现象，出现了很多企业"富了和尚穷了庙"的状况。新旧世纪交替之际，随着项目管理在我国的进步实践与创新，"项目经理责任制"取代了"项目经理负责制"。之所以称之为"责任制"，就是要强化项目经理、项目经理部各岗位的"责任"，强调"责权利相统一"与"法人管项目"这两个建筑工程项目管理的基本原则。通过深刻体会项目经理部"三个一次性"（一次性临时组织、一次性成本中心、一次性授权管理人）的特点，逐步以规范授权管理、项目经理职业化、项目两级责任制建设等途径，对项目管理团队，特别是项目经理形成了优胜劣汰的竞争机制、功过分明的激励约束机制。基本形成了这种比较适合当前建筑工程项目管理的模式。

项目管理模式从"项目经济承包制"到"项目经理负责制"的转变，再由"项目经理负责制"到"项目经理责任制"的提升，虽然表面看来只是"承包制"、"负责制"与"责任制"在文字上的几字之差，但它有力地刻画出了建筑工程企业对项目运营机制管理不断完善的轨迹。"项目经理责任制"立足于履行管理责任，以不断科学完善的《项目管理目标责任书》的形式，有效界定了企业与项目两个层面的责、权、利，要求项目经理部有权责范围内代表企业完成责任目标，并由此可以获得相应的奖励或接受既定的处罚。"项目经理责任制"的核心就是"法人管项目"和"责权利相统一"，有效地铲除了"承包制"和"负责制"模式下"以包代管"的弊端，扭转了"项目有利可图则项目经理风光无限，而项目亏损时项目经理却不承包责任或无法承担责任，只能让企业对项目管理失去控制、陷入困境"的"收则死、放则乱"的非正常局面。

"方圆图"强化项目经理责任制，强调落实五个方面的工作要求：一是企业层面在投标成本测算与价本分离上，要保证其合理性与准确性。即保证项目承接质量和企业所属项目的"管理起跑线"基本一致，这是建筑工程企业的责任。二是《项目管理目标责任书》对于项目管理过程中的责、权、利划分要科学，既要在各项目之间体现相对公平性，又要对项目管理目标的实现有"牵引力"。同时要确保《项目管理目标责任书》签订及时、过程对照改进。三是企业层面要坚持不懈地抓好项目过程成本考核与项目兑现奖罚的及时履行，同时项目层面也要定期分析，对照责任目标改进具体岗位管理。四是企业对责任制管理务必有始有终，要做好对已竣工结算项目的《项目管理目标责任书》最终考核评价，与项目层面一起完成整体管理效果总结，完成总的奖罚兑现。五是应当将项目经理责任制的评价结果运用到项目经理的管理中去，将项目经理个人绩效与其日后选拔任用挂钩。

2. 项目组织策划制

建筑工程项目因其复杂性和周期长的特征，对开始时的管理组织和策划提出了较高要求。是谓"工欲善其事，必先利其器"、"凡事欲则立，不欲则废"、"磨刀不误砍柴工"。以"方圆图"为指导要求强化项目的组织策划制度建立与健全，强调工程项目开始时必须重点把握好两个方面的工作：一是"用人"的问题，即项目管理组织架构的搭设；二是"谋事"的问题，即进行项目策划。两者相结合，是一个工程项目能否实现既定目标的关键基础。

所谓"用人"，主要是讲项目管理团队的组建，特别是项目管理班子、项目经理人员的确定。一方面，企业层面一定要有针对性地选派适合项目管理目标特点要求的项目经理，同时重点把控项目班子成员的配合协调性，把形成一个简洁、高效的管理团队作为组织目标。包括考虑工程项目本身的特点、项目业主的特点以及可能的项目所在地域差别等各方面因素，而选派适当性格、能力的人选组建项目经理部。另一方面，项目经理对于项目管理团队的人员组织有重要的建议权，但项目经理一定要具备人力资源成本的意识，要把团队精简、效能最佳作为团队具体岗位人员的选用标准。广义上讲，"用人"还应当包括建筑工程项目需要组织的企业外部分供方人力资源，主要是劳务作业层的"人"，这要求企业和项目两个层面紧密结合搞好劳务分供方的招议标工作，在有效考察评价其作业能力、诚信实力、组织能力的基础上，选择合适的劳务分包队伍。当然，如果还要讲得更全面，还可以包括可能聘请专家顾问以及除劳务以外的其他专业分包队伍的组织选择。

所谓"谋事"，就是对工程项目管理进行有效的谋划，即做好项目策划，做好工程项目管理的几大管理预案，也就是按"方圆图"的指导要求，如本章节前一部分内容所阐述的，有针对性地、科学地、及时地编制完成"项目现场策划"、"项目施工策划"、"项目商务策划"和"项目资金策划"，保证其"有用"，并通过责任制的管理手段确保其"在用"。

3. 项目过程管控制

在管理实践中，任何事物的形成都源于过程，所有的工作都是通过"过程"来完成的，资源的配置在过程中发生，价值的增值在过程中实现，管理水平的提升在过程中奠基。所谓"唱过程戏，说过程话"。建筑工程项目产品生产是一个较长时期的过程，只有在工程项目管理过程中既开花又结果，才能把整个项目的既定管理目标实现落到实处。

以"方圆图"为指导，建筑工程项目的过程管控要求实际上就是遵守"三大纪律八项注意"的三项基本制度和八个重点管控环节的要求。其核心内容实质上是管理标准化、信息化和精细化。"标准化"是做好工程项目管理的基础，重点是在企业层面要建立健全项目管理体系，融合各专业线条管理要求，形成企业层面的系统管理制度与标准。项目层面则必须学标准、用标准。并以此为基础，在既有管理标准形成与使用过程中，以项目管理实践为平台，企业层面和项目层面两者紧密结合，不断总结既有标准在管理实施过程的共性问题和典型问题，持续改进不合适的标准制度，提升管理标准化的质量。"信息化"是做好工程项目管理的手段。我国建筑工程项目还处在半手工半机械化的阶段，市场整体的标准化与规范化在不断进步中，但优秀的建筑工程企业必须意识到信息化手段在现代工程项目管理中的重要作用与战略地位，要努力从"项目综合管理系统"建设开始，整体搭建和应用企业层面的"管理信息集成系统"，逐步实现现场进度与质量管理远程监控、商务与财务数据时时传输、决策分析数据图表化等管理新跨越，以有效的信息管理手段打破传统建筑工程企业与工程项目之间在地理空间的管理延滞与错位问题，实现所谓的"两心变一心，异地零距离"管理。"精细化"是做好工程项目管理的目的。以"标准化"为基础，借助"信息化"的手段，就是要实现工程项目的精细化管理目标。

站在"项目管理以成本管理为主线"的角度，工程项目管理要实现标准化管理与精细化管理，落实好"过程管控制"的关键是要应用好"项目成本分析会"这个管理平台，通过成本分析得到的数据化的过程管理结论来充分反馈、改进过程管理中存在的不足。

在项目层面，必须定期召开项目成本分析会，首先要做好月度成本归集，做到项目成本费用"月结月清"，现场工程与材料盘点客观规范，成本计列充分全面，收入计列合理谨慎。其次是执行"三算对比"要求，规范、细致地进行收入、目标成本和实际成本的对比分析，查找各项管理不足，提出整改措施，落实责任。

在公司层面，必须将项目季度或节点成本分析考核会作为工程项目管理的一条刚性规定，一个基本制度予以执行。不论项目的成本现状如何，都必须按规定进行相应的成本分析考核。它实质上是企业对项目的一种深度管理检查，必须做到三个方面的要求：一是做到流程规范，即要求企业总部相关部门要严格按照企业既定的"项目过程成本分析考核"要求进行相应考核动作，考核专业部门要齐全，现场盘点要亲自参与，考核资料要真实齐全，审核标准要统一；二是做到考核及时，即要求企业层面对于"项目过程成本分析考核"要进行年度、季度统筹计划，严格按《项目管理目标责任书》约定的时点及时、主动进行考核，及时形成考核结论；三是做到建议有效，即要求企业总部相关部门在考核评价过程中不仅要形成项目经济运行结论，还要形成项目管理改进意见或建议，而且此类意见和建议必须是明确针对具体项目特点的，是切实站在具体项目实际情况出发提出的有效改进措施，特别是应当从项目策划的动态管理要求出发，提出具体可操作的管理纠偏意见。

### 4. 项目结果考评制

即建筑工程企业层面对项目过程管理的阶段性结果和整个项目管理的最终结果必须进行有效的评价结论。是好还是差，是奖还是罚，必须得有一个明确的考核、奖惩责任机制落实。

"项目结果考评制"实质上是前述各个制度和管理环节的保障措施。是保证这些制度和环节能有效实现的配套管理行为。实践证明，一个企业没有旗帜鲜明的奖优罚劣规矩，维护企业利益、为企业创造效益和品牌的人不宣扬奖励，损害企业利益、浪费或吞噬企业效益的人不处罚，那么再好的管理理念和创效措施都会被具体执行者束之高阁，或者实施过程中被阳奉阴违，而得不到预期实效。所以建筑工程企业与工程项目管理者一定要以《项目管理目标责任书》为依据，根据两级项目成本管理责任制要求对各层级、各岗位的管理者进行过程考核，及时兑现，奖优罚劣。让做得好的员工实现阳光下的收益最大化，让做得不好的让岗让位。

## 二、做好"四项策划"

项目策划是对项目现场管理行为的谋划，我们讲的"四项策划"，实际上是指在建筑工程项目管理中，项目实施开始时需要编制的项目策划（计划）的四个部分（图3-14）。之所以要将其大体划分为现场策划、施工策划、商务策划和资金资划四个部分，一是突出项目策划编制时必须全面考虑的四个主要方面都不能遗漏，确保策划内容全面系统；二是以项目管理四个不同专业线条为责任主体，强调项目策划的编制和使用时各专业线条既要明确责任，又要相互联动，确保策划内容科学有效。

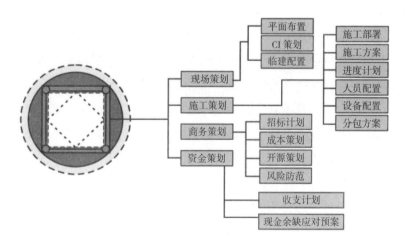

图3-14 "四项策划"示意图

项目策划的编制与实施必须在确保项目履约的前提下以商务创效最大化、正现金流量最大化、营运风险最小化为目标，涵盖施工组织关键环节分析、分供方选择计划、创效关键点评价、开源节流措施拟定和项目管理风险防范预案等主要内容。要求尽量将策划目标做到数据化，并附以明确的责任人表单和完成进度督办计划，做到项目策划的书面内容真正与现场管理的实际情况相结合、相吻合。

"四项策划"所包括的现场策划、施工策划、商务策划和资金策划，前两者是后两者的基础，过程中四者必须相互结合，互为支撑，要求工程技术与商务经济人员在编制和使用过程中要联动合作。对于整个项目策划内容，必须强调其编制的有效性——"有用"和过程中的严肃性——"在用"。

关于建筑工程项目"四项策划"的编制要做到"有用"，应当主要考虑其作为指导项目运营的及时性、针对性和实用性三个方面的要求。

首先是必须强调企业层面对策划编制的主导作用，要充分体现"法人管项目"的要求，因为项目策划是日后一个工程项目管理运营的纲领，它涉及项目的整体管理思路，包括主要管理目标确定、主要人员配置、主要生产资源组织与配置方式选定、整体生产组织安排以及项目开源节流的主要方向、责任与措施。必须由企业层面组织相关专业线条的行家里手参与，主要分管领导进行决策性的分析与安排，这样才能从策划主体的专业能力和决策层次上保证项目策划编制具有相应的科学性和严肃性。同时它也对应了建筑工程企业是工程项目资源占有者、调配者的地位特性。企业层面牵头进行项目重新可以通过"项目策划预备会"或"项目策划首次会"等形式，在项目开始时的短时间内及时完成策划编制的整体方向、基本目标、主要资源组织与重要生产组织形式等核心内容的确定，解决策划的及时性。在此基础上再由项目经理部组织专业人员进行具体的项目策划（计划）书的编写，成稿后按照规定的相应审核审批流程形成第一版项目策划书。

其次是坚决反对各自为政、闭门造车式地编制项目策划，把策划当作例行文书来"做作业"。要保证策划的针对性和实用性，一是项目策划（计划）的科学编制应当有时间先后顺序，大体应该是先有企业层面主导的"项目策划预备会议"确定整体思路与目标,项目部据此编制"项目现场策划"和"项目施工策划",在这两者的基础上再进行"项目商务策划"内容的确定,最后形成财务资金管理层面的"项目资金策划"内容。当然,策划的确定经常会是一个技术经济反复比较分析的过程,比如通过商务策划的编制结果反过来要求原定的现场策划或施工策划进行一定的调整也是经常的,所以它需要"四项策划"有一个互相统一、补充完善的过程。二是策划编制必须以有针对性的工程项目资源组织、施工组织、工期、质量、安全和环保管理等内容为基础,结合施工合同的具体要求以及企业对项目确定的《项目管理目标责任书》中的责任目标,在仔细分析现场现状、投标报价与充分评价分供资源状况的前提下进行。"项目现场策划"重点解决平面布置、交通运输、临时设施搭建标准等内容;"项目施工策划"重点解决施工组织、人员配置、设备配置、工艺工序选择、物资材料资源选择、分供方选择和具体的工期、质量、安全和环保管理的目标和关键措施确定;"项目商务策划"重点解决开源创效方向与措施、成本管控责任与措施以及商务风险管控责任与措施的制定;"项目资金策划"重点解决如何实现项目正现金流管理和项目现金负流时应对方案的合理性。

关于建筑工程项目"四项策划"的使用要做到"在用",则应当主要考虑其作为项目运营的指导纲领,应有在过程中严格执行的严肃性和应当进行相应动态管理的要求这两个方面。

所谓项目运营过程必须严格执行既定项目策划的严肃性,就是要求项目策划不能作为"纸上的"策划,不能编制完成后就"束之高阁",也不能写的和做的"两张皮"。在管理实践中,我们的项目策划往往编制得还是有一定的水平,但是项目管理者经常会在项目管理过程中就"忘记"了那些花了不少精力和时间编制的项目策划,造成策划形式大于内容、流程大于实施的怪现象,策划上面说的是一套,我们具体做的又是另一套。所以一方面要求项目层面必须以策划的目标和措施要求来指导管理项目现实的整个生命周期中的运营过程,要通过落实"项目岗位责任制"来分解项目策划目标和措施责任到各个具体岗位上。另一方面是企业层面要通过相应的管控手段督促项目策划在项目层面的"在用"状态，要将项目策划的使用情况纳入到企业层面相应的管理检查中，对项目责任目标的考核一定要以项目策划所确定的目标为标准进行。要对过程中突破项目策划中人员配置、材料采购、分供方选择以及工期目标、质量要求等行为坚决予以纠正，并通过一定的手段奖罚责任人。

而对于项目策划的动态管理要求则是因为建筑工程项目的复杂性和长期性所决定的一项科学管理的要求。建筑工程项目实施过程的周期较长，涉及的管理要素比较复杂，管理当期环境和条件较项目开始进行策划时容易发生可能产生重大影响的变化。所以要求项目管理必须根据项目过程中相应条件变更不断进行原策划方案的适时调整，以修正原策划条件变化而导致的既定措施不促效、有偏差的状况，改进具体条件变化下的落实措施，力保预期效果完成或超额完成。实际在这一点上也是讲求两个方面的工作：一是项目层面是策划条件发生变化时的第一感知者，项目管理者对于各类有碍于原策划既定目标实现的条件变化，要及时进行有针对性的管理手段、措施方法的调整；二是涉及项目责任成本需要扩大或既定收益可能变小的情形下，对于原项目策划中的相关控制目标、措施要进行调整变化时，必须遵照企业既定的规定流程进行审核批准，由企业与项目一起综合考虑项目履约目标的实现来决定。特别是在项目资源配置投入上的调整，企业必须行使好"责权利统一"原则下的责任主体职能，以项目策划中资源配置总控计划为标准行使上限投入控制权，项目不得不经企业层面审批擅自突破。

## 三、遵守"三大纪律八项注意"

所谓"三大纪律"，是指以"方圆图"为指导而形成建筑工程项目在商务成本管理中必须落实的"项目经理责任制、合约交底策划制和分供方选择招议标制"三个基本制度（表3-2）。

**"三大纪律"的实施要点一览表** 表 3-2

| 名称 | 对应"方圆图"表达 | 实施要点 | 具体制度 |
|---|---|---|---|
| 项目经理责任制 | 1. 对应"项目责任成本"框。<br>2. "经营效益"与"管理效益"的划分界线 | 1. 核心内容是落实"法人管项目",科学界定企业与项目之间的责、权、利。<br>2. 责任目标一定是以成本为核心,涵盖质量、安全、工期、环保等各项责任目标。<br>3. 价本分离准确到位。<br>4. 考核与奖罚兑现及时。<br>5. 考核结果与项目经理的任用挂钩 | 1. 价本分离必须讨论审批。<br>2. 禁止项目经理个人承包。<br>3. 考核奖罚定时间 |
| 合约交底策划制 | 涵盖"项目成本管理方圆图"的"三方两圆"全部 | 1. 落实主合同两级合同交底制度。企业对项目经理班子的主合同交底及项目经理对各岗位提出岗位责任目标与落实要求。<br>2. 项目经理在所有分包合同签订后及时对项目相关管理人员进行交底。<br>3. 企业牵头编制"项目策划",项目部据此编制"现场策划"、"施工策划"、"商务策划"和"资金策划"的"项目策划书" | 1. 企业应当形成示范文本。<br>2. 企业必须进行指导审批。<br>3. 规定提交时限 |
| 分供方选择招议标制 | 对应于"项目实际成本"框 | 1. 从企业层面管控物资设备与劳务分包的选择,对大宗材料集中采购。<br>2. 以企业集团层面的数量优势和多样性的财务支付手段来运作,使采购成本降到最低。<br>3. 建立形成一个充分竞争、公平选择的市场运作氛围,选择一批讲诚信、有实力的长期合作的分供商伙伴。<br>4. 分供方分级管理,企业掌握等级划分标准和权力。<br>5. 切实执行劳务管理"五同原则" | 1. 划分采购权限。<br>2. 资金集中管理。<br>3. 落实管理效能监察 |

所谓"八项注意",是指以"方圆图"为指导确定的建筑工程项目在商务成本管理工作中需要把握的,项目从承接到最后结算收款完毕全过程中的八个主要工作环节(表 3-3)。

**"八项注意"的实施要点一览表** 表 3-3

| 名称 | 实施要点 | 具体制度 |
|---|---|---|
| 合同洽谈 | 1. 企业层面要有项目承接的底线条件规定。<br>2. 规范投标测算,形成指标分析制度和数据库。<br>3. 培养一支专业素质较高的商务合约队伍。<br>4. 专业人员靠前管理,主动参与营销洽谈 | 1. 建立营销立项审批制度。<br>2. 坚持业主资信、预期利润、付款比例、管控模式、合同总额和风险评价不符合要求时的"六不接"原则 |
| 价本分离 | 1. 企业制定项目成本编制规则规范。<br>2. 准确测算项目责任成本。<br>3. 及时签订《项目管理目标责任书》 | 1. 统一企业内部成本编制标准,形成内部定额。<br>2. 保证人员素质,规定时限 |
| 商务策划 | 1. 强调针对性、可行性、较高标准的特点。<br>2. 四个策划相结合。<br>3. 责任目标分解到岗位。<br>4. 以工期为主线,动态管理策划 | 1. 策划必须由企业主导并报总部审批后实施。<br>2. 落实"两级责任制" |

续表

| 名称 | 实施要点 | 具体制度 |
|---|---|---|
| 供方管理 | 1. 坚持推进集中采购。<br>2. 坚持招议标选择。<br>3. 供方分级管理。<br>4. 建立健全供方储备性考察机制。<br>5. 落实供方考察评价，关注情商管理 | 1. 科学进行授权管理。<br>2. 企业层面发布合格供方名册，淘汰不合格供方 |
| 过程管控 | 1. 项目按月进行成本归集和"三算对比"。<br>2. 现场盘点，规范有据。<br>3. 过程收入、成本计列合理合规。<br>4. 坚持持续改进。<br>5. 公司考核及时，流程规范，建议有效 | 1. 坚持无合同不进场、无合同不结算和无结算不支付的"三不"原则。<br>2. 主要领导参加分析会 |
| 签证索赔 | 1. 关键岗位人员到位。<br>2. 技术与商务有机结合，互为补充。<br>3. 确保证据有效。<br>4. 预防业主和分供方反索赔 | 1. 定期培训，内部定级。<br>2. 定期检查商务资料归档管理办法执行情况 |
| 结算收款 | 1. 强调过程工程分段结算准备的基础工作。<br>2. 专人负责，明确目标。<br>3. 现场履约到位。<br>4. 强调又"快"又"好" | 1. 做好策划，定期例会。<br>2. 签订结算责任状。<br>3. 领导联点制 |
| 奖罚兑现 | 1. 旗帜鲜明的奖优罚劣。<br>2. 兑现及时。<br>3. 业绩与任用挂钩 | 1. 责任书应当明确奖罚标准和时点。<br>2. 深入开展管理效能监察 |

## 四、实行"分资制"管理法

"分资制"是指以"方圆图"为指导，在"法人管项目"的要求下，体现"责权利相统一"的管理原则，针对建筑工程企业在资金管理方面提出来的一项管理方法。它借用国家税与地方税分开的"分税制"理念，强调了建筑工程企业资金管理的核心内容与管理方法。"分资制"的基本内容表述为：费用划分开；资金分级算；收支两条线。

关于"分资制"，就其对于建筑工程企业与工程项目的资金管理，从根本上来讲，我们认为实施这个管理方法应当有以下两个方面的基本认识。

第一，我们已经知道，在产品生产中，建筑工程行业与其他工业行业在实现生产力方面有着明显不同，在建筑工程行业中，现实生产力形成于建筑工程企业与建筑工程项目两个层面，而企业层面的生产力形成是项目生产力形成的前提和条件，而且它是项目合约的责任主体，由此自然就形成了企业层面必须占有并行使资源配置权的要求，实质上也就是通常讲的"法人管项目"的要求。那么，资金作为基本资源，显然应当把握在企业层面。而对资金管理的动作，简单划分就是"收"与"支"，所以，资金的"收支"管理要集中到企业层面。如果建筑工程企业对企业层面的"法人管理"在资金管理上不作为，显然就违背了作为履约责任主体所必须遵循的"责权利相统一"管理的基本原则。同时，实践证明，如果在这种责、权、利不明确的企业管理条件下，其项目层面的管理一定是混乱的，企业对项目是没有管控能力的，而对基本生产单位——项目都没有管控能力的企业显然不可能是能够良性发展的建筑工程企业。这是讲要对"收"的钱为什么要集中得有一个基本认识。

　　第二，对于资金的"支"，也就是怎么花钱。一是强调"收支两条线"，这是个传统的资金管理理念和方法，主要是讲"先收后支、以收定支"的要求，讲收钱与花钱的关系——项目收到钱是项目能花钱的前置条件。二是强调建筑工程企业资金的"支"还得做好两项基本工作，即把"费用划分开"和将"资金分级算"。为什么说这是资金"支"上的两项基本工作呢？这源于建筑工程企业与项目的"两个中心"定义——企业是利润中心、管控中心，项目是成本中心、生产中心。企业作为利润中心，那么对于项目形成的、应当留存在企业层面的利润资金部分，就必须留存在企业层面，作为企业发展所需；项目作为生产中心，其成本形成所必需的资金必须及时划归给项目经理部，作为项目生产活动正常进行的"花费"。这样，显然企业与项目两个层面的"费用"就得分开，而且要分得合理，才能让资金的"支付"管理科学有序。由此也就在核算上要求两个层级的资金使用要做到"分级算"，当然也就要"算"精细。否则，给项目"算少了"就会对工程生产建设推进不利，给企业"算少了"就是管理有漏洞、不科学，形成企业管理层面的资源浪费。这是讲对"支"的钱为什么要"分"清楚、要"算"明白得有一个基本认识。我们理解这几个管理动作之间的关系，是以"分"和"算"理顺企业和项目两个层面"支"的责、权、利最佳管理秩序；同时以"分"和"算"来促进企业和项目共同协作完成"收"的最好管理目标。

而在当前，如前所述，国内建筑工程市场面临"四难、四烦"。其中的"结算难"、"收款难"、"面临垫资"、"工程款被拖欠"等"两难"和"两烦"问题，直接导致的结果是建筑工程企业与项目在财务资金管理上的"三高"，即：应收款项高、应付款项高和财务费用高，由此给很多企业造成营运资金周转困难、现金流量管理风险加剧、资产质量不高等管理结果，严重影响了建筑工程企业的可持续发展。

所以，在建筑工程企业资金管理实践中，面对"两难"和"两烦"等市场不利因素，围绕建筑工程企业管理在企业层面的管理内容，强调财务资金管理方面"四个中心"的管理理念，即：企业管理以财务管理为中心，财务管理以资金管理为中心，资金管理以现金流量管理为中心，现金流量管理以经营活动净现金流量管理为中心。并借鉴国家"分税制"的成功经验，提出了本文所讲的"分资制"资金管理方法，进一步使"方圆图"所表述的建筑工程项目管理要素得到了完善，健全了工程项目管理的责任体系。实践证明，"分资制"资金管理方法在工程项目管理中的应用，有效增强了企业层面配置财务资金资源的能力，更加促进了企业与项目两个层面的持续、快速、健康发展。见图 3-15。

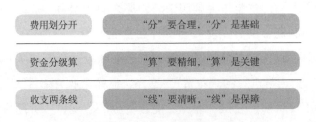

图 3-15 "分资制"管理法要点

"分资制"作为"方圆图"总结的四大管理方法之一，既是提高建筑工程企业资金管理能力的一个工具，更是健全资金责任的一种方法，是确保企业生存发展的"血液"良性循环的管理制度。把握好"分资制"法的实践应用，主要应当从以下几个方面做好管理实施工作。

1. 费用划分开

首先我们将企业资金分为企业总部营运资金和项目生产资金，通过"分资制"将资金和费用挂起钩来。由企业总部来开支的企业运营费用，包括上缴投资收益、本级管理费用开支、税金、对外投资等。这部分企业费用从工程项目创造的利润产生的现金流中来统筹；项目生产费用由项目经理部使用，主要包括"方圆图"划分的五类费用，即：材料费、人工费、机械费、现场经费和周转材料费。

"分"是基础。我们讲将企业费用和项目生产费用分开，实际上就是要做好资金的预算管理，把资金按企业与项目必需的用途"格"成几部分，确保资金使用无论是在用途还是在相应的时间阶段上，都得有一个管控标准，不能想当然的有钱多花，没钱少花，干到哪里是哪里，那管理就会混乱，就会一团糟。这就好比我们的家庭生活中，吃饭的钱和买衣服的钱得要分开规划，不能让买衣服的钱占用了吃饭的钱，否则总有一天就得挨饿了。也只有"分"清楚了，才能便于对管理中可能出现的问题进行原因查找、责任追究，进而解决对应的问题。

"分"要合理。既然要"分"，就得讲"分"的标准，我们强调"分"的标准是合理，也就是分得要科学。怎么样实现"分"得科学合理呢？这就回到我们在前述章节阐述的"方圆图"提供的工具和方法。在技术层面得以"价本分离"作为工具，科学合理地确定项目责任成本额，进而落实"项目经理责任制"，通过企业层面对项目层面下达《项目管理目标责任书》的形式，给项目经理部下达包括成本、工期、质量、安全、环保、资金等管理责任指标，明确项目必须完成管理目标和组织生产活动应该使用的成本费用额度，当然，这其中还必须考虑到项目管理团队应有的奖励激励成本。这部分资金使用就是"分"给项目的"地方税"，在授权范围之内，项目经理以实现项目生产力最大化为目标进行灵活自由地支配。项目在此基础上所创造的、超出"地方税"的效益部分，在资金的表现形式上就是应当"分"给企业的"中央税"，即在此项目管理过程中应由企业层面留存的利润、资金。

2. 资金分级算

实际上，"资金分级算"与"费用划分开"是相互补充的要求，一是既然要"分"，就涉及要"算"，另外，所谓"算"，就是在"分"的基础上要把企业和项目两个层面的资金使用"算"清楚,进而有效建立资金在企业内部"存"与"支"的责、权、利关系。因为建筑工程项目具有生产周期较长的基本特点，其资金的"收"与"支"在其生命周期内是有着明显不平衡的特征的，在项目实施过程中，必然存在某个项目在不同时期的资金"富余"和"短缺"，同时在不同项目之间,也一定会表现出有的项目资金"富余",有的项目资金"短缺"。"富余"的项目因资金集中管理的要求上存资金在企业层面，"短缺"的项目也不能就此停止生产活动，它需要企业层面予以投入。这样，我们就必须在"分"的基础上把资金"算"清楚，让"富余"的项目资金形成给项目的收益，让"短缺"的项目投入资金形成项目的财务成本，才是科学合理的资金管理方法。所以，在管理实践中，我们对于工程项目每一笔工程款收入，都分为两部分，一部分是将上缴货币资金作为企业层面的营运资金来管理，剩余部分"算"为项目可用资金，集中到企业的结算中心。按"责权利统一"的原则，算清企业和项目各自权限内的资金，各负其责，各得其所，项目资金支付实行预算控制，按支出计划拨付。

"算"要精细。就是要做好资金精细化管理。我们在企业层面以企业发展战略为出发点，建立各项目不同施工阶段资金使用的统一比例，打好资金"盘子"，审慎理性地预测资金流入，充分估计现金流出，做好资金筹措计划，确保现金流不掉链。在工程项目层面以"以收定支"和"动态平衡"为原则，做好项目的资金策划工作。一是做好项目的标前资金策划，预估项目现金流量运行状况，分析项目承接对企业营运资金管理的影响；二是根据现场策划、施工策划和商务策划，做好项目的资金实施策划工作，分析项目资金盈亏时点和盈亏数量，通过供应链资源的优选和组织，解决资金缺口，力争项目全过程管理中实现日常现金最大正流。

"算"是关键。"分资制"管理法在本质上也是强调管理上的一种责任。

把它作为"指挥棒"和"风向标"，通过考核，奖优罚劣，能激发全员资金管理的主动性和能动性。只有在企业和项目两个层级把资金"算"清楚的前提下，这种责任才可能明确，"指挥棒"的作用才会发挥充分。在项目层面，一是建立资金有偿使用机制，通过利息杠杆，传递资金管理责任；二是建立统一的资金支付平台，营造不同项目之间公平的管理环境，考核项目超额现金流量；三是将项目资金管理责任分解到岗位，并与项目工期、质量、安全、环保和成本等管理目标挂钩。在企业运营层面，将资金集中率、日均资金存量、经营活动净现金流量等关键指标与企业负责人的年薪收入，甚至岗位聘任挂钩，强化"一把手"和总会计师的资金管理意识。

### 3. 收支两条线

收支两条线的管理要求实质上是资金集中管理的要求，通过资金收支两条线的规定，借助资金管理信息化平台，强化资金集中管理，形成倒金字塔形状的企业"现金池"，做大集团总部的现金流量和现金存量，提升企业的资金调剂能力、融资能力和资金平衡能力，进一步降低融资成本，为企业"优结构、提品质、强素质"提供财力支持。

"线"要清晰。资金的收取、支取分两个渠道，企业各成员单位设置收款账户和支出账户。收款账户由企业集团结算中心直接管理，支出账户由区域结算中心与局属单位共同管理。企业总部对成员单位的全部收入通过收款专户收集，所属单位的每笔资金收入必须实时划转至企业结算中心，所属单位的收款专户应保持为零余额，所属单位的所有支出都集中在支出账户支付。各单位的生产支出所需资金则由企业层面根据预算下拨至支出账户，由各单位自行结算。

"线"是保障。以"收支两条线"实现企业对资金的集中管理，它既是"费用划分开"和"资金分级算"的实施保障，同时它又进一步促进这两个要求得以实施得更标准、更科学、更精细化。"先收后支，以收定支"，是项目资金正常循环的必要条件，也是资金管理的红线。我们通过建立资金管理信息化平台，将收支两条线的内部管理理念嵌入到资金信息化系统中，确保收支两条有效实施和运行。

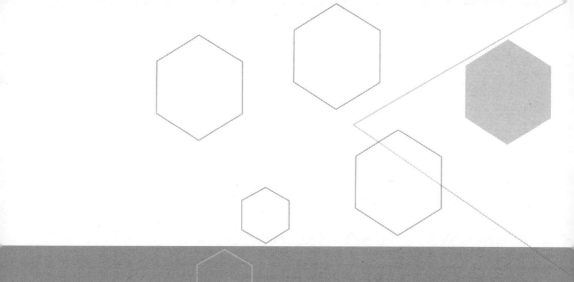

# 第四章

# 工程项目的
# 过程管理

　　我们在工程项目管理实践中以"方圆图"理论为指导,不断创新发展企业与项目两个层面的具体管理策略和措施,进一步研究探讨工程项目组织管理及其运营机制,项目目标管理三圆图及工期、质量、安全、环保管理,房地产投资开发项目成本管理的管理体系和方法,以及企业管理信息集成系统的建设等。本章以中建五局的项目管理实践为基础背景来展开论述,以期为建筑工程集团企业提供一个具有一定借鉴意义的工程项目过程管理范例。

# 第一节　工程项目的组织管理

建筑工程项目管理组织模式的合理选择是工程项目管理目标得以实现的前提和基本保证，工程项目过程管理中的资源科学配置则是项目管理目标最大化与最优化实现的根本保障。

从生产力与生产关系的层面理解，项目管理组织架构形式与项目资源配置方式可以说是项目生产关系形成的最重要支撑。由于生产关系必须适应生产力，合理的项目组织架构与科学的资源配置是适应项目生产力、实现项目生产力最大化的关键前提条件所在。同时，由于生产力状况决定生产关系，所谓组织架构的合理和资源配置的科学，并不是越多、越大或越高级就越好，而是对两者的合理性与科学性要强调其对应性与适应性。即项目的组织架构设置和资源配置要根据具体项目的管理目标、企业的管理能力和业主、社会的管理要求进行最恰当的设置与配置，组织既要职责清晰完整又要运行高效，资源既不欠缺也不浪费地恰到好处（帕累托最优）才是最高境界。

## 一、项目管理的组织架构

中建五局是一个建筑工程企业集团，整体的企业管理架构实行缩短管理链条、扁平化管理的原则，全集团实行局、分 / 子公司、项目经理部三级管理。各层级的管理部门与岗位人员设置，由局企划部门与人力资源管理部门依据管理授权、公司规模、项目大小与重要程度、公司专业特点以及发展需要等不同条件，制定了一套运行效率良好的部门与岗位的设置标准。

工程项目本身的管理组织架构设置，基于现代企业制度的一些管理理论与中国建筑市场发展的阶段，通常是以项目其一次性、涉及面广、工作较为复杂的特性，采用"模拟分权式"或"矩阵式"的组织架构模式。

对于具体负责实施工程项目的项目经理部的组织架构设置，可以称之为"优化型矩阵式"。这种组织架构模式整体基于两个方面的考量，一是落实法人管项目要求，二是落实管理标准化、信息化、精细化要求。

所谓"优化型矩阵式"，一方面基于建筑工程项目特定的一次性、复杂性以及随项目进展，其机构、岗位设置必须具有一定的灵活性的特点，形成公司对项目岗位设置的组织架构标准"矩阵式"——项目经理部对各岗位进行直线管理，同时项目岗位也接受分/子公司不同业务部门的专业指导和管控。特别是项目总工程师、项目商务经理、项目物资设备主管与财会会计等岗位，其工作规则与工作成果必须为分/子公司的业务部门和分管业务领导所管控和认可。这既是"矩阵式"管理组织架构的基本特点，也是建筑工程企业落实法人管项目要求在组织形式上的体现。但同时，为有效解决"矩阵式"组织架构中岗位人员因为岗位不稳定造成责任感不强的问题，企业基于项目"三个效益"划分的前提，通过项目管理"两个责任制"的落实，有效地将项目岗位人员的考核与激励主动权有序、有度放到项目经理部层面。既充分体现法人管项目的要求，又比较成功地解决了传统"矩阵式"组织架构的缺陷。

企业按项目建筑面积、项目合同额及项目的月均产值额大小三个指标相结合的识别标准，将全局所有项目划分为6类（表4-1），对相应项目的项目经理部人员总数、项目班子人员数、项目岗位任职条件、项目岗位职责和项目岗位工作检查考核标准进行了全面梳理统一，包括项目岗位的名称都进行了标准化规定。同时还对项目不同阶段基本岗位与机动岗位设置、过程中的岗位调整、岗位兼职、岗位不相容分立等也作出了相当精细化的要求。使全局项目组织架构设置在标准化、精细化以及相应的信息化管理水平达到了业内领先层级。

项目经理部人员编制数量标准参考表　　　　　　　　表 4-1

| 序号 | 工程类别 | 建筑面积<br>（万 m²） | 合同额<br>（亿元） | 预计施工月均产值<br>（万元） | 人员编制参考范围<br>（人） |
|---|---|---|---|---|---|
| 1 | 一类 | ≥ 60 | ≥ 12 | ≥ 3000 | 40 ~ 70 |
| 2 | 二类 | ≥ 25 且 < 60 | ≥ 5 且 < 12 | ≥ 1800 且 < 3000 | 20 ~ 40 |
| 3 | 三类 | ≥ 15 且 < 25 | ≥ 3 且 < 5 | ≥ 1200 且 < 1800 | 15 ~ 30 |
| 4 | 四类 | ≥ 10 且 < 15 | ≥ 2 且 < 3 | ≥ 900 且 < 1200 | 12 ~ 25 |
| 5 | 五类 | ≥ 5 且 < 10 | ≥ 1 且 < 2 | ≥ 600 且 < 900 | 10 ~ 18 |
| 6 | 六类 | < 5 | < 1 | < 600 | 5 ~ 13 |

注：1. 如三项指标不一致，则以"预计施工月均产值"为主要参照指标定员；
　　2. 新员工见习期间不占定员编制，但每个项目配备的见习新员工原则上不得超过项目定员数的30%。

## 二、项目资源配置

项目生产力最大化就是在项目管理过程实现各生产资源（要素）最优化配置，从而达到各项目管理目标最大化的实现。

工程项目管理的资源大体可分为两大方面，一方面是来自建筑工程企业内部为工程项目提供配置的人、财、物，我们可以称之为企业资源；另一方面是来自建筑工程企业以外的产业链上下游提供的分供、服务资源和社会其他相关方提供的监管、协助资源，我们可以统称为社会资源。站在生产力的角度理解，资源都是项目生产力的要素。企业资源主要形成项目生产力要素中的生产工具和管理活动，而社会资源则主要形成项目生产力要素中的劳务者与劳动对象，当然同时也提供相应的管理活动要素。

企业资源的配置主要体现在前述工程项目组织架构设置中建筑工程企业对项目岗位设置、人员配备方面的管控和对项目资金和自有工具设备的管控。社会资源的配置则主要体现在建筑工程企业对下游分供方、上游投资业主和勘察设计方、政府相关行政监管方的合作与沟通管理上。

而就管理实务中的现状来看，对于一个正常运营发展的建筑工程企业来讲，工程项目资源配置管理的最大难点还是在于分供方资源的管理配置效果。因此，工程项目的资源配置管理主要还是要着力于分供方资源的组织管理。当前，分供方资源的组织能力与水平仍是一个建筑工程企业管理水平和盈利能力高低的体现，是企业核心竞争力的重要组成部分。分供方资源的好坏某种程度上直接左右着工程项目履约和成本管控的根本能力。

建立健全"分供方选择招议标制度"、"过程考核评价制度"与"《合格分供方名录》发布与应用制度"是分供方资源管理的基础性工作。企业要求公司总部、分公司、项目经理部在真正树立好"法人管项目"的理念前提下，扎实有效推进分供方资源集中采购管理，同时建立起"分供资源储备性考察"机制，要求资源采购者必须把好分供方引进入围阶段的关口，将有实力、讲诚信、能做事、想发展的优秀分供方吸引到自己周围，为分供方选择招议标制的实施提供资源性保障，防止进场急、考察虚、招标假而形成的管理隐患。同时，要求总部、分公司、项目经理部三级管理机构必须进行分供方资源使用过程中的分供方考核评价，包括进场验收评价、过程定期考核评价和年度与退场最终评价，且必须以数据说话，最后归结到企业层面按年度发布的《合格分供方名录》中，并以公平、公开、公正的考核评价结果来实现分供方资源的奖优罚劣，不断遴选筛淘，形成相对稳定的、自愿与企业长期合作的一批优秀分供方资源，乃至是战略合作伙伴资源。与此同时，公司对分供方的评价采取授予正向与负向激励牌（正向金、银、铜牌，负向红、黄牌）；优秀供方可享免交履约保证金、提高合同付款比例、优先中标或限次议标以及参加相应层级的公司年会、负责人直联公司领导等待遇；不合格供方则要被授以除名、在规定年限内不在全公司范围内录用等处罚。

工程项目的分供方资源管理有别于其他如工业企业等的分供方资源管理。建筑工程企业要获得优秀的分供方资源，除了建立良好有效的选择与管理机制外，还必须具备相应的培育分供方、服务分供方的能力和企业内部公平使用分供方的环境。实现分供方满意是企业实现项目管理目标的重要一环。

而对于除分供方资源以外的其他社会资源，包括处在上游的勘察、设计方，在工程项目管理中平行的监理以及政府行政管理部门，还包括街道、居委会、相关行业协会和工程中介、事务所等，则首先需要建筑工程企业以扎实的各线专业基础管理为前提，以企业的品牌信誉为目标，在工程项目管理过程中遵纪守法、信守承诺、精心管理、文明施工、关注环保与健康，并不断改进技术与管理水平。同时履行好主动沟通协调职责，才能实现社会相关方满意的项目管理目标。

## 三、项目经理

众所周知，企业的竞争最终将是人才的竞争。建筑工程企业肯定也不例外。而处在工程项目现场第一线的项目经理与项目管理团队，就是建筑工程企业向项目业主和社会相关方直接体现人才素质水平的代表。项目经理与其团队成员所表现的人才竞争力，既是其实施工程项目、实现工程项目管理目标的竞争力体现，更是最直观的建筑工程企业的竞争力体现。

对外而言，项目经理是在法律意义上经企业法人授权，代表企业在工程项目现场履行合同的代表人，其个人素质与能力直接关系到业主项目管理目标能否实现。对内来讲，项目经理是工程项目管理内控管理目标的第一责任人，其负责管理协调的工作涉及企业资源与社会资源的方方面面，必须要是一个"全才"。另外，从实践来看，建筑工程企业的主要中高层管理者一般都来自于项目经理队伍中的优秀者。所以，建筑工程企业无论是企业层面的管理，还是企业对工程项目的管理，都必须将项目经理队伍建设与项目管理团队建设列为管理的重中之重，使这一项目生产力最活跃的要素体现最大化的作用。

建筑工程的项目经理可以这样去定义：是指在建筑工程企业任职，与企业之间以项目经理责任制为核心关联，领导工程项目专业管理人员，协调上下游资源配置与关系，在企业下达的责任成本范围内对工程项目实施以质量、进度、安全、环保及成本为主要管理目标的系统管理，按时优质完成工程项目建设全部工作内容，并使业主、企业和社会三个目标主体都满意的项目管理执行负责人。因此，项目经理素质能力的高低，直接关系到项目管理的成败得失。

首先，项目经理必须深刻认识项目经理责任制的内涵，强化自身的主体责任意识。项目经理应该清楚地认识自己从三个不同角度对不同的管理目标主体担负着不可推卸的责任：一是项目经理是受企业法人委托，代表建筑工程企业履行工程项目相关合同的代表人，项目经理部对上游业主和下游分供方履约效果的好坏，项目经理都是第一责任人。二是项目经理是代表项目管理团队，对企业法人履行《项目管理目标责任书》的责任主体，项目经理部对企业下达的各项管理目标能否按时保质地完成，项目经理也是第一责任人。同时，项目经理还肩负着对项目管理团队内每个员工的收入增长、知识提升、营造项目健康氛围的职责。

其次，项目经理必须清楚自己应该是"在企业下达的责任成本范围内"完成项目各项管理目标。这就要求项目经理必须具备相当的工程技术经济专业知识和良好的降本增效策划管控能力。一是具备开源策划实施、项目过程成本管控、项目资金回收以及对分供方及时准确结算和支付的"收支两手都要硬"的能力水平。在"收"上要实施好开源策划，达到合同范围内最大程度开源创效，将过程结算与进度款收取办到最佳状态，让最终结算和余款回收在最短期内完成；在"支"上要全面管控项目成本支出，有效实施项目岗位成本责任制，有效预见和管控可能的反索赔，做到管理过程不留"后患"。同时也必须强调诚信履约，按合同约定及时支付分供方款项，避免不必要的被诉风险。二是要清楚地认识到工程项目的降本增效一定源于工程项目的良好履约效果，要有能力组织协调好各项生产资源与管理要素，实现工程项目的工期、质量、安全和环保等各项目标的实现，达到社会、业主和分供方的约定预期。

再者，项目经理必须时刻牵记团队是完成工程项目管理目标的基本保证。要不断提升自己打造学习型团队，建设健康向上和项目文化氛围，让项目团队所有成员在发展平台上公平竞争、在身心健康的环境中成材的能力，具备以身作则、遵纪守法、廉洁奉公、身先士卒的人格品质和善于沟通的能力。

当然，项目经理作为一个工程项目的负责人，还必须具备一个管理者应有的关注项目体系建设、善于把控关键环节的能力。还有基于建筑工程项目条件艰苦、交涉面广等特点而应具备的吃苦耐劳的品格和注重礼仪、能关注协调多个利益相关方需求的素养。

另外还必须强调，随着社会不断发展，工程项目管理的形式与内容也正日新月异的发展变化，超高、超深、超长、超大等技术要求高、施工工艺新的建筑工程应接不暇；建筑工程市场的管控要求也会发生变化，如环保、绿色施工要求的提升等；特别是当前新的项目运营方式、新的项目管控手段、新的资源要素等层出不穷，EPC、BT、BOT、PPP 等，项目经理必须不断适应新的发展形势，努力提高自身学习能力，向建筑工程项目总承包管理，甚至是涵盖投资管理在内的项目管理方向全面提升自己的综合管理素质。

## 四、项目管理团队

对于建筑工程企业而言，为一个工程项目管理设置的项目经理部，既是企业管理组织架构中的重要组成部分，又是一个为实现项目管理目标形成的、由项目经理负责的项目管理团队。对于项目经理作为这个团队的"领头雁"，如何在项目管理团队建设中发挥应有的作用，我们在前述项目经理应具备的素质中已经有所论述，而且这正是项目管理团队建设中最重要的一点——保证团队拥有一个优秀的团队领导。实际上，它应当也是工程项目生产关系的重要组成部分。

首先，企业的管理团队建设与人才队伍建设是合二为一、不可分割的企业管理内容，它们都必须依托企业层面的人力资源管理体系建设进行。而在企业人力资源管理上，基于对四川都江堰水利工程的体悟，创建了人力资源管理"都江堰三角法则"（图4-1），这为企业的人才队伍与项目管理团队建设提供了理论与实践依据。

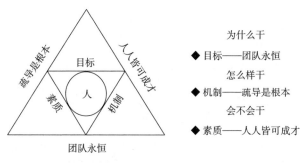

外三角：人力资源管理的三条基本法则
内三角：组织能力建设的三个基本要素
核心圆：以人为本的核心思想

**图 4-1　都江堰三角法则图**

在"都江堰三角法则"的指引下，形成的"七成定律"、"金条加老虎"的奖惩机制、培育青年人才的"青苗计划"等是被管理实践所证明、行之有效的做法；建立科学、公平、公正的考核制度，通过严格绩效考核、竞聘上岗等措施，打破原来国企"干好干坏一个样"的"大锅饭"，在企业内部树立了鲜明的业绩导向，真正实现了"人员能进能出、干部能上能下、收入能增能减"的良性用人局面；而且还以信息化建设为载体，重组企业人力资源工作流程；构建和谐高效的工作氛围，"业绩至上，快乐工作"成为企业的主流。企业人才队伍结构全面呈现出专业化、知识化、年轻化的趋势。这其中特别是创造性地建立了"四三五"薪酬体系（四大职业通道、三大晋升梯子、五大工资单元）。在这个体系中，所有员工通过"三大晋升梯子"（岗位级别晋升、职务级别晋升、工资级别晋升）和"四大职业通道"（行政管理系列发展通道、项目经理系列发展通道、专业技术系列发展通道和工勤技师系列发展通道）拓展职业发展空间，确保员工职业发展通道畅通。并辅以内部职业资格等级制度，有效打通了建筑工程企业不同专业岗位员工的职业发展通道，为团队成员个体安心本职工作，努力为团队目标做出贡献提供了良好的外围职业发展环境，为团队不同专业岗位个体、不同管理层级个体之间形成良好协作关系提供了保障。

其次，企业应当在"创建学习型组织"的工作上有所作为，通过各管理线条和各种形式强调学习型组织的建立。推行"全程学习"和"团队学习"的理念。"全程学习"即工作学习化、学习工作化。通过结合工程项目投标、合同谈判签约、过程施工组织和竣工验收结算与收款的全过程实例，让大家学先进技能、学优秀管理。紧密结合实际工作进行学习，做到学习与工作相互融合，形成工作处处是学习，把学习视为一项必要的工作。"团队学习"，即在重大项目投标、项目施工的关键时刻，企业领导和项目经理以及技术骨干相互沟通，相互提醒一起学习，共同研究，群策群力，周密部署，使学习成为团队共同意志，让学习成为团队的竞争合力。

最后，就是企业形成健康的用人导向，形成"能者上，庸者下"的竞争上岗机制，奖优罚劣，形成企业留住优秀人才，进而建设优秀团队的长效机制。在对员工加强培训，提高其职业化程度和专业化水平的基础上，一方面，完善项目经理责任追究和奖惩机制，建立项目经理业绩档案，实行优秀项目团队重奖，亏损项目经理职业禁入等制度；另一方面，推行项目经理等关键人才预选制度，通过笔试与面试预选关键人员作为后备队伍，重点培养。

总之，所谓优秀的项目管理团队建设，就是在保证工程项目经理部有一个"过得硬"的项目经理外，还要有一批"撑得起、凝得住"的各专业技术员工。

## 五、项目管理的运行机制

基于我们对马克思主义生产力理论的认识：生产力的状况决定生产关系，生产关系必须适应生产力。生产力和生产关系是互作用并矛盾运动的，生产关系对生产力具有反作用，当生产关系适应生产力时，它会有效推动生产力发展，而当生产关系不适应生产力时，它对生产力发展起阻碍作用。

建筑工程项目管理目标的最好实现结果就是工程项目管理目标的最大化，工程项目管理目标的最大化就应当是工程项目生产力实现最大化。而要实现工程项目生产力最大化，就必须要有与之相适应的生产关系，否则它会阻碍项目生产力发展。

建筑工程项目的管理体系与管理机制和方法的集合，就形成了工程项目生产运营最主要的生产关系。因此，工程项目要实现既定的、最优的项目管理目标，就必须建立健全与外部建设市场环境、企业管理现状和具体工程项目特性相适合的项目管理体系与机制。

工程项目管理的运行机制，总体上可以概括为"法人管项目"理念为指导下的项目管理标准化与精细化。其中标准化主要体现在以《企业标准化手册》为重点的规范化、科学化管理制度体系的建立、完善和执行；精细化主要体现在以"三个效益划分"、"建立三个责任制"、"三集中管理"、"三线检查"和"'三十'项目评定"等多项机制的建立和落实。

1. 建筑工程企业的"管理标准化"

建筑施工领域的标准化可以分为两类：一是建筑产品的标准化；二是企业管理和项目管理的标准化。我们在这里重点是讲"管理标准化"。

中国建筑行业的管理标准化历程大致可分为三个阶段：（1）ISO 9000 认证机制条件下的管理标准化，可以称之为建筑企业管理标准化的 1.0 版。这一阶段，绝大多数建筑施工企业都引进 ISO 9000 标准以及健康安全和环保认证标准。通过三证合一认证，推进企业管理标准化工作，提升了企业管理水平。但后来由于各种原因"认证"工作流于形式，管理效果日渐下降。（2）卓越绩效模式下的管理标准化，可以称之为建筑企业管理标准化的 2.0 版。这一阶段，部分先进企业在 1.0 的基础上全面导入卓越绩效模式，整合企业管理标准，形成了涵盖企业战略管理、资源管理、绩效管理等各个方面，使企业精细管理水平大大提高。但由于我们在推广卓越绩效模式时，中国化、企业化、时代化、通俗化不够，影响了推广效果。（3）可数字化的管理标准化，可以称之为建筑工程企业管理标准化的 3.0 版。目前，整个建筑行业，一些管理优秀的企业，在管理标准化 1.0 和 2.0 的基础上，结合市场环境和企业管理实际，将管理标准化 2.0 版的成果进行全面系统地升级，通过管理标准化、标准表单化、表单信息化、信息集约化，形成了企业运营管控的标准化体系，在这个企业运营管理标准化体系中，项目管理标准是极重要的组成部分。由于企业管理标准实现了可数字化，这就为标准化和信息化的无缝融合奠定了良好的基础。

中建五局从2007年开始导入卓越绩效模式，全面梳理整合了全局现有管理制度，结合本企业各专业线条的运营管控现状，总结本企业内部分/子公司的成功做法、借鉴行业内和系统内先进单位经验，系统地提升和优化企业管理和项目管理制度体系，按纵向3个层次（局、分/子公司、项目经理部）、横向10个系列（公司治理类、市场营销类、生产技术类、财商经济类、投资融资类、人力资源类、风险管理类、党群工作类、企业文化类、海外经营类），统一规划编制了合计500万字，共70册的《中建五局运营管控标准化丛书》，建立健全了一个覆盖全局工程项目管理各个方面的制度体系。这套管理制度的名称之所以不简单地表述为标准化丛书，而强调以"运营管控"为定语，涵盖两个方面的意思，一是讲管理制度、流程本身的设计、规定的刚性标准要求；二是强调员工在执行、落实过程中的管理行为的标准化。一方面，运营管控标准化丛书既是全局内部进行管理培训的"教材"，又是相应层级、专业线条管理人员的日常"工具书"；另一方面，全局每年两次的生产技术线、商务经济线、党群文化线等"三线检查"侧重考核分/子公司和项目经理部贯彻落实标准的情况和效果，并从公司集团层面进行年度管理标准化示范项目的打造，极大地提升了企业管理和项目管理的标准化水平。

中建五局这套"纵向到底、横向到边、全面覆盖"的标准制度体系的建立，使项目管理各层级、各专业线条的运营流程和办事规则清晰、规范，各岗位的管理行为有章可循。它既是中建五局近年来规模迅速扩张带来的管理需要，更是力求实现精细化管理和可持续发展的需要。这套标准为企业提升工程项目管理复制能力，不断规范、科学发展，推动管理升级提供了有效保障。

项目管理标准化的目的是为了提高项目管理的精细化水平。精细化管理的核心是对项目管理过程实施精准、细致、科学的管理与控制，最大限度地降低成本、提高质量和效率。

作为处于传统行业中，一直以劳动密集型为基本特征的建筑工程企业，管理的粗放化也是人们心目中的长期映象。而与此同时，建筑行业低成本竞争已是一个世界性趋势，低成本竞争能力已经成为建筑施工企业的核心竞争力。在低成本竞争的情形下还要实现企业的规模快速扩张，更要"目光向内，精耕细作"，走高品质管理的精细化管理之路，才能减少成长期的烦恼，保障企业运营风险的有效管控，实现企业的转型升级目标。

2. 项目精细化管理机制

中建五局从 2003 年以来十余年的跨越式发展为其探索工程项目精细化管理机制的建立和实践提供了良好的平台，到目前为止，全公司在"法人管项目"理念的指导下，主要形成了以"三个效益划分"、"三个责任制建立"、"三个集中管理"等为代表的多项被实践证明适用的、有效的工程项目精细化管理机制。

（1）三个效益划分

所谓"三个效益划分"，是指建筑工程企业应该基于工程项目管理"接活、干活、算账收钱"的三个阶段，以工程项目一、二、三次经营管理目标为对象，将工程项目的经济效益来源定性并定量地划分为三类，定义为"经营效益"、"管理效益"和"结算效益"。"经营效益"是以企业品牌为平台，主要由营销人员和投标人员完成，项目承接与否的决策权归属于企业法人，因此承接项目形成的经营效益归属企业层面，奖罚责任对应需落实到企业的项目营销团队；"管理效益"是以工程项目为管理对象的各管理层通过加强管理，在既定的项目责任成本基础上节约实际成本费用支出得到的效益，是以项目现场为平台，主要由项目管理团队完成，相应责、权、利的奖罚对应需落实到项目管理团队；"结算效益"则大体包括三部分，一些是并不需要发生额外建造成本，在现场由技术与商务管理的结合，通过结算签证得来的效益；也有一些是现场实际并没有发生，但按照市场规则或合同约定应计取的；还有一些按市场平均管理水平这些费用是应该发生的，但由于采用了新技术或新方法没有发生或少发生，但是能从业主那里算回来的效益。如果把"结算效益"再按管理实践进一步细分，大体可划分为这样三类："签证索赔"主要包括变更签证、认质认价、原合同条件优化（如计量、计价与支付约定向利于承包方调整、违约处罚降低或被免除、履约奖励提高等）；"技术进步"主要包括中标后的设计优化、项目实施前的方案优化（主要立足于开源性的，包括了收入增加但成本支出不变或降低、收入不变但成本支出降低、收入与成本支出同时降低但成本支出降低更多等几种情形）；"市场机会"包括依据各类规则的超量、超价结算，不发生对应成本支出但依各类规定或惯例可计取得到的收入。这部分效益是由具体的技术和商务人员完成，相应责、权、利的奖罚就应落实到对应的功、过人员。

一直以来，绝大多数建筑施工企业对项目的"经营效益"、"管理效益"和"结算效益"是没有进行划分的，至少是没有明确划分的。即使项目管理水平较高的企业，在确定项目预期经营效益和项目责任成本时，也还需要经过大量的讨论，常会因为效益划分不清晰而使项目创效责任、奖罚激励难以落实。一般认为"结算效益"的划分比较困难，因为它涉及来源比较多、过程原因比较杂、额度大小也参差繁复，加上工程项目周期比较长的特性以及建筑工程企业"两个中心"的特点，造成企业要精细核算"结算效益"有一定的技术难度。实际上，我们只要把握好效益划分的根本目的是清晰责任激励、力求内部公平这个原则，其划分也不是很难的一件事。中建五局在管理实践中的做法是：首先明确企业层面对于"结算效益"的划分一定不要纠结于"结算效益"形成的细枝末节，而要采取"抓大放小、避轻就重"的原则。其次要求各公司以总经济师为分管责任领导，成立以本单位商务合约、财务资金、审计等专业线条3～5名资深专业人员组成的"项目结算效益审核小组"，以确保"结算效益"划分的专业权威性。在具体划分方法上，对于工程项目实施过程中的开源创新，重点以项目策划（包括修订）中的"开源点"为依据进行单项划分；对于竣工结算阶段的开源创效，在确定"项目结算责任书"时进行分析划分。这就相对科学合理地完成了"结算效益"划分。

对于结算开源创效的工作，由于工程项目特点各异，开源创效应当各有方法，要强调分析好项目自身特点条件下因地制宜、因时而做、因人而异，各尽所能，以"随心所欲但不逾矩"为原则，以创效论英雄。强调项目现场的所有管理必须以技术管理为基础，用商务方法来实现。强调低成本、高品质，在做好"别人的事"的前提下做好"自己的事"，确保相关方履约目标的最好实现效果是项目对外开源的前提。强调项目签证索赔的过程有效性、证据性保障，要求项目必须认真以企业层面规定的"经济档案资料"标准进行有效的签认、分类和保管。

在工程项目精细化管理上要以管理实践为基础，认真总结，对项目效益进行划分，使得法人管项目的要求、项目经理责任制的实施从企业与项目经理部的内容经济关系找到了可依之据，也因此而真正理清了企业管什么、项目管什么，两级的权责怎样才能科学划分、管理有效。各级、各岗位管理者得以各得其所，各自分别去努力，最终才有可能形成项目生产力的最大化，进而全面实现项目既定管理目标。

（2）三个责任制建设

所谓责任制，即是管理学中目标管理的俗称。责任制的核心内容在于责任目标的科学性和对企业与项目之间权、责、利划分的清晰、合理，执行高效。

以"方圆图"理论所阐述的"工程项目管理必须划分三个效益"为基础，一般以单个工程项目为对象，建立三个责任制管控体系。包括项目承接阶段的"项目营销经理责任制"、项目实施阶段的"项目经理责任制"和项目收尾阶段的"项目结算收款责任制"。

"项目营销经理责任制"主要是确定项目承接营销阶段的责任人和整个营销责任团队，在营销策划的基础上明确各项营销目标及对应的责、权、利，以"经营效益"实现效果为中心的奖罚措施。直接表现形式为《项目营销经理责任书》。

"项目经理责任制"是用目标管理的方法论，立足以《项目管理目标责任书》约定企业与项目之间的责权利的明确划分，要求以项目经理为首的项目管理团队在权责范围内代表企业完成责任目标，获得既定的、"管理效益"范围的奖励或接受约定的处罚。企业在所属工程项目上的《项目管理目标责任书》涵盖了《建设工程项目管理规范》GB/T 50326—2006所要求的全部内容，其中仅就项目责任目标的设定就充分体现了"法人管项目"、"系统管理"的特点。《项目管理目标责任书》中的工程项目管理目标表述为"一控、二定、三保、十实现"。"一控"是指企业层面控制项目整体总目标成本;"二定"是指企业层面确定项目管理目标与指标,确定项目利润上缴比例或金额;"三保"是指项目确保利润上缴、确保单项成本费用指标控制和确保单项大耗量指标控制;"十实现"是指项目在完成既定成本管理目标的同时,必须实现工程质量、进度、安全、环保、标化管理、技术进步、文明施工与 CI 创优、证据资料管理、工程结算与收款、对相关方服务这十项目标。

另外,在建筑工程企业管理实务中,三个责任制是大家讨论最多的,或者说最能直接体现工程项目管理效果的责任制就是"项目经理责任制"的执行落实。对项目经理责任制的落实主要从五个方面着手:一是企业层面在投标成本测算与价本分离上,要保证其合理性与准确性。即保证项目承接质量和企业所属项目的"管理起跑线"基本一致,这是各个公司层面的责任。二是《项目管理目标责任书》对于项目管理过程中的责、权、利划分要科学,既要在各项目之间体现相对公平性,又要对项目管理目标的实现有"牵引力"。同时要确保《项目管理目标责任书》签订及时、过程对照责任目标进行改进。三是企业层面要坚持不懈地抓好项目过程成本考核与项目兑现奖罚的及时履行,同时项目层面也要定期分析,对照责任目标改进具体岗位管理。四是企业对责任制管理务必有始有终,要做好对已竣工结算项目的《项目管理目标责任书》最终考核评价,与项目层面一起完成整体管理效果总结,完成总的奖罚兑现。五是应当将项目经理责任制的评价结果运用到项目经理的管理中去,将项目经理个人绩效与其日后选拔任用挂钩。

"项目结算收款责任制"主要是针对有效完成第三次经营目标,对项目结算收款承担具体责任的项目经理及相关专业人员确定相关责任,并依据《项目结算收款责任书》的责、权、利约定进行奖罚的机制。它实际上是企业站在"做好自己的事情"的角度,强化实施的一种对项目经理责任制一个不可或缺的补充机制。

"三个责任制"的核心内容都直接体现了"法人管项目"和"责权利相统一"的管理要求。其有效实施还辅之以项目组织策划制、项目过程管控及项目结果考评制等一整套系统性管理机制的落实。因此，对"三个责任制"的有效建立和扎实执行，必能有效地为项目生产力创建合适的生产关系，成功改变建筑工程企业以往总是纠结于"收则死，放则乱"的项目管理困境中的局面。

（3）三个集中管理

所谓"三个集中管理"，就是建筑工程企业将"物资、分包、资金"三类资源要素纳入到企业法人层面的集中管理。物资与分包的集中管理主要体现企业法人层面在工程项目的分供方招议标选择和最终分供方评价结论上的主导管理权行使，资金的集中管理主要体现在工程项目资金必须遵循"资金上存、以收定支、有偿使用"的管理要求。

"三个集中管理"既是对"法人管项目"理念的落实，又是合理划分企业与项目经理部之间权责的科学授权管理体现。对于物资与分包采购的集中管理而言，主要是发挥集团的资金集中优势、财务支付手段优势和采购总量上的优势，在保证采购质量的前提下有效降低成本。对于资金集中管理而言，就是既要充分体现企业法人基于履约责任主体而必须拥有的资源管控权威，确保所属各工程项目的资金集中到公司、企业集团层面，对工程项目的资金使用坚持以收定支，项目与企业之间都形成明确的资金价值观，对相互占用的资金都要遵守有偿使用的原则。

对于合理授权管控机制的建立，中建五局总结为"集权有道、分权有章、授权有序、用权有度"。集中管理一方面是方向，要坚定不移地加大推进力度；另一方面要客观评价企业的管理状态和相关物资与分包的客观特点，有序有度地进行授权集中管理，有步骤地提升集中管理质量，不能搞"一刀切"。如在物资集中管理上，就必须根据物资属性、地域特点逐步分层级集中管理，可以分为集团集中管控的物资采购、分/子公司层面集中管控的物资采购、地区集中管控的物资采购等多种形式。同时，集中采购还要根据本企业的资金支付与财务支付手段综合运用的能力状况不同，处理好先集中哪些、后集中哪些，协调好先集中到哪个层面、后集中到哪个层面。这也就是体现了生产关系必须对生产力相适应的要求。即企业建立的机制既不能落后，也不宜盲目超前，否则，可能好的理论方法却形成了不理想的结果。

# 第二节　施工项目目标管理三圆图

目标，是指行为指向的终点与目的。项目管理目标，则应是项目管理行为指向的终点，即项目实施完成后所要达到的目的。

彼得·德鲁克说，不是有了工作才有目标，而是相反，有了目标才能确定每个人的工作，所以企业的使命和任务必须转化为目标，管理者应当通过目标和目标的分层级分解对下级进行管理并进行有效的考核、评价和奖惩，才能完成企业使命。可见，目标管理在现代企业管理中占有举足轻重的地位。

所有管理活动的首要工作都是确定管理目标。在现代管理学的"目标管理"理论中，其三个阶段的首个阶段就是"管理目标的确定"。

建筑工程项目的管理目标就是工程项目竣工交付并结算收款完成时要达到的全部目的。当然也应当包括了建筑工程项目管理过程中所要实现的一些过程阶段性管理目标。

对于一般意义上的项目而言，其管理目标一般确定为项目的时间目标、质量目标和成本目标三个主要方面。而针对建筑工程项目，管理目标应该从两个层面去理解和确定，一是把工程项目作为产品对象，因建筑工程本身作为产品，且具有一次性特征而决定要实现的目标，应包括既定质量、工期、安全、环保和成本五大目标；二是在管理工程项目的主体——建筑工程企业层面，需长期可持续发展，而又必须以具体的工程项目为平台来实现其目标，则需要包括项目的财务效益成果、团队建设成果、分供方与其他相关方协作成果等一系列管理目标。

## 一、"施工项目目标管理三圆图"模型及其内涵

对于一个工程项目而言，究竟确定哪些项目管理目标才是全面、科学而

又有利于进行项目目标管理呢？站在全社会的角度，一个工程项目的管理目标可以分为三个大的目标集合和三个具体的目标集合。三个大的目标集合是对项目建造总的期望目标：一是项目业主对项目建造的期望目标；也就是项目的业主满意度目标；二是以政府为代表的社会各方对项目建造的期望目标，也就是项目的社会满意度目标；三是建筑施工企业对项目建造的期望目标，也就是项目的企业满意度目标。与前述三个大的目标集合相伴而生的是三个具体的目标集合：一是相对于项目总承包商的分供方对项目建造的期望目标所形成的项目分供方满意度目标集合；二是与项目建造过程相关联的其他相关方对项目建造的期望目标所形成的项目其他相关方满意度目标集合；三是企业员工对项目建造的期望目标所形成的员工满意度目标集合。将项目建造的六个方面的满意度集合汇总在一起，就构成了工程项目管理的总目标。要想实现项目管理的总目标，就必须做到"六个好"，即：质量工期好，安全环保好，成本效益好，资金管控好，项目信誉好，团队建设好。质量与工期业主最为关心，质量工期好，业主就会满意；安全与环保，以政府为代表的社会各方最为关注，安全环保好，以政府为代表的社会各方就会满意；成本与效益，企业最为关注，成本效益好，企业就会满意；项目信誉，与业主、相关方和社会关联度最大，项目信誉好，就意味着相关方的满意；而资金管控与业主、企业、分供方关联度最大，因而分供方的满意度与资金管控直接相关；团队建设关系到员工的切身利益，只有团队建设好，员工的满意度才会提高。

根据上述"六好六满意"的项目管理目标的内在逻辑关系，结合长期的工程项目管理实践，我们提出了"施工项目目标管理三圆图"模型（图4-2）。

"施工项目目标管理三圆图"（以下简称"三圆图"）从建筑工程项目的三大利益主体出发，以工程项目本身应实现的产品目标为核心，根据"目标管理"的基本特点——重视人的因素、重视项目利益相关方的合作共赢、建立目标链与目标体系、重视成果，形成了一个由三个几何平面圆组成的，简洁、明晰的工程项目管理目标设置模型。其体现的工程管理目标环环相扣、方向一致、相辅相成，是一个协调统一的工程项目管理目标体系。

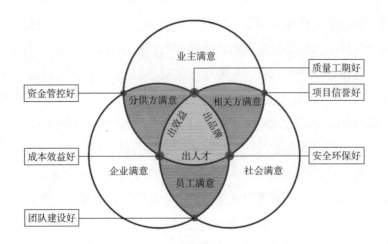

**图 4-2 施工项目目标管理"三圆图"模型**

"三圆图"以工程项目的业主、建筑工程企业和项目所联系的社会环境以及项目分供方、项目员工团队等利益相关方,形成环环相扣的目标链,以出效益、出人才、出品牌为管理目标核心表述,对应不同的管理中"人"的因素——企业员工、分供方和其他相关方,通过对项目的质量工期、安全环保、成本效益和资金管控、团队建设、项目信誉等六个"产品级"目标的"六好"实现,达到对应"项目级"的员工满意、分供方满意、其他相关方满意和对应"企业级"(或社会层面)的业主满意、社会满意、企业满意等六个目标的"六满意"实现。即图中所示的"六好六满意"的全面实现就是建筑工程项目全部管理目标的实现。

在业主满意方面,"三圆图"以工程项目质量目标为"圆心",以工程项目工期目标为"半径",形成业主重点关注的项目目标的"业主满意"圆;该圆的"核心点"为工程项目"质量工期好"的管控目标。

在企业满意方面,"三圆图"以工程项目成本为"圆心",以工程项目效益为"半径",形成企业重点关注的项目目标的"企业满意"圆;该圆的"核心点"为工程项目"成本效益好"的管控目标。

在社会满意方面,"三圆图"以工程项目安全为"圆心",以工程项目环保为"半径",形成社会重点关注的项目目标的"社会满意"圆;该圆的"核心点"为工程项目"安全环保好"的管控目标。

由此形成了工程项目作为独立产品应体现的主要管理目标——质量工期好，业主满意；成本效益好，企业满意；安全环保好，社会满意。但是，这"三好三满意"还只是基于工程项目本身应体现出来的最终管理行为目的，而从企业法人层面需要长期的、可持续发展的目标来讲，"注重人的因素"、"注重分供方及其他相关方"、"重视成果"以及企业信誉品牌建设目标方面的管理行为目的还不是很明确。

因此，"三圆图"将"业主满意圆"与"企业满意圆"的交点定义为"资金管控好"，理解为工程项目建设的实质是业主单位与企业单位基于合约关系的商品买卖行为，双方行为的核心关系体现在货币资金上，两者统一于项目的商务管理目标在于资金的有效管控上；另外，分供方作为工程项目建设的重要第三方，参与工程项目的行为实质也是基于合约关系的商品买卖行为，且其与业主和施工企业的关联核心也体现在货币资金上，故把这两圆重合部分定义为"分供方满意"。还有，当前建筑市场中，分供方，特别是劳务分供方，是工程项目成败的关键之一，所以有必要将包括劳务分供方在内的"分供方满意"列为施工项目的管理目标之一。

"三圆图"将"企业满意圆"与"社会满意圆"的交点定义为"团队建设好"，可理解为一个工程项目既要实现对内（企业）满意，又要实现对外（社会）满意，必须要有方方面面的人才组成的项目管理团队，而且这个团队要形成团结一致、通力协作的局面，这样才能有效支撑项目最终目标的实现。同时，项目管理团队的人员既是企业的员工，也是社会的公民，他们的满意是业主满意与社会满意的组成部分。同样的理解，将这两圆重合的部分定义为"员工满意"。

"三圆图"将"业主满意圆"与"社会满意圆"的交点定义为"项目信誉好"，可以理解为工程项目除企业内部上级管理者以外的相关方满意即为项目赢得信誉；同样的理解，把这两圆重合的部分定义为"相关方满意"。这里的"相关方"主要是指与工程项目有一定关联的设计单位、监理单位、项目咨询单位、项目周边社区相关单位、团体、人士等，他们的满意也必须作为项目管理的目标内容。

总之,"三圆图"以业主、企业、社会三大利益主体和分供方、其他相关方和员工三大利益攸关者的"满意圆"的组合,形成了施工项目"六好六满意"的管理目标,"六好"即:质量工期好、安全环保好、成本效益好、资金管控好,项目信誉好,团队建设好。"六满意"即:业主满意、企业满意、社会满意、分供方满意、员工满意、其他相关方满意。这"六好六满意"的管理目标是一个完整的施工项目管理的目标体系,他们之间互为影响、互为作用,并最终以"三圆合一"的部分直接表现出的"出效益、出人才、出品牌"的项目管理目标,直观地反映在"三圆图"的中心部位,意在重点强调"出效益、出人才、出品牌"是施工企业实施项目管理的最核心的管理目标。只有全面完整地达到"六好六满意"目标,才能说一个施工项目的管理目标得到了较好得实现,才能说这个工程项目的管理是好的。

管理目标的确定形式多种多样,工程项目更是因其独有的特征而各不一样,建筑工程企业的管理模式与方法也不尽相同,"施工项目目标管理三圆图"根据中国建筑行业的特点,反映了一般工程项目管理目标设置所应当遵循的规律和原则。"三圆图"模型在一些建筑工程企业的管理实践中得到运用,并收到了良好的管理效果,有效地提升了企业的项目管理水平,这也说明了这一模型的科学性与合理性。

## 二、"业主目标圆"的管理

以施工项目管理的整体目标为出发点,以质量为圆心、工期为半径画圆,形成了以体现业主最为关注的质量、工期目标为中心的项目管理多目标集合的圆,这就是"业主目标圆"(图4-3)。这个"圆"里的核心目标是项目的质量目标和工期目标。同时也包含了"社会目标圆"和"企业目标圆"里的其他相关方和分供方对工程项目管理的期望目标。

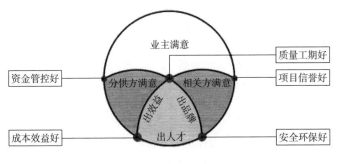

图 4–3　"业主目标圆"

### 1. 工程质量

工程质量是业主最为关心的核心目标，也是施工企业项目管理的核心目标。"百年大计、质量第一"，项目管理必须把质量管理放在首位。首先，要根据合同有关质量管理目标的约定，科学制定工程项目的质量目标并围绕总的质量目标建立健全以项目经理、项目总工程师为首的质量管理责任体系，实行全员质量责任制，制定质量奖罚措施，建立质量激励与约束机制。第二，切实履行总包方的管理责任，建立总包方和分包方参加的质量管理体系，以确保项目的整体质量。第三，要有效制定施工组织与技术保障措施，确保项目质量保证体系的各项管理程序在项目施工过程中得到切实地贯彻执行。要根据企业及合同质量目标组织编制好项目质量管理策划，并在策划实施过程中定期组织工程质量检查，对质量缺陷及时进行整改；定期组织项目质量情况分析专题会，研究解决出现的质量缺陷或质量通病；组织好工程各阶段的验收；形成有效的质量事故报告机制和流程，科学制定事故处理的技术方案和防范措施。第四，扎实有效地做好对施工作业班组的质量技术管理交底，对施工作业面进行施工质量巡视检查或旁站监督，对各分部分项工程的每一检验批进行实测实量等复检，形成有效的内部质量验收和质量等级评定。同时，必须严格按施工程序组织现场施工，做好各工序的预检、自检和复检工作，对质量工艺和成品保护进行有效的交底，切实把好材料来源关并督促材料选样送检，记录并收集整理完善好所有工程技术质量保证资料的原始记录。第五，重点关注业主针对质量的诉求，尤其是项目的使用功能、观感质量以及主要质量通病的防治。近年来，中建五局梳理出业主关于质量的关注点，制订了强化质量管理、提高业主满意度的"六查五防"质量管理措施：即查质量职责落实、查规范标准执行、查技术方案实施、查工程实体质量、查计量检测试验、查质量事故处理的"六查"，以及防偷工减料、防空鼓开裂、防渗水漏水、防蜂窝麻面、防尺寸偏差的"五防"，通过几年的实施，业主满意度大幅提高。

工程质量的管理实施过程本身就是项目成本的形成过程之一，工程质量的管理实施结果也是直接影响项目成本效益的重要因素之一。一方面，好的项目工程质量，可以最大限度地减少建筑工程产品生产过程中的质量返工成本，避免质量事故损失，减少交付使用后的维修成本。在项目管理过程中，尤其是在激烈的市场竞争环境下，很容易形成将质量与成本对立的倾向，认为质量好成本一定高，实际上，根据我们的统计分析，质量和成本是能够很好统一的，质量好的项目往往成本控制得很好，而质量差的项目往往成本控制不好，甚至亏损。质量可以分成工作质量和建筑产品质量，如何通过提高工作质量来确保产品质量，这是成本管理方圆图的大成本理念的要求之一，提高工作质量并不需要增加额外成本，或只需增加少量成本，但可保证产品质量并降低成本。例如，浇筑楼面混凝土，往往因标高控制不到位而造成混凝土浪费或在做楼地面时浪费砂浆，其原因是该道工序的工作质量差、管控不到位而导致成本增加。做好工程质量管理，我们必须要旗帜鲜明地反对那些把质量和成本对立起来，以偷工减料、以次充好、粗制滥造和粗放管理作为降本增效来源的思想和行为；另一方面，项目实现了好的项目工程质量目标，就是有效完成了对业主方的一个核心履约目标，从施工企业与业主之间的合同履约关系来讲，施工企业在完成了施工合同履约责任（主要之一）的情形下，对等地业主也就有义务很好地完成其对施工方的结算付款履约责任，这就为施工企业在项目实施过程中的创效、收款形成了最有力的支撑条件。反之，则施工单位在过程的变更、签证、索赔等创效要求和措施不仅会受到施工方履约不到位的前提条件影响而倍受压制，甚至根本不予接受，而且基于"我们没做好对方的事"，业主管理者首先在心理上就会反感乙方可能提出的任何诉求，这样无疑会在创效、收款的管理目标上大打折扣。再上升一个层面来看，高标准的工程质量，一定还会通过政府相关职能部门的公开评价或公开展示等方式，使施工企业得到良好的社会信誉，实现更广泛社会层面的"大成本"效益——至少会让企业在类似项目的承接上，给潜在业主在预选施工单位的心理上加上不可少看的分数。

#### 2. 工期管理

工期管理是项目现场管理工作的总纲，工期既是业主关心的核心指标，同时对项目管理的成本也影响最大。项目管理只有抓住工期管理这个纲，才能收到事半功倍的效果。当施工企业与业主签订施工合同后，企业就必须按照合同工期的要求，进行工期策划，科学合理地调配资源，确保合同工期的实现。（1）要在总工期的要求之内编制详细工期进度网络计划，根据项目具体情况，将总工期分解为多个节点工期，再根据节点工期需要制定详尽的年、季、月、旬（周）计划。在编制工期计划时，必须进行项目实体工程量计算。充分考虑项目的地质条件、周边环境、工程特点、技术重难点、施工要求，合理统筹人、机、料、法、环等资源要素，进行综合平衡后形成一个科学合理的、能够指导现场施工的工期计划。（2）要按照总工期计划的要求，制定相关的专业保证计划书，合理配置、统筹协调劳动力资源、设备材料及资金等生产要素，并根据各施工工序、施工工艺的特点，统筹制定施工组织和专业技术方案，这些计划方案必须确保工序之间协调衔接，技术上可行，组织上合理，切实可行。（3）一般地讲由于工程项目体量大，工期长，影响因素多，在项目管理过程中，必须坚定地按照工期计划去实施，对实施中出现的偏差，要不断进行优化修正。如果客观条件发生重大变化或业主需求出现重大变化，就必须调整工期目标，并编制工期调整计划。如果总工期不能够改变，就必须相应调整节点工期及时调配资源，及时进行纠偏。（4）切实履行总承包管理责任，建立健全覆盖所有分包的工期管理体系，制定相应的总承包管理办法，统筹管理协调各专业分包单位。要做好总包管理，总包方一定要有大局观，要站在工程项目的整体角度来处理项目实施过程中的各项事务，统一有序地协调各个专业分包单位。总包要十分注意总工期计划的前瞻性，工作面移交的及时性，施工平面规划的合理性，机械水电运输有序调配的科学性、现场总包制度和管理的内外一致性，现场安全文明施工及门卫统一管理的严肃性等。同时，总包单位还要十分注意与业主的沟通协调，正确理解和贯彻业主意图，取得业主信任和支持，以保证总包管理的有效性。（5）为确保工期目标的实现，必须建立工期履约的激励与约束机制，设置总工期和节点工期完成与否的奖罚措施，前期拖延的工期，后期要有切实可靠的措施赶回来。如果总工期需要缩短，还需要制定赶工措施，确保赶工措施费支付到位。如因业主对工期有特殊要求，则须制定相应的工期保证措施，包括需要的费用也必须给予保证。（6）认真领会业主的工期要求，急业主之所急，对业主关注的工期节点高度重视并尽力完成，确保业主满意。

如同工程质量管理一样，项目工期的管理实施过程本身也是项目成本的形成过程，项目工期的管理实施结果也是直接影响项目成本效益的重要因素之一。一方面，项目完成工期管理目标，既可以减少项目本身的管理、租赁等固定成本开支，又能避免业主对项目工期延误时的索赔损失。而且从管理实践来看，除了工程项目的实体成本以外，工期成本往往是一个项目的最大成本支出项；另一方面，项目实现了好的工期履约目标，也是有效完成了对业主方的一个核心履约目标，会很有效地增加施工企业商务扩圆的砝码，增强施工企业过程创效与收款的议价能力，也同样会有效增强企业的市场竞争能力。所以项目现场管理一定要把握住工期管理这条纲领不偏离。企业层面和项目层面一定要着眼于"大成本"，不能算了小账误了大工期。

解读"三圆图"可以看到，图中展现的"质量工期好"体现了企业对业主的履约良好，"资金管控好"则体现了业主对企业的履约良好，合同甲乙双方的良好履约关系必定支撑形成"业主满意圆"。业主与施工企业为各自独立的法人单位，也是一对矛盾，在经济方面有对立性，业主要控制投资，而施工企业希望增加效益，双方各有所求，但双方的共同点就在质量和工期，只有把质量、工期抓好，施工企业的经济方面的诉求才有得到业主认可的基础。

## 三、"社会目标圆"的管理

从工程项目管理的整体目标出发，以安全为圆心，环保为半径画圆，形成了以体现以政府为代表的社会各方最为关注的安全、环保目标为中心的项目管理多目标集合的圆，这就是"社会目标圆"（图4-4）。这个"圆"里的核心目标是项目的安全管理目标和环保管理目标。同时也包含了"业主目标圆"和"企业目标圆"里的其他相关方和员工对工程项目管理的期望目标。

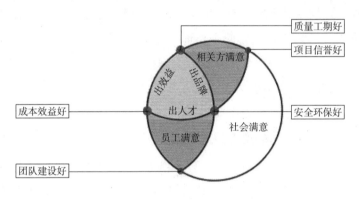

**图4-4 "社会目标圆"**

### 1. 项目安全管理

项目安全管理是以政府为代表的社会各方最为关心的核心目标，也是施工企业项目管理的核心目标。"安全第一"，安全管理是工程项目现场管理中贯彻执行"以人为本"的基本管理原则，也是施工企业科学发展的要求。项目管理必须把安全管理放在重中之重的位置。（1）科学制定安全管理目标，企业层面必须强化"安全管理无小事"的安全工作思想，建立健全企业与项目两个层面的安全与职业健康管理体系，主导项目做好工程安全管理与职业健康策划，从制度层面保证项目现场安全生产费用投入，加强安全专项方案审批，主导定期的项目安全教育培训工作。（2）项目层面则必须切实履行总包方管理职责，建立健全涵盖各分供方的现场安全管理组织体系，确保安全管理的人、财、物投入到位。提升安全应急管理和可能的安全事故处理能力，切实落实好项目安全管理交底、巡检和考核评价。包括明确以项目经理为安全生产第一责任人的各层级安全生产具体责任人；科学编制并实施工程安全管理目标、专题方案、落实措施和保证计划；保证安全支出费用专款专用；做好项目管理人员和作业工人的三级安全教育；定期召开项目安全生产例会，进行现场安全生产检查并落实安全隐患整改，及时有效地解决安全生产中的各类问题；有针对性的编制项目安全生产应急预案并进行有效的交底和演练等。(3) 基于工程项目工期长、体量大、各具独特性的特点，企业和项目两个层面一定要有针对性地根据现场实际情况和工程特点进行项目安全生产危险源的辨识；有针对性地区分一般风险和重要风险，对应地编制各类安全专项方案，特别是对于超过一定规模的风险性较大的分部分项工程必须分类编制专项安全技术措施和方案，并按工程、分部分项要求进行专门的安全技术交底；严格按照相关标准和规程进行安全验收，确保安全生产"人人在岗、人人尽责"，不留死角。(4) 制定相应的总承包管理办法，切实行使好总包管理责任，要站在项目整体角度来统筹策划项目安全生产管理，协调好各专业分包单位，注意与业主方的沟通协调，取得业主信任和支持，使整个项目的安全生产管理的整体性得以保障；确保相应各类安全生产费用支出落实到位，安全生产设施完全符合规程标准，不能有半点"各人自扫门前雪"的念头。(5) 为确保安全管理目标的实现，还必须建立健全好安全生产履约的激励与约束机制，设置安全目标完成与否的考核与奖罚兑现措施。将工程安全生产的经常性检查、综合性检查、专业性检查、季节性检查、节假日检查和特殊性检查等各种检查考核机制充分结合利用，并对考核检查结果及时进行奖罚兑现。

实践证明，项目安全管理的实施过程本身也是项目成本的形成过程之一，同时项目安全管理的结果也是直接影响项目成本效益的重要因素之一。项目做好了安全管理，既可以直接减少安全事故引发的赔损费用损失，减少不稳定的社会事件因素，同时又可以避免企业的市场行为受限。众所周知，企业所属任何一个项目的某个重大安全事故都有可能使一个本来良性运行的施工企业面临不同期限的市场停牌，这有可能成为施工企业的灭顶之灾。因此，站在"大成本"理念的角度，企业和项目的各级管理者必须本着"安全第一"、"安全无小事"、"安全工作天天讲"的根本理念，不放过半点安全隐患的基本态度，确保足额的安全生产投入，科学管理施工流程，达到"不出安全事故就是最大的成本节约、不出安全事故就是最好的社会稳定贡献"的安全生产管理目标。

2. 环保管理

环保管理目标是贯彻"人与自然和谐发展"的要求而提出的，随着社会对绿色低碳环境要求的不断提升与国家政府对这方面越来越高层级地重视，工程项目环保管理已经是全社会越来越关心的核心目标，由此它当然也已经成为施工企业项目管理的核心目标。建筑工程企业作为社会的一员，必须具备环保的社会责任感和公民意识，积极推进绿色建筑、绿色施工的生产实践，把环保管理作为工程项目管理不可或缺的重点内容。（1）企业层面必须认真贯彻执行"地球无双，建绿色家园；生命无价，圆健康人生"的管理方针，建立健全企业的环保管理体系，主导项目做好项目环保策划并督导项目将策划执行到位。（2）项目层面必须全面领会绿色施工的本质要求，有效识别、评价项目环境管理因素，制订项目环境管理目标和指标，科学编制并有效实施项目环境管理计划，确保项目环境管理体系正常、有效运行，真实准确地进行环境影响监测。（3）统筹项目具体实施过程中的各项节能环保工作，做好节地、节能、节水、节材"四节"工作。包括合理进行现场平面布置，施工作业区与生活办公区分开设置；设置现场医务室；醒目标识危险、有毒有害物资存放；采用洒水、喷雾等措施防尘降尘；对生活生产产生的油烟、污水进行过滤净化；大体积混凝土利用粉煤灰、矿渣、外加剂等手段节约水泥使用量；对于结构施工模架使用管件合一的工具式模板支撑体系；现场临时设施尽量选用可拆卸、可回收周转利用的材料和产品；现场安全防护、临时楼梯设施多采用标准化、工具化、定型化的可多次周转设施；尽量使用节能灯，在供热供暖上合理利用太阳能设备、太阳能照明灯具；机械设备尽可能使用高效率低能耗机具；有效推进"四新技术"应用减少浪费、降低能耗等。（4）实施有效的项目环保事故应急预案和应急响应机制，把可能的环保事故损失降到最低。（5）建立健全有效的项目施工环保检查和考核评价机制，及时落实节能、环保工作考核的奖罚兑现等激励机制。

实际上，项目的环保管理应当是当前更广泛意义上、更高层面上的项目"大成本"管理理念的体现。做好了环保管理，一方面可以减少工程项目因可能的环境事故形成的赔损费用等成本支出；另一方面，无论是在工程实体上有效节约材料物资类资源，规范企业层面和项目层面管理，通过可周转临时设施标准化和集中采购、加工和周转，提高可周转设施的周转率以达到节材降本，还是在管理过程中科学评价和投入与建筑物功能相匹配的管理资源，以及利用新技术、新工艺进行低碳绿色的施工措施与方法，都是从更高的全社会层面来降本增效。包括工程项目施工过程中的防污染、降尘降噪等措施和结果，也是和谐项目周边社区与居民关系，保证作业人员的安全，使企业和项目获得最好社会效益的直接途径。

解读这部分"三圆图"可以看到，图中展现的"安全环保好"体现了企业对社会的良好"正能量"输送，"项目信誉好"则可以理解为体现了社会大众对企业的良好评价，这样，企业与社会的良好互动关系必定支撑形成"社会满意圆"。

## 四、"企业目标圆"的管理

从工程项目管理的整体目标出发，以成本为圆心，效益为半径画圆，形成了以体现施工企业最为关注的成本、效益目标为中心的项目管理多目标集合的圆，这就是"企业目标圆"（图4-5）。这个"圆"里的核心目标是项目的成本管理目标和效益管理目标。同时也包含了"业主目标圆"和"企业目标圆"里的分供方和员工对工程项目管理的期望目标。

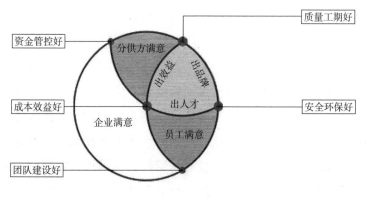

**图 4-5　"企业目标圆"**

实际上，成本与效益虽然是两个不同的概念，但其核心都是围绕体现工程项目赢利能力的指标。因此，我们这里把它作为一个概念看待，只不过成本概念主要侧重于项目实施过程中降低成本的能力，而效益概念则侧重于项目实施过程中的创效增效能力。

项目降本增效是企业最为关心的核心目标，这是显而易见的。在项目建设的几个基本要素中，项目质量与安全，政府、行业协会，包括业主与监理单位，不但有着严格的法规监管，还有契约关系的合同制约，项目进度在管理实践中更是业主和监理永远都不会放松的管理目标，建筑工程企业在这些目标管理上都不得不予以重视。而唯有项目的成本管控和效益管理目标的实现，则必须由建筑工程企业、项目经理部自己用心把握、自觉强化。只有真正在项目管理中实践"低成本竞争、高品质管理"，锤炼企业低成本的核心竞争力，扎实地围绕项目成本去抓管理落实，不断提升项目降本增效水平，才是建筑工程企业做强、做大、做久的根本之路。

在项目有效降低成本方面，首先，必须牢固树立"两个基石一条主线"的管理理念，时刻谨记建筑工程项目成本管理一定是"大成本"的管理思维。正确理解"低成本竞争、高品质管理"之间相辅相成的关系，必须是讲求全面实现进度、质量、安全和环保管理目标条件下的成本控制，以高品质的项目过程管理为手段，通过优化管理、落实相关方和谐共赢来实现项目降低建造成本的目标。同时，只有工程项目的"现场"进度、质量、安全和环保履约目标的高品质确保，并以此让企业赢得了更多更好的"市场"，才是更高层面的成本竞争胜出。第二，必须落实"全员、全过程成本"的管理思路。项目成本管控必须覆盖项目的各个岗位、各个线条并贯穿项目生命周期的全过程。从投标成本测算到责任成本下达、目标成本编制、实际成本统计、过程成本分析考核，直到竣工成本还原总结，贯穿建筑工程项目从市场营销承接开始，到项目过程管控，再到竣工结算收款完成等全过程的管理流程。对每一个环节要求企业和项目两个层面的各岗位员工必须强化成本意识，严格履行责任，将项目成本管控做到全员性、全过程的精细化。第三，扎实做好标前成本策划，科学预判项目承接质量，做到承接项目时的"心中有数"；切实做好项目实施策划，充分体现实施策划的"有用"与"在用"，做到项目实施开始时"胸有成竹"；项目实施过程中有效利用好目标成本控制和"项目成本分析与考核"平台，奖优罚劣，及时兑现，真正做到项目成本分析会"盘点清楚、数据准确、建议有效"；项目完工后落实好项目成本还原工作，做好管理经验与教训总结，形成有效实用的企业成本数据库。第四，成本管控必须扎扎实实、规规矩矩，讲标准，讲管控，必须按要求落实好"工长算量"、"限额领料"和"预算管理"，一心一意盯着"方圆图"告诉我们的这五类关键成本费用，把握这五个关键点，通过项目岗位成本责任制，把全员、全过程成本管理的要求落实到位。第五，统一所有单位的成本归集方式，组织季度晒成本活动，把各项目的可比成本消耗晒出来，找出成本控制好的单位和项目，也找出控制差的单位和项目，同时找出单项成本中间值，通过促使成本高的单位和项目降低成本，同样合同条件下，提高了企业的赢利能力，也就提高了企业的低成本竞争能力。

在项目创效管理方面，"建筑工程工地遍地有黄金"，工程项目创效的途径很多，空间也很大。首先，履约是创效前提，工期、质量、安全、环保是方圆图的四大支撑。要充分理解"现场支撑市场"、"现场支撑效益"

的内涵，现场管理的"出彩"，才会带来项目效益的真正"出彩"。全面实现项目的工期、质量、安全和环保管理目标，是实现企业与项目效益最大化的根本前提条件。第二，技术是创效基础。一定要充分理解好技术与经济结合的重要意义，项目的创效途径一般来讲包括了合同条件优化、不平衡报价、设计变更、技术与施工方案优化、过程签证索赔和结算对审等几个方面，这几个方面显然都离不开技术管理的基础支撑，特别是在设计变更、签证索赔和方案优化方面，没有技术层面分析发现创效点并提出切实有效的创效途径，项目创效基本就会失去最核心的创效策划，或者停留在纸面上的项目创效策划。第三，商务是创效关键。我们经常讲"成本是干出来的、效益是算出来的"，创效结果的好坏最终还是要落到商务造价管理人员的"算"上面来。要求商务人员要有高超的专业水平，要"算"得精细准确，更要"算"合理巧妙。项目创效水平的高低就直接体现在商务经济人员与技术施工人员的高度配合与相互结合上。第四，必须建立健全项目创效的合理激励机制，设置必要的项目创效考核与奖罚措施。对于项目策划确定的创效目标和责任人要专项考核奖罚，对于为项目创效工作作出了特殊贡献的人员可以进行必要的特别嘉奖。

解读这部分"三圆图"可以看到，图中展现的"成本效益好"体现了企业和项目完成了良好的经济效益，"团队建设好"则体现了项目管理团队在项目实施中获得了精神与物质的双丰收，这样，企业通过项目实施收获的经济收益与人才成长收益，包括与"业主满意圆"相交确定的良好的资金管控效果，必定支撑形成"企业满意圆"。

## 五、三个"椭圆形目标集合"的管理

"三圆图"中，"业主满意圆"、"社会满意圆"和"企业满意圆"三个圆相交重合的部分，形成了三个"椭圆形目标集合"，分别叫作"相关方满意集合"、"分供方满意集合"和"员工满意集合"（图4-6）。

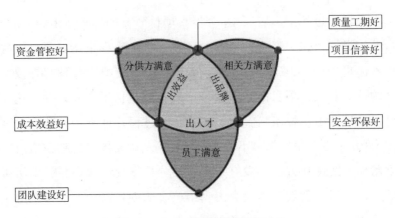

**图 4-6　三个"椭圆形目标集合"**

这三个"椭圆形目标集合"相交重合的部分形成了一个"圆锥形目标集合"，是项目各利益主体和相关方共同关注的项目管理目标。我们把这部分目标称之为"出品牌、出效益、出人才"。"椭圆形目标集合"包含的"品牌、效益、人才"目标，不仅是项目各利益主体和相关方共同关注的项目管理目标，而且"品牌、效益、人才"目标的实现程度会影响项目各利益主体和相关方其他目标是否能够得到实现以及目标实现的程度。

1."相关方满意"

这里的"相关方"是指与工程项目直接相关的关联方，或者说是工程项目建设的相关参与者，如项目的设计单位、监理单位、业主直接发包的专业咨询顾问、专业施工方等。通常情况下，这一类"相关方"与项目总承包方并没有"合约"关系。作为工程项目建设的直接参与者，他们的工作情况必然会对项目管理目标的实现产生重要影响。与此同时，他们作为项目的相关方也必然有他们自己的目标诉求，如果这种目标诉求能够统一于整个项目的管理目标之中，相向而行，那么就会对项目的整体目标，产生有利的积极的影响，反之就会产生不利的、消极的影响。作为项目的总承包管理方，就必须高度重视，妥善处理与相关方的关系，要有大局观念，要站在业主的角度去思考问题，站在整个项目高度把控全局，充分调动各方面的积极性，尽管多数情况下，总包方与这一类"相关方"不存在"合约关系"。同时，作为总承包管理方，还要站在各相关方的角度思考问题，积极主动地帮助他们解决实际问题，考虑他们的利益诉求，把对他们的目标要求和他们的利益诉求科学合理的结合起来，统一起来。换句话说就是："让相关方满意，使相关方努力"，共同完成项目的管理目标。

2. "分供方满意"

这里的"分供方"从广义上讲也属于项目的"相关方"，但这一类的"相关方"是指与总承包方具有"合约"关系的，从合同上讲是甲、乙方关系，是项目总承包方的"下游"，因而是项目总承包管理方的"分供方"。"分供方"也可以说是项目各种生产要素、资源的供应方、保障方，离开了"分供方"，项目建设就无法进行，项目管理的目标就无法实现。分供方，尤其是劳务分供方，对项目履约起到重要的作用，业内有句话叫"成也劳务，败也劳务"，虽然有点绝对，但也不乏正反两方面的案例。企业与分供方是合约关系，但劳务分供方包盈不包亏的例子比比皆是，所以在企业层面应加强供方管理，注重供方培育和考核评价，奖优罚劣。在项目层面，不应以包代管或重合同轻管理，而应关注分供方的合理诉求，通过加强过程管控，让分供方能挣到该挣的钱。同时还要对分供方讲信用，赢得分供方的尊重，分供方满意了，就会对我们履好约，也为我们对业主履好约提供了保障。

3. "员工满意"

"员工满意"是项目管理工作的基础，是企业管理工作的出发点和落脚点。员工是项目各方面工作的实施主体，员工因处在不同的年龄段，岗位也各异，其需求也会有差异，如何通过岗位、事业和待遇等吸引他们，满足各方面员工的核心诉求，以发挥他们的主观能动性和创造性，抓好质量、工期、安全、环保和成本等各项工作，达成业主满意、社会满意、企业满意以及分供方和其他利益相关方满意的良好结局，没有"员工满意"，就很难实现其他五个满意。

总之，整个"三圆图"以业主、社会和企业三大主体满意的"圆"为整体组合，通过如前所述的由"质量工期好"和"资金管控好"为重点实现"业主满意圆"；由"安全环保好"和"项目信誉好"为重点实现"社会满意圆"，并同时展现了"相关方满意"和"员工满意"为主的"人的因素"所组成的"社会满意圆"；由"成本效益好"、"团队建设好"和"资金管控好"为重点实现"企业满意圆"，也同时展现了企业自身组成部分的"员工满意"和企业生产发展不可或缺的"分供方满意"所支撑的"企业满意圆"。由此形成了"六好六满意"的工程项目目标管理确定体系，并最终以"三圆合一"归结出工程项目应以"出品牌、出效益、出人才"的总体目标来直观表达项目目标管理的量化结果。

## 第三节　房地产投资项目的成本管理

房地产业在经过了十几年的快速发展后，已从"黄金时代"进入了"红海时代"，众多开发商对有限客户的争夺成为房地产市场的"新常态"。楼盘竞争将转向产品和服务综合性价比的竞争，从而突显出"低成本"的核心竞争力。为及时适应"红海"市场适者生存、优胜劣汰的竞争法则，借鉴"施工项目成本管理方圆图"的原理，我们形成了"房地产投资项目成本管理方圆图"。中建信和地产有限公司从 2013 年 1 月开始在实践中应用"房地产投资项目成本管理方圆图"。公司的经营理念为"一个中心，四个基本点"，即坚持"以销售为中心，以进度、品质、回款、成本为工作基本点"的理念，把市场竞争的压力传递至企业的每一个角落、每一位员工，使内部运行机制永远处于激活状态。

"房地产投资项目成本管理方圆图"遵循的四大理念内涵与"施工项目成本管理方圆图"的理念是一致的，即外圆内方的理念、项目生产力最大化的理念、两个基石一条主线的理念（项目管理是企业管理的基石，成本管理是项目管理的基石，项目管理以成本管理为主线）、责权利相统一的理念。

通过"房地产投资项目成本管理方圆图"项目管理模型，我们可以直观地分析一个房地产开发项目的管理过程，定位、进度、品质、资金、成本、效益等管理目标的状态，检验项目全生命周期中的流程、制度是否合理、科学、有效，并通过不同开发项目在不同阶段所反映出的对应图形变化检验项目过程管理所处的受控状态。而"方圆图"的运用，最终目的是实现项目社会效益与经济效益最大化。

## 一、"房地产投资项目成本管理方圆图"模型及其内涵

"方圆图"外圆内方，虚实结合，是一个既稳固又极具张力的几何图形。它在形式表现上整体以"三实三虚"、"三方两圆"几何线条构成的平面图形，并在相应的区域赋予不同的代表色彩。它系统地表述房地产开发项目的几乎全部管理要素，是一个科学研究分析房地产开发项目的几何模型。其标准图形如图 4-7 所示。

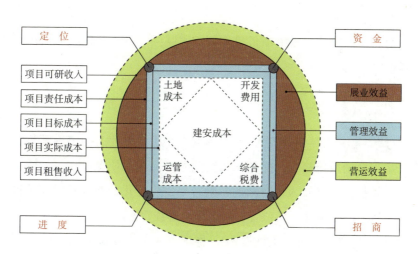

**图 4-7 房地产投资项目成本管理方圆图**

由图可以看出，"房地产项目成本管理方圆图"首先是从时间维度上涵盖了一个开发项目自拿地开始，到策划设计、施工建造，再到销售回款的项目

开发全过程。同时通过整体表述几组成本概念、收入概念与效益概念之间的关系，形象地描述了房地产开发项目的两个收入管理控制关键点（可研预算收入、项目销售收入）、三个成本管理控制关键点（项目责任成本、项目目标成本、项目实际成本）、四个开发要素管理控制关键点（定位、进度、品质、资金）和五个具体费用管理控制关键点（土地费用、前期费用、建安费用、开发费用、税项），以及房地产开发项目的三个效益着力点（拓展效益、管理效益、营销效益）。

图形中的实线表示管理过程中相对固定的内容，而虚线则表示管理过程因管理情况变化而经常会发生变化的内容。图形中用咖啡色表示项目拓展效益，用蓝色表示项目管理效益，用金黄色表示项目营销效益。这样，它将项目的可研预算收入、责任成本、目标成本、实际成本和销售收入，项目的拓展效益、管理效益和营销效益，项目成本应重点管控的土地费、前期费、建安费、开发费用和税项，以及项目开发的定位、进度、品质和资金四个支撑点等项目开发管理要素——清晰地在一个外圆内方的图形中系统集中而又十分形象地展示了出来。

我们赋予"房地产投资项目成本管理方圆图"具体几何图形与色彩的含义包括了以下几个方面。

### 1. 面向对接市场的两个"圆形"，是一组收入概念

"外圆"定义为"销售收入"。外圆的大小由各种业态的销售面积与销售价格决定，而销售价格与产品的入市时间及产品的品质息息相关。因为它受项目过程管控的水平及入市时间的影响容易发生变化，而且必须在项目全部销售完成后才能确定其边界位置，所以用"虚线"表示。

"内圆"定义为"可研预算收入"。即项目在定位策划完成时确定的收入。因为其在项目开始时即由定位团队结合对地块周边市场进行的充分调研，确定好了销售对象，从而确定了物业类型、楼盘档次、户型等，定位与策划的精准度是决定内圆大小的关键因素，也是项目成败的关键阶段，定位一旦确定，已基本确定了项目的可研预算收入，此收入作为项目决策拿地的有效依

据，所以用"实线"表示。

**2. 面向对内管理的三个"方形"，是一组成本概念**

"外方"定义为"项目责任成本"。是指当土地已经获取，定位、方案已确定，影响前期费用、建安费用的开发规模、建筑形式、楼盘档次等已确定，影响开发费用的开发周期也已确定，影响税项的收入成本也已基本确定，公司会同项目共同编制，并由公司批复下达给项目公司的《项目管理目标责任书》。项目的全生命周期开发成本在《项目管理目标责任书》中被固定表现出来，相对准确且稳定，通常在没有重大市场与政策变化的情况下不予调整，所以用"实线"表示。

"中方"定义为"项目目标成本"。是指项目管理团队（项目公司）依据定位及方案，结合公司下达的责任成本，详细编制项目策划，主要进行施工图优化设计及合约规划等工作，自行制定的奋斗目标。一般项目的总目标成本是在《项目运营策划书》中被相对确定。所以用"实线"表示。

"内方"定义为"项目实际成本"。即项目完成相应工作内容最终实际形成的真实成本额。图形中将其划分为土地费、前期费、建安费、开发费和税项五个组成部分。因为项目实际成本一定会因不同的企业管理水平和不同的具体项目的管理能力变动，以及管理措施、方法的改进与否而体现出不同的结果，只有在项目完成后才能最终确定其边界。所以用"虚线"来表示。

三个方，两实一虚，两实之间的蓝色部分由项目公司争取，代表项目通过优化设计、优化合约规划产生的管理效益，相对固定；虚实之间的蓝色部分也由项目掌控，代表项目通过自身管控产生的管理效益，相对可变。以上两部分，统称管理效益。

**3. "四大支撑点"，是一组房地产项目开发管控目标概念**

分别被定义为"定位"、"进度"、"品质"和"资金"。之所以把它们表述为整个图形的"支撑"，意在强调开发项目的这四个管理要素、管理目标是开发项目管理的重中之重，在"方圆图"的几何图形中起着至关重要的作用。"定位"是房地产开发项目的首要支撑;"进度"是房地产项目得以正常开发的支撑;"品质"是房地产企业赖以生存的支撑;"资金"是房地产开发最根本的支撑。

4. 对"三个效益"的划分

图形中的三个分别被定义为项目的"拓展效益"、"管理效益"和"经营效益",是一组收益概念。

"拓展效益",指由项目拓展团队经过可行性研究论证,成功获取土地并确定项目定位与方案时确定下来的。在图形中由"项目可研预算收入圆形"与"项目责任成本方形"所围成的部分来体现划分。我们将这块区域的颜色取定为"咖啡色",来源于我们拓展团队在拓展活动中常出现的茶、咖啡等饮品的颜色,喻意是我们在项目拓展阶段,由企业层面主导的经营活动、经营行为所带来或形成的预期效益。

"管理效益",是指项目管理团队通过不断加强和改进项目的过程管理,在公司下达的项目责任成本额基础上,在确保楼盘品质的前提下,有效节约实际成本费用支出而得到的成本降低额收益。在图形中由"项目责任成本方形"和"项目实际成本方形"所围成的部分来体现划分。我们将这块区域的颜色取定为"蓝色",借用于"蓝领"概念中的"蓝"。喻意这是由项目管理现场管理团队成员辛勤劳动得来的效益。

"营销效益",是指项目营销团队在可研预算收入的基础上,通过把握"时点、卖点",采用合理的营销策略,使销售收入超越可研预算收入,创造营销效益。在图形中由"项目销售收入圆形"和"项目可研预算收入圆形"所围成的部分来体现划分。我们将这块区域的颜色取定为"金黄色"。一方面是借用了交通信号灯中"黄灯"的概念,喻意为项目虽为追求效益最大化,在市场营销策略上应努力去争取,但更应当强调"金黄";另一方面"阳光"的概念,强调我们的项目管理一定要以追求"阳光下的利润"为原则。

5. 对于"五项成本费用"的划分与排列

对于成本费用科目划分:在这个图形中,我们对项目的成本费用划分列项未按通常的房地产开发项目将其划分为标准的九类一级科目，将"其他直接费"、"销售费用"、"财务费用"和"公司管理费用"与对开发周期长短的敏感度大于开发体量大小的四项费用合并为"开发费用"，因不可预见情况多发生在建安阶段，在方圆图中将成本科目中的不可预见费计入建安费用；同时，将土地费用、前期费用、建安费用、税项单列，这样，更有效地突出了开发项目成本管理的真正重点要素，体现出了"方圆图"作为项目管控的实践指导意义。

关于五项成本费用的顺序编排，在这个图形中也作了一些有意识地安排。我们安排"方圆图"的"阅读顺序"基本有两个规则：一是对于整个图形的阅读应该在这个"方圆图形"上自内而外；二是在分析图形的具体要素时应自左上角开始，沿顺时针方向进行。所以，这五项费用的第一项是项目具备开发条件应支出的第一笔费用"土地费"，且在一线城市也是开发项目成本占比最大的一项成本，放在中心首位，而且占据最大面积；第二项则是放在外围的起始项——前期费，把它放到前面，喻意"前期费"的管控关键是在开发项目开始时，此阶段的可研、规划、设计等工作决定了开发项目大部分的成本支出。把"税项"放在最后，则喻意房地产项目的税务筹划工作贯穿项目开发全过程，但更应关注最终的收关税务清算。

通过这些线型、图形、颜色和定义的赋予，我们可以看到："方圆图"模型作为开发项目管理的工具，其组成系统、结构顺序和管理逻辑的设定基本上是经得起推敲的。而且，用这个图形能更直观、有效地理解一个开发项目的收入、成本与效益间的关系，反映各管控要素所呈现的数据上的合理性，进而可以由此思考、改进我们在项目开发管理过程的既定制度是否有效、管理方法是否科学、降本增效是否已经做到了最大化。包括反过来检验我们在拿地阶段可研测算的质量、定位的准确度等。

"房地产投资项目成本管理方圆图"的标准图形表现的是一个开发项目管理的正常状态，其以数据直观地表现管理的状态。这种状态可用"项目销售收入＞项目可研预算收入＞项目责任成本＞项目目标成本＞项目实际成本"的不等式关系表示（为方便阐述忽略等于的情况）。在这种状态下，说明项目拿地时的可研测算合理，有正常的拓展效益。而且项目责任成本的下达与项目以此为依据确定的项目目标成本编制也比较合理；同时，项目的策划、过程管控及实施均在预期范围内；包括项目销售的成效也很好，形成了一定的营销效益。但是，针对具体的开发项目而言，"方圆图"还会形成其他几种因"收入线"与"成本线"位置不同而造成的非标准型"方圆图"。有普遍管理实践意义的大体有以下三种：

第一种，用不等式表示为："项目销售收入 > 项目可研预算收入 > 项目责任成本"，但"项目实际成本 > 项目目标成本"。可以反映此开发项目管理过程中几个方面的信息：整体说明项目在拿地阶段的可行性研究与公司对项目下达的责任成本两项指标是比较合理正常的，保证了项目应形成的拓展效益。同时，项目的销售策划与执行也基本符合项目可研预算时对收入的预判，成效比较好，形成了一定的经营效益。但项目在过程实际成本控制或者项目目标成本制订方面存在一定的问题。而问题的原因应该从两个方面查找，一方面，可能项目目标成本制订时对项目实际开发条件估计过于乐观，预期要求有些偏高，而实际实施过程中因相关内控因素影响不能完全实现原项目策划的一些思路和降本增效措施，或项目管理外部环境在过程中发生较大变化，致使部分目标成本不能按计划控制到位，整体目标未能实现；另一方面，可能在实际成本管控过程中，项目策划措施就不合理，或本来策划措施可行，但管理责任人员主观努力不到位，致使既定目标不能实现。如土地尽职调查时尚有土地瑕疵未被发现；前期费用的减免缓措施不得力，未达到设定目标；图纸会审不到位形成无效的变更返工成本；设计优化过于理想或采用新型材料设备失败；招标限价未执行到位出现供方高价中标；开发周期延长导致的管理费、营销费、财务费等开支不受控制等。虽然这种状态整体来讲项目有一定盈利，且已完成了公司下达的责任指标，但不应该是大家提倡表扬的榜样。实践中甚至有个别项目就是以项目责任成本为"外框"，在责任成本范围内最大化消耗和扩充项目实际成本，并在此过程中牟取个人或小集体私利，是企业管理应当警惕并予以预防和纠正的对象。

第二种，用不等式表示为："项目销售收入＞项目可研预算收入＞项目责任成本"，但"项目实际成本＞项目责任成本"。整体来讲，该项目销售的量与价基本符合项目可研预算时对收入的预判，成效比较好，形成了一定的营销效益。但项目在过程实际成本管控上肯定存在较大问题，实际成本线已经覆盖掉部分拓展效益，表明项目在施工建造阶段的管理或销售回款的速度上不但没有成绩，反而"吃掉"了部分拓展成果，虽然项目没有形成绝对亏损，但已经不能完成项目拿地分析的预期拓展效益目标了。对于这种状态的开发项目，一方面，我们有必要回头反思项目拿地时的可行性研究，是否项目可行分析不深入导致定位有偏差形成可研预测不准确，致使拿地决策误判，或是当时本身就是主观上夸大了项目的拓展效益额；另一方面，我们应该重点反思项目实施过程中的成本管控行为，包括管理是否到位、策划措施是否科学，或者策划本来合理，但管理人员主观努力不到位等诸如前一种情形下同样的问题。这种情形下的项目虽然最终没有绝对亏损，从公司层面看尚有所效益，但从开发项目管理的角度讲，这种项目的过程管理是存在较大问题的。它不但会因为项目整体没有最终亏损而容易让我们的管理层忽略管理过程中的不足甚至个别可能损公肥私的问题，也会造成项目正常的成本降低兑现激励机制对大多数员工失效的结果，是必须引起公司管理者关注的一类问题项目。

第三种，项目实际成本线已经跨出了图形的"外圆"，用不等式表示为："项实际成本＞项目销售收入"，即开发项目绝对亏损。我们应该彻底分析项目整个开发过程中各项管理行为，包括主、客观因素，包括项目从拿地开始至策划设计、至施工建造、至销售回款的全过程。当然，项目管理的关键还在于过程管理上下功夫，在开发过程中及时发现问题并跟踪纠偏，以杜绝这类项目出现。一旦形成，则应认真对待，追究必要的责任。

当然，"方圆图"有三个成本数据线与两个收入数据线，理论上它们在图形中的位置变化还会有多种项目状态存在，但因其实践中极少发生而对我们普遍的项目管理指导意义很少，这里不再一一罗列。

## 二、"三个阶段"与"三类效益"及考核

### 1. 房地产投资项目全生命周期的"三个阶段"

房地产项目开发周期长、涉及要素多、成本构成因素杂，整个模型意在将长、多且杂的要素简化，故将房地产项目开发流程主要分三个阶段（即策划设计、施工建造、销售回款），分段明确主要工作与阶段成果、分段划分责任主体、与三类效益一一对应，做到责任主体清晰。具体如表4-2、表4-3。

项目开发阶段划分表　　　　　　　　　　　　　　　　　表 4-2

| 序号 | 阶段 | 主要工作 | 阶段成果 | 责任主体 |
|---|---|---|---|---|
| 1 | 策划设计 | 土地调研、可研批复、土地获取、项目定位、方案设计 | 项目投资分析模型（拿地版）、项目批复、土地获取、项目定位报告、项目概念设计、项目方案设计成果、项目投资分析模型（方案版）、项目策划、项目责任成本、项目销售指标等 | 公司主导项目参与 |
| 2 | 施工建造 | 施工图设计、报建、施工、成本管控 | 项目投资分析模型（施工图版）、项目实施计划、项目进度计划、项目目标成本、项目动态成本等 | 项目 |
| 3 | 销售回款 | 销售、回款 | 项目销售方案、房屋价格表及付款方式（开盘版）、业主交房方案等 | 项目 |

三大效益责任主体对应表　　　　　　　　　　　　　　　表 4-3

| 序号 | 阶段 | 效益 | 责任主体 | 方圆图对应区域 |
|---|---|---|---|---|
| 1 | 策划设计 | 拓展效益 | 公司 | 咖啡色区域 |
| 2 | 施工建造 | 管理效益 | 项目 | 蓝色区域 |
| 3 | 销售回款 | 营销效益 | 项目 | 黄色区域 |

从表4-3可以看到：策划设计阶段产生的拓展效益责任主体为公司，"拓展效益"必须留在公司层面，并对有功的拓展团队依据"土地拓展责任制"进行相应的奖罚；施工建造阶段产生的管理效益责任主体为项目，"管理效益"则要依据"项目管理责任制"大幅度奖励以项目经理为首的项目管理团队所有成员；销售回款阶段产生的营销效益责任主体主要为项目的营销回款

团队，"营销效益"则要依据"营销回款专项责任制"奖励突出的创效有功人员。这样，划分三个阶段，对应三类效益，清晰明确三个责任主体，我们在项目开发过程中，才能清晰地认识企业管什么，项目干什么，两级的责权利怎样才能科学划分、管理有效，才能使各级、各岗位的管理者各得其所，各自分别去努力，真正让"三个效益"管理的着力点得以落到实处。同时依据"法人管项目"的要求划分好公司与项目之间的责权利分配，并依据"责权利统一"的原则激励到位相应的管理团队和个人。

2."三类效益"的量化

"房地产投资项目成本管理方圆图"应用的最终目的是实现项目效益最大化，而效益由三大效益组成，分别为拓展效益、管理效益和营销效益（图4-8）。"方圆图"划分三个效益的意义主要有两个方面：一是清晰了三个效益的不同责任主体，为项目管理过程中的"责权利相统一"原则得以有效执行奠定了坚实的理论基础，找到了实践的基本根据；二是表明这三个效益是房地产开发项目经济效益管理着力点。分阶段盯住这三个效益的打造，就确保了企业对项目整体经济效益目标的实现。由不同的责任主体去执行，需要在不同的阶段对责任主体下达量化的责任数据，做到责任目标明确。

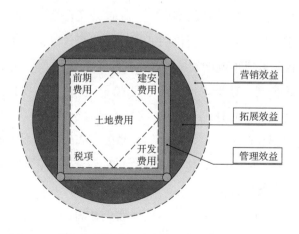

**图4-8　房地产投资项目成本管理方圆图——三大效益**

拓展效益是项目最根本的效益，也是最大的效益，公司在土地获取、项目定位、方案确定后，项目的拓展效益已基本确定，该部分效益的实现由公司主控，牵头部门为公司投资部。房地产开发项目立项的基本标准为：（1）以住宅为主的普通房地产开发项目，项目成本净利润率不低于15%，年自有资金财务内部收益率不低于20%；（2）以写字楼、商业等持有物业为主的房地产开发项目，年全部投资财务内部收益率（所得税后）不低于12%，静态投资回收期不超过8年；（3）保障性住房开发项目，项目综合成本净利润率不低于8%，年投资各方财务内部收益率不低于15%。因此，拓展效益的责任目标不得低于前述三条立项的基本标准，其具体数据视项目情况分析而定。

管理效益是在拓展效益的基础上，项目公司在公司的指导下通过加强管理而产生的效益。"管理效益"的责任主体在于项目公司。项目定位、策划完成后，由公司向项目公司下达全生命周期《项目管理目标责任书》，在《项目管理目标责任书》中对"方圆图"的外方（即责任成本）进行具体数据明确，项目公司应在责任成本的红线范围内，在确保楼盘品质和销售目标实现的前提下，将实际成本控制在项目确定的目标成本范围内，创造管理效益。

营销效益也是在拓展效益的基础上，项目公司在公司的指导下通过进一步研究客户需求，细化定位与售价的匹配性采取有效的营销策略，关注客户关注点、敏感点降低成本或增加销售收入而产生的效益。"营销效益"的责任主体也在于项目公司。项目定位、策划完成后，由公司向项目公司下达全生命周期《项目管理目标责任书》，在《项目管理目标责任书》中对"方圆图"的内圆（即可研预算收入）进行具体数据明确，同时，应在可研预算收入的基础上，通过把握"时点、卖点"，采用合理的营销策略，使销售收入超越可研预算收入，创造营销效益。

当然，实践表明，这三个效益不是绝然分开的，而是相互关联、互相支撑的。

3. "三种考核"

"房地产投资项目成本管理方圆图"理念之一为"责权利相统一"的理念，这就需要运用考核手段去实现。考核实质上是各项制度和各项目标的保障措施，是保证这些制度和目标能有效实现的配套管理行为。实践证明，一个企业若没有旗帜鲜明的奖优罚劣规矩，维护企业利益，为企业创造效益和品牌的人不宣扬奖励，损害企业利益，浪费或吞噬企业效益的人不处罚，那么再好的管理理念或再具体的管理目标也达不到预期效果。所以公司以全生命周期《项目管理目标责任书》为依据，重点三种考核，对各层级、各岗位的管理者进行过程考核，及时兑现，奖优罚劣，确保责任目标落地。

项目"三种考核"体系包括综合考核、年度考核和专项考核。项目领导班子及项目一般员工的收入与项目考核挂钩，即执行"岗位工资＋绩效奖"制度，其中的奖励工资根据"三种考核"结果进行奖励，绩效奖包括基本奖、超额效益奖和专项奖励三部分。

综合考核根据项目全生命周期《项目管理目标责任书》完成情况分节点进行考核及兑现。项目开发运营过程中，依据关键的考核时点进行及时监控，当项目达到如下任一条件时，项目可向公司申请节点考核兑现：一是项目分期总货值销售去化率达70%以上，实现资金正流且预计后续不出现资金负流；二是项目分期实现整体交房并移交物业；三是项目分期实现销售总额去化率达95%，已销售金额资金回款达90%；四是项目整盘实现整体交房并移交物业，对内对外各种结算完毕，债权债务关系明确时可申请最终考核兑现。

年度考核根据《项目管理目标责任书》分解出的《年度目标责任书》完成情况分年度进行考核及兑现；由于房地产项目开发周期长，需将全生命周期责任状所确定的销售、回款、利润等主要责任指标分解到年度，分年度进行监控考核，故公司每年依据《年度目标责任书》考核兑现项目当年基本奖。当年基本奖考核指标及权重：年度经济指标（当年销售合同额、当年回款额、当年预期净利润额）占比80%，年度管理指标占比20%。

专项考核根据公司《专项工作目标责任书》完成情况进行专项考核及兑

现。专项奖励是公司根据整体运营需要为完成某项特定任务或达到特定目标而设置的特别奖项，通过签订《专项工作目标责任书》进行考核兑现。专项奖励主要包括土地拓展、降本增效、重要节点、重大贡献等奖励。

## 三、"四大支撑"的过程管控

对房地产开发项目而言，需要"紧抓三点"，即地点、时点、卖点，以此三点的有效把控确保四大支撑（定位、进度、品质、资金）坚稳，为资金的高效运行保驾护航（图4-9）。

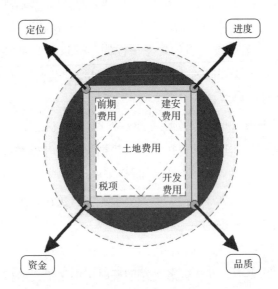

**图4-9 房地产项目成本管理方圆图——四大支撑**

### 1. 产品定位及地点要素

房地产项目在策划设计阶段对"地点"的有效把控是开发成败的决定性因素，因而，紧抓地点显得尤为重要。紧抓地点需要重点把握以下三个方面。

（1）是要以市场调查为基础

房地产项目市场调查是项目可行性研究的基础，也是房地产项目定位的基础，是预测项目价格和销售收入的依据，当然也就成了选择"地点"的基础。房地产项目市场调查包括房地产投资环境的调查和房地产市场状况的调查，包含了意向"地点"的政治、经济、法律、人文、风俗、自然条件、城市规划、基础设施以及房地产市场的供求状况、销售价格、租金收入、开发和经营成本、费用、税金等。通常采用四种方法即普查法、抽样调查法、直接调查法、间接调查法对"地点"进行市场调查，其中普查法的工作量太大，而间接调查法的可信度不高，所以直接调查法和抽样调查法较常用。在充分的市场调查基础上对意向"地点"进行可行性研究。

（2）是要以可研分析为前提

房地产投资项目坚持"四有"基本原则，即"有钱赚、有钱投、有人做、有管控"；坚持"四化"基本准则，即"投资权限集中化，投资评估程序化，投资决策科学化，投资行为规范化"。决定意向"地点"的去与留，《房地产投资项目可行性研究报告》是投资评估与决策的前提与依据。可行性研究重点须对意向"地点"的投资环境、市场状况与潜在客户、SWOT 分析、项目初步定位、开发成本、财务评价、风险评估等方面进行全面、深入、细致、科学的研究和分析。

1）研究分析投资环境

研究意向地点所在区域的政策环境，如金融政策、土地政策和地方财税政策等。

研究意向地点所在区域的经济与文化环境，如城市的主要经济指标、城市产业产值指标、城市经济发展历程、市内重大经济项目及城市的历史文化与人口情况等。

研究意向地点的宗地现状，如分析宗地的完整性，是否有市政代征地、市政绿化带、市政道路、名胜古迹等因素分割土地；分析宗地的周边环境，是否有空气污染、噪声，是否有高压线、放射性易燃易爆物品生产或仓储基地等危险源，是否有垃圾填埋场、坟墓、军事设施、文物、历史人文等不利因素；所在区域治安状况、区域内企事业单位构成、周边市政配套设施（购物场所、文化教育、医疗卫生、金融服务、娱乐、餐饮、运动）。

研究意向地块是否为建设用地，是否符合土地规划、城市规划；研究周边的交通状况及远景规划；研究永久水电、临水临电、燃气、供暖、排污管道接入等问题；研究分析地块是否为净地，是否存在拆迁难的问题。

2）研究分析市场状况

研究意向地点市场容量及城市发展：城区人口有多少，消费能力如何，研究市场的年供货量及成交量，市场存量及往年销售情况如何，土地供给情况等。

研究意向地点市场价格：意向地块所在区域销售价格如何，不同产品价格差异；应选择最好的、有一定规模的精品进行调研。除意向地块所在区域外，还应增加如中心城区等多个不同区域的价格研究，不同产品、不同景观、不同户型/面积的价格差异，了解背后的真实价格。若精装修销售，要了解竞品的真实装修成本，客户接受程度如何。

研究意向地点产品类型，如研究竞争对手的产品类型，各类产品比例如何，去化情况如何；研究当地客户对产品的需求是什么，有什么偏好，包括面积段、户型、使用功能、外立面风格等，是否存在哪些忌讳，当地有什么特别的地方规定等。

研究意向地块的潜在客户群：在投资环境与市场分析的基础上，聚焦市场需求分析，即聚焦意向地块区域潜在客户群进行分析，研究分析客户群的购买动机、购买能力、年龄结构、职业及受教育情况，客户群购买时考虑的因素（如价格因素、环境因素、产品类型等）。

3）SWOT 分析

SWOT 分析即对取得意向地块进行房地产开发的优势、劣势、机会、威胁四个方面进行研究分析。优势分析主要分析意向地块的地段、交通、环境、周边配套、设计、景观、规模、品质等方面的优势；劣势分析主要分析项目的相关不利因素；机会分析主要从政府的税收优惠政策、土地的审批政策以及市场机会等方面进行分析；威胁分析主要从市场竞争的激烈程度、客户群购买力水平的高低和土地获取难度的高低等方面进行分析。SWOT 分析旨在对意向地块有一个直接的分析判断，若有触动红线的劣势与威胁，可能直接选择放弃；若选择继续跟踪，则部分优势将被精心打造成楼盘的卖点，对存在的机会应提出相应办法去把握住，对关键的劣势与威胁将应提出化解的举措与方法。

4）研究项目初步定位

房地产项目的定位包括三个方面的内容：一是客户定位，二是产品定位，三是价格定位。这三个方面的初步定位均基于充分的市场调查和深入的投资环境分析、市场分析及 SWOT 分析来确定。

客户定位即对目标客户的一些特征进行分析，如客户的职业、年龄、受教育水平、收入等，对客户的消费意向、影响其消费的因素、需求动机等方面综合起来进行分析，对客户的需求进行定位，确定客户的需求特征，从而细分客户划分出本意向地块开发项目的核心客户群、重要客户群及游离客户群。

产品定位包括项目开发主题定位、项目产品档次定位、项目产品类型定位，开发主题定位要分析确定将意向地块开发成什么样的楼盘，产品档次定位要分析确定将意向地块开发成什么档次的楼盘，产品类型定位要分析确定将意向地块开发成什么类型的楼盘。

价格定位在可行性研究阶段只是对价格进行一定的分析与探索，在方圆图中对应内圆，命名为可研预算收入，由于房地产项目开发周期长，待开盘销售时还应进行详细科学的定价。作为可行性研究阶段的价格定位，可采用两种方法，一种是成本加利润定价法，另一种是市场比较定价法。但一般优先考虑采取市场比较定价法，综合考虑一定的成本因素而确定。

5）研究开发成本

房地产可行性研究时基于前述市场分析、客户群分析、项目初步定位等，应对意向地块拟开发项目提出一个大致的规划设计方案，可研阶段的规划设计方案主要包括：总平面规划、建筑立面规划、业态组合与户型设计、景观设计、消防与人防设计等以及项目主要经济技术指标。同时，初拟项目开发周期，从而在此基础上研究投资规模与开发成本，进行多方案比对。开发成本构成由五大费用组成，即土地费用、前期费用、建安费用、开发费用（含管理费、营销费、财务费）、税项。可研阶段开发成本的估算比较粗略，一般来说，此阶段重点关注建安成本、开发费用两项成本的预估。建安成本根据初步规划方案及相关经济技术指标按类似工程经验法进行估算；开发费用与开发周期息息相关，根据开发周期进行预估；而前期费用一般占建安工程费用的 3.5% ~ 6%，可按占比进行预估；税项依据意向地块所在区域税收征收标准进行估算；土地费用一般可参照政府出让的类似地块的出让金数额进行适当的调整修正而得出。同时，为方便决策，还应根据可研预算收入及除土地费用以外的其他四项开发成本反推出拿地的极限地价。

6）进行财务评价

房地产项目财务评价是在房地产市场调查与分析、初步规划设计、开发成本预估等基本资料和数据的基础上，通过计算财务评价指标，编制基本财务报表，对房地产项目的财务盈利能力、清偿能力和资金平衡情况进行分析。其内容包括：项目销售收入测算、项目各项税金测算、项目成本利润分析、项目资金来源与运用分析、项目资金回收与贷款偿还分析、项目现金流量分析与效益预测及综合财务评价结论。核心评价指标一般为：成本净利润率、财务内部收益率、动态投资回收期、资金峰值比例等。

7）进行风险评估

房地产项目风险评估是在市场调查与分析、初步规划设计、开发成本估算、财务评价之后，进一步分析识别拟开发项目在运营过程中潜在的主要风险因素，揭示风险来源、判别风险程度、提出规避风险的对策、降低风险损失。风险分析包括了定量分析与定性分析，定量分析主要是通过数学方法来计量风险的情况，主要包括敏感性分析与盈亏平衡点分析；定性分析则是用文字阐述说明项目的各种风险影响因素，如法律政策风险、市场风险、金融财务风险、经营管理风险等。针对辨识出的风险，分析风险发生的概率大小，提出应对措施进行风险防范。

（3）要以准确定位为根本

"地点"潜力的充分挖掘依赖于充分的市场调查，依赖于深入的可研分析，更依赖于精准的项目定位。定位又是根据"地点"所在区域的经济、政治、人文和风俗习惯等，结合项目本身自有的特点和对市场未来发展趋势的判断，找到适合于项目的客户群体，在客户群体消费特征的基础上，进一步进行产品定位、功能定位、形象定位、价格定位等，成功的定位是建立在项目所在地域的基础之上的，因此，"地点"与"定位"是相互影响，又是相互依存的。地块是源头，为定位提供依据；准确定位是根本，定位为项目开发起着方向性与纲领性的作用。因此，方圆图四大支撑中将"定位"列为房地产开发项目的首要支撑。为尽可能的准确定位，定位时应遵循三个原则：一是效益最大化原则，根据项目当地情况进行不同产品组合，通过不同组合下各产品建造成本、销售价格、推售周期、去货速度、净利润、内部收益率等指标进行综合分析，采用项目能获得最佳效益的方案；二是产品差异化原则，开发与众不同的当地标杆产品，打造完美展示区；三是性价比最高原则，避免盲目追求高品质，尽可能采用标准化产品，借鉴周边区域或相邻市场畅销产品，力争所在区域性价比最高。定位时对性价比最高原则的打造有力地支撑了项目开发的低成本竞争力，因此项目定位为方圆图的首要支撑。

2. 开发进度及"时点"要素

对于一个房地产开发项目而言，从获取土地到最后售罄交楼，通常要经历 2～3 年的周期，有时甚至更长，自其获取土地开始，涵盖项目资金筹措与使用、方案设计、施工图设计、报建、施工、销售与回款等一系列全生命周期内的开发进度管理，进度是房地产项目得以正常开发的支撑。在开发的过程中，经常受到外部条件（如政策、政府职能部门、市场等）的影响，当开发工作难以按计划推进时，往往更多会在外部找借口，其实，项目的推进大多受到内部管理权责和业务分工的制约，这就需要各岗位在开发过程中紧抓"时点"，严格执行"四有"：

（1）是进度管理有方针

公司进度计划管理的目标，是确保项目在责任开发周期内如期实现责任销售目标。公司推行"开得快、建得快、卖得快"的"三快"进度管理方针，准确地阐述了进度计划管理的核心工作。"开得快"要求策划、设计、报建工作快速而且准确，"开得快"是针对策划设计阶段而言的；"建得快"要求工程进度快速而且质量好，此快重点在项目开盘前快，"建得快"是针对施工建造阶段而言的；"卖得快"要求销售与回款速度快，"卖得快"是针对销售回款阶段而言的。公司要求"三快"实际还隐含一个意思，就是"速度第一、完美第二"。同时，"三快"方针的应用还要与市场行情接轨，准确地把握"时点"的要求，有保有压。"三快"方针的落实需要建立统一的合约规划作保障，结合成本管理方圆图五大费用分类，将项目开发全过程中的成本分解至每项合同，并固定每份合同的合同编号、合同名称和合同范围及签约时间。项目开发全过程共56类份合同，划分为A、B、C和D四大类，指导项目开展招标合约管理工作，以合约规划为纽带联动开发进度管理与成本管控。

（2）纵向管理有授权

项目进度管理是一个进行计划、实施、协调、监督、控制的过程，对于决策者而言需要的是聚焦经营，实现过程可控；对于项目管理层而言需要的是聚焦管理，实现协调一致；而对于项目执行团队和公司相关支援部门更关心的是执行指导，正因为各级的诉求不同，故必须分级进行计划管理与授权。公司开发进度管理按两级计划体系进行分级授权管理，即一级开发计划和二级开发计划。

项目一级开发计划由公司投资运营部负责编制、修订、检查、预警及考核。项目一级开发计划即总体进度计划（表4-4），包括土地获取、项目策划、建设用地规划许可证、总图审批、建设工程规划许可证、施工图审查、施工许可证、项目开工、展示区完成、营销中心及展示区开放、工程进度达到开盘条件、取得预售许可证、首次开盘、销售去化70%、资金 ±0、销售去化95%、竣工备案、入伙或开业（商业、酒店类）十八个开发进度节点，其中有土地获取、总图审批通过、取得施工许可证、项目开工、营销中心及展示区开放、首次开盘、销售去化70%、资金 ±0、销售去化95%、入伙或开业十个为里程碑节点，公司决策层重点监控，列入项目开发的进度专项考核目标。同时，项目一级开发计划作为项目投资测算、项目策划的依据。

项目总体进度计划表　　　　　　　　　　　表 4-4

| 序号 | 节点名称 | 开始时间 | 完成时间 | 备注 |
|---|---|---|---|---|
| 1 | **土地获取** | | | ★ |
| 2 | 项目策划 | | | |
| 3 | 建设用地规划许可证 | | | |
| 4 | **总图审批通过** | | | ★ |
| 5 | 建设工程规划许可证 | | | |
| 6 | 施工图审查完成 | | | |
| 7 | **取得施工许可证** | | | ★ |
| 8 | **开工** | | | ★ |
| 9 | 展示区完成（含营销中心、样板房、展示区园林） | | | |
| 10 | **营销中心及展示区开放** | | | ★ |
| 11 | 工程进度达到开盘条件 | | | |
| 12 | 取得预售许可证 | | | |
| 13 | **首次开盘** | | | ★ |
| 14 | **整盘去化 70%** | | | ★ |
| 15 | **项目实现资金正负零** | | | ★ |
| 16 | **整盘去化 95%** | | | ★ |
| 17 | 竣工验收备案 | | | |
| 18 | **入伙 / 开业** | | | ★ |

注：备注中标记"★"的节点为里程碑节点。

项目二级开发计划由项目公司负责编制，上报公司投资运营部审核后执行。项目二级开发计划是指项目开发的具体执行计划，其内容包括自土地获取后至项目入伙和开业整体运营过程中的主要工作。编制深度应满足用来指导、协调、考核各参与单位、部门月度工作的要求。

（3）横向管理有分工

项目开发全过程涉及"拿地测算、策划、设计、报建、采购、工程、销售、回款"等多个业务部门，各部门之间往往存在工作的交叉、搭接，关系错综复杂，各部门的工作稍微没有配合好就将导致开发进度延误。因此，必须做到横向管理有细致的分工。开发进度除系统的开发总进度计划外，还须进行横向的专项策划实现部门之间的有效衔接，如设计策划、报建策划、工程策划、资源进场策划、营销策划、财务策划、人力资源策划等。同时，公司相关各部门，如设计研发中心、工程部、成本中心、招标采购部、营销部、人力资源部、财务部等参与一级开发计划和二级开发计划的评审，以部门的专项计划支撑并参与一级开发计划和二级开发计划分管职责部分的执行，从而确保开发过程各时点的有效把控。

（4）过程监控有考核

开发计划一经公司审批挂网后，项目公司必须严格执行。在开发建设计划执行过程中，项目公司应于当月 25 日之前将本月计划进度执行情况、偏差分析、拟采取措施、下月工作计划、需公司协调解决问题报公司投资运营部备案，公司投资运营部对项目的执行情况进行挂网预警与通报。如发生突发事件或关键工作严重滞后，引起开发计划重大变动时，项目公司应第一时间通知投资运营部并立即采取必要措施确保计划执行。公司将项目开发的里程碑节点列入过程考核：将土地获取列为对公司投资运营部的专项考核；将总图审批通过、取得施工许可证、项目开工、营销中心及展示区开放、首次开盘、入伙或开业列为公司对项目的进度专项考核指标；将销售去化 70%、资金 ±0、销售去化 95% 列为公司对项目的效益节点考核指标，对其执行奖惩制度和问责制。

通过严格执行"四有"，即进度管理有方针、纵向管理有授权、横向管理有分工、过程监控有考核，从而确保开发节奏踩准"时点"，确保方圆图的进度支撑坚稳，支撑项目运营的时间成本降到最低。

### 3. 产品品质及"卖点"要素

产品的"卖点"是促使消费者选择的源动力，卖点的打造需要品质作支撑，品质，是客户最关注的，因此，品质是房地产企业赖以生存的支撑。为了保障楼盘品质，须重点关注四个方面：即设计品质、实体品质、观感品质、服务品质，通过品质的提升凸显产品的"卖点"，为客户提供放心的产品。

（1）关注设计品质。针对设计品质，确定四个方面的设计原则确保设计品质，即规划设计原则、户型设计原则、外立面设计原则、部品设计原则，立足于客房敏感的角度重点关注"一型三观"（即户型、内观、外观和景观）的打造，降低楼盘公摊率、加大面积赠送、发掘景观价值、增加产品附加值。立足产品性价比的角度重点关注"两率两比两量"，即可售率、容积率、窗积比、软硬景比、钢含量、混凝土含量。在设计管理过程中，采取"一归口、二交底、三内审、四标准"管理措施进行全过程管理。"一归口"即施工图设计统一归口至设计研发中心的综合组管理，由综合组对设计问题进行统一协调解决，避免各专业各自为政；"二交底"即设计前对设计院交底、施工前对施工单位交底；"三内审"即初步设计图纸内审、过程图内审及施工图内审，层层严把审图关，关注功能性缺陷，如卫生间门宽过小、洗衣机位尺寸不足、空调机位空间不够等影响业主使用功能的设计缺陷；进行经济性复核，复核设计图纸的钢含量、混凝土含量、窗地比等指标是否超出设计成本限额；检查错漏碰缺，主要检查施工图纸是否存在错漏碰缺现象，如建筑图与结构图是否一致等；检查交付标准，重点关注销售对外承诺的交楼标准、建筑说明、工程施工做法三者是否一致，尤其要注意顶楼、底楼等非标准层，严控产品设计缺陷；"四标准"即产品有标准化、部品标准化、设计任务书标准化、审查要点标准化，从设计源头提升楼盘品质。

（2）关注实体品质。针对实体品质，应重点"把好三道关、坚持四项制度"。

1）"把好三道关"，即一是把好材料关，把好材料关对提升实体品质至关重要，尤其对防水材料、油漆及涂料、石材及面砖、开关及面板、铺装材料、门窗材料、栏杆材料、入户门、灯具及洁具、园林苗木等十种影响观感品质的材料要进行重点验收；二是把好验收关，要推行重点工序专项验收制度，建立施工质量跟踪档案及质量追溯制度，对外墙孔洞封堵、穿楼板洞口封堵、土方回填、结构及砌筑预留洞口、挑板及阳台负弯矩筋、外墙预留空调洞及排气孔、楼板厚度控制等重点工序实行项目工程师、监理、施工单位三方联合专项验收，专项验收资料需相关人员签字后存档；三是把好成品保护关，把好成品保护关须落实两项制度，即：①现场成品保护巡检制度，本着"谁家的孩子谁抱"的原则，对现场成品保护的工程进行巡视检查，发现有损坏现象的必须追查到底，责任到人。②室内看护制度，已经竣工验收（具备交房）的楼层，设专职人员对楼层进行看护，对楼层钥匙专人保管，以防室内成品人为破坏或丢失。

2）"坚持四项制度"，即一是坚持样板引路制度，对混凝土楼（屋）面收浆、抹灰工程、防水工程、门窗及栏杆工程、室内及公共部位精装修、砌筑工程、保温工程、外墙面砖及石材、外墙油漆（涂料）、室外铺装 10 项工程，在大面积施工前必须先做样板，施工样板经确认后方可大面积施工。样板未验收或验收不合格的，不得大范围推广；二是坚持六查五防与红线管理制度，"六查"即查管控体系落实、查规范标准执行、查技术方案实施、查工程实体质量、查计量检测试验、查质量事故处理；"五防"即防渗水漏水、防偷工减料、防空鼓开裂、防蜂窝麻面、防尺寸偏差；对红线管理规定的内容不能随意逾越；三是坚持工序交接检制度，上道工序不合格不得转入下道工序施工；四是坚持联合验收制度，由工程部和成本中心对土方、桩基、防水等隐蔽工程进行联合验收，由工程部、成本中心、设计研发中心对门窗及栏杆、外墙、精装修、室外园林等工程进行联合验收；在集中交付前 60 日，由公司营销部牵头组织设计研发中心、工程部、项目公司、物业公司开展交付前承接查验，从客户视角对设计、质量缺陷检查和跟进整改，为完美交楼创造条件。对存在的质量问题进行"三照"，即："缺陷要拍照、过程整改要拍照、整改完成要拍照"，通过不断的跟踪、复查，督促整改，真正做到有问题坚决不放过，全面提升实体质量。对已入伙楼盘存在的问题，要落实好整改措施，确保一次整改到位，让业主在问题整改中体验到公司负责的态度、专业的水平与优质的服务，提高客户的满意度和忠诚度。

（3）关注观感品质。对客户高度敏感的"一型三观"高度重视：一是建立户型库，依据客户的需求着力打造经典户型，在户型设计阶段，着重于户型研究，注重功能的合理性（即布局的合理性；房间尺度的合理性，增强房间的舒适度；交通流线的合理性，增加房间的使用面积；建筑风水的符合性；当地政策的符合性，用足溢价空间，在保证产品满足客户基本需求外，产品附加值最大化，千方百计提高得房率等），不造成户型的夸张与浪费；二是打造"景观"品质，针对客户敏感的园林景观、营销中心等，适当放宽成本限额标准，保证合理的资金投入，精心打造与楼盘档次相匹配的园林空间，通过营销体验区的打造，充分展现项目形象，提高潜在客户的购买欲；三是打造"外观"品质，关于楼盘风格和建筑立面的选择，尽量符合大多数目标客户的审美心理；四是打造"内观"品质，从细部设计、材料材质、施工工艺、管控模式等多方面着手，量化施工标准与工艺要求，把质量缺陷和质量通病消除在萌芽状态，以保证观感品质。

（4）关注服务品质。无论是前期服务还是售后服务均是产品面对客户的直接窗口，因此，关注服务品质显得尤为重要。针对服务品质，一是需要打造服务形象，以行业标杆为参照，以客户需求为核心，以细化服务为手段，以延伸服务为突破口，打造独具特色的"中建物业"服务形象；二是需要打造服务品牌，公司形成了"五星级酒店式"和"东方贴心管家"两种类型的物业服务模式，物业公司发布了"五星级酒店式物业服务标准"和"东方贴心管家物业服务模式"来保证服务品质。

4. 资金运动与"分资制"管理法

项目开发对"三点"即"地点、时点、卖点"的准确把握，均离不开资金的支持。对于房地产这样一个资金密集型行业，资金是"房地产项目成本管理方圆图"最根本的支撑。没有资金，公司将无法及时出手获取土地使用权；没有资金，公司将无法适时启动项目；没有资金，公司将无法持续完成开发。目前，业界出现众多"楼跑跑"，跑路的开发商有一个共同点，直接原因都是资金链断裂，资金链关系着开发商的生死存亡，资金是开发项目的血液，开发项目如何让血液循环流畅，需要谱好资金管理三部曲，即"融资、用资、收资"，做到"五个心中有数"，即有多少钱，花多少钱要有数；哪里来钱，哪里花钱要有数；由谁来钱，由谁花钱要有数；怎么来钱，怎么花钱要有数；什么时候来钱，什么时候花钱要有数。遵循"现金为王"，提升资金的运作能力。

（1）"融资"需要广开门路，拓宽融资渠道。一需认真研究比较各种融资模式的利弊，选择合适的融资模式；二需加强与银行等金融机构的合作，与有实力的金融机构建立战略合作关系；三需强化公司的信用管理，信用是房地产开发企业兴衰的标识，信用好的开发企业，将能获得条件更优厚的长期低息贷款，同时，信用好的开发企业能吸引更多优秀的供方参与合作，供方实力和履约能力的提升，有利于公司融资压力的缓解和改善；四需充分利用好集团公司平台，提升各类融资的议价能力。通过广开门路确保开发项目低息并"有钱投"。同时，资金的筹措要严格纳入预算，带息借款要有计划，以适度为宜。从事房地产开发不是资金越多越好，应是资金占用适度为好，短缺资金，或资金占用很大，都是不可取的，都有可能造成企业开发效益不佳。

（2）"用资"需要以收定支，落实好"分资制"。"分资制"是指以"方圆图"为指导，在"法人管项目"的要求下，体现"责权利相统一"的管理原则，是确保企业生存发展的"血液"良性循环的管理制度。"分资制"的基本内容表述为：费用划分开、资金分级算、收支两条线。把握好"分资制"法的实践应用，主要应当从以下几个方面做好管理实施工作。

1）费用划分开。首先将企业资金分为企业运营资金和项目运营资金，通过"分资制"将资金和费用挂起钩来。由企业来开支的企业运营费用，包括上缴投资收益、本级管理费用开支、税金、对外投资等。这部分企业费用从项目创造的利润产生的现金流中来统筹；项目运营资金由项目公司使用，主要包括"方圆图"划分的五类费用，即：土地费、前期费、建安费、开发费和税项（如拿地时项目公司尚未成立，则暂由企业支出，纳入项目核算）。

2）资金分级算。实际上，"资金分级算"与"费用划分开"是相互补充的要求，既然要"分"，就涉及要"算"，另外，所谓"算"，就是在"分"的基础上把企业和项目两个层面的资金使用"算"清楚，进而有效建立资金在企业内部"存"与"支"的责、权、利关系。"算"要精细，就是要做好资金精细化管理。在企业层面以企业发展战略为出发点，打好资金"盘子"，审慎理性地预测资金流入，充分估计现金流出，做好资金筹措计划，确保现金流不掉链。在项目公司层面以"以收定支"和"动态平衡"为原则，做好项目的资金策划工作。一是做好项目可研资金策划，预估项目现金流量运行状况；二是根据定位、方案及成本策划，做好项目的资金实施策划，尽早实现资金正流。

3）收支两条线。收支两条线的管理要求实质上是资金集中管理的要求，以此强化资金集中管理。"先收后支，以收定支"，是项目资金正常循环的必要条件，也是资金管理的红线。通过建立资金管理信息化平台，将收支两条线的内部管理理念嵌入到资金信息化系统中，确保收支两线有效实施和运行。同时，在支出上还须精打细算，加强预算编制和执行，把握好资金支付节奏，如对土地费须争取分期支付；对报建费用争取减免缓，尽量少交项目资本金、预售保证金等，并提前和加快办理解控手续；对建安费要把握好中期计量关，不得提前计量，不得超合同付款，付款比率和付款方式不得超出市场平均水平；对管理费执行专用账户制度，对招待费实行事先申报制度等。

（3）"收资"需要责任落地，抓好四个前置。项目正流管控必须与项目公司总经理、领导班子绩效及员工绩效的挂钩。公司建立 AB 角回款机制，分别在总部和项目公司层面设立。总部领导以总会计师为 A 角，营销总监为 B 角；部门以财务部为 A 角，营销部为 B 角。项目公司以项目公司总经理为第一负责人，项目营销部经理为 A 角，直接领导回款业务，项目财务部经理为 B 角。抓回款坚持"四个前置"，即将征信查询前置、资料准备前置、面签签约前置、回款沟通前置，加大按揭管理力度，缩短回款周期。同时，针对回款的相关方，一方面严格销售代理方，在销售代理合同中明确，将代理费用与回款速度相结合，对超期签约、回款的给予处罚或从缓支付；另一方面优化回款外部环境，加强与房管部门、公积金中心和银行沟通，形成有保障的稳固合作关系。

## 四、"五项成本"的过程管控

房地产项目的五大费用分别为土地费用、前期费用、建安费用、开发费用和税项（图 4-10）。

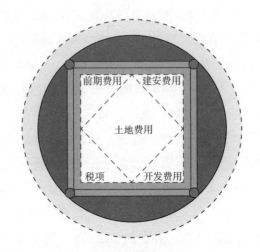

**图 4-10 房地产项目成本管理方圆图——五大费用**

对应财务核算成本科目与方圆图成本科目，土地、前期费用和税项一一对应；由于不可预见情况多发生在建安阶段，所以，在方圆图中，将财务核算成本科目中的不可预见费计入建安费用；其他直接费主要指项目管理费、工程管理费，销售费用主要指销售代理、广告、推广等费用，财务费用主要指借款利息支出、办理保函期票的费用，公司管理费是指公司向项目收取的管理费，以上财务核算成本科目中的四项费用，都是不发生在项目实体上的，而是在开发过程中产生的费用，在方圆图中，统称为开发费用。

财务核算成本科目与方圆图成本科目对应关系如表 4-5 所示。

财务核算与方圆图成本科目对应关系表 表 4-5

| | 财务核算成本科目 | | 方圆图成本科目 |
|---|---|---|---|
| 1 | 土地费用 | 1 | 土地费用 |
| 2 | 前期费用 | 2 | 前期费用 |

续表

| 财务核算成本科目 | | 方圆图成本科目 | |
| --- | --- | --- | --- |
| 3 | 建安费用 | 3 | 建安费用 |
| 4 | 不可预见费 | | |
| 5 | 其他直接费 | 4 | 开发费用 |
| 6 | 销售费用 | | |
| 7 | 财务费用 | | |
| 8 | 公司管理费用 | | |
| 9 | 税项 | 5 | 税项 |

　　方圆图五大费用中，土地、前期、建安费用与当期开发的规模体量大小匹配；税项与当期的销售收入、利润多少匹配；开发费用是指项目为组织和管理开发经营活动而发生的管理费用、财务费用以及销售费用。管理费用主要是项目管理费、工程管理费、公司管理费，这三项费用都是项目开发期间的费用开支，与开发工程量的关系并不十分密切，反而与开发周期的长短相匹配。销售费用主要是销售代理费、广告、推广费用，其中，销售代理费是与当期销售量匹配的，广告、推广费用与销售周期的长短匹配。但从总体看，当期销售量越小，销售周期越长，销售、广告、推广等工作周期越长，从而造成销售费用上升。因此，销售费用与销售周期的长短相匹配。财务费用主要指借款利息支出，开发周期越长，项目借款越多，资金实现正流越晚占用时间越长，项目需支付的借款利息越多，因此，财务费用与开发周期的长短相匹配。因此，开发费用与开发周期的长短相匹配。综上所述，在方圆图中，找出了五大费用的成本匹配着力点，从而提炼出五大费用的成本管控方向，即土地、前期、建安费用控好单方造价，开发费用控好单方开发周期，税项控好单方利润。具体如表4-6。

房地产项目五大费用匹配特性与管控方向表　　　　表 4-6

| 序号 | 五大费用 | 成本匹配特性 | 成本管控方向 |
|---|---|---|---|
| 1 | 土地费用 | 该三项费用与当期开发的规模体量大小匹配 | 单方造价 |
| 2 | 前期费用 | | |
| 3 | 建安费用 | | |
| 4 | 开发费用 | 该费用与当期的开发周期长短匹配 | 单方开发周期 |
| 5 | 税项 | 该费用与当期的销售收入、利润多少匹配 | 单方利润 |

针对五大费用管理的"五控"要点分述如下：

1. 土地费用

土地获取有多种方式，如公开招拍挂，协议转让等。在此环节重点关注楼面地价，关注土地是否为净地、关注地价款的支付节奏、关注土地规模指标是否能满足拟开发项目的定位需求、关注土地溢价的税费分担问题等。

2. 前期费用

前期费用包括报建费、可行性研究费、设计费、勘探测绘费、临时设施费、招投标管理费、施工图审查费、三通一平等。各项费用中，占比最大的是报建费（约占 4%），控制的主要途径是申请报建费的减免和返还，可依项目具体情况争取。

3. 建安费用

建安费用包括岩土工程、基础工程费、土建工程费、机电工程费、配套设施费、配套工程费、室外工程等，其占总成本的比例最大。关于此项成本的控制，必须落实好"三限五控"的要求。"三限"即方案阶段限量、招标阶段限价、实施阶段限变；"五控"即在设计时控成本匹配、在招标时控认质认价、在实施时控签证变更、在结算时控结算审价、在支付时控工程款支付。

（1）三限

"方案阶段限量"指的是在方案设计阶段对相关设计成本指标进行限额，要求控制在成本限额范围内。成本限额指标分结构性成本、功能性成本、敏感性成本三大类。对结构性成本要求在保障安全的前提下严控，重点控制可售率指标、结构平米含量（如混凝土、钢筋、砖砌体、模板的建筑面积平米含量指标）、地下室层高、地上车位占比、地下室平均车位面积指标等；对功能性成本要求在满足基本功能的条件下合理把控，重点控制室内水电、消防、空调、三线工程、供暖工程、小区配电工程等；对敏感性成本要基于客户的视角舍得用，但须严控无效成本，重点控制室外园林、外立面设计（门窗、装饰）、公共部位装饰设计、室内精装设计、电梯、智能化等。方案设计阶段主要着力于从量的维度控制成本。

"招标阶段限价"指的是在招标采购阶段要对评标价格进行上限控制，针对超出限价的开标结果必须组织二次询标密封报价或重新组织招标。招标阶段限价工作的落地还必须有充足的供方资源作支撑，因此，谱好供方管理"选、育、留三部曲"显得尤为重要。①选好，核心在于营造公平公正公开的氛围，一是报名环节全开放，鼓励全员引入供方；二是考察环节讲标准，把好供方资源的第一道关；三是评标环节讲原则，做到公平公正，杜绝暗箱操作。②用好，核心在于打造创先争优的局面，一要以合作共赢的理念作指引；二要统一供方评价原则，选出真正的优秀、合格、基本合格及不合格供方；③留住，核心在于实现合作双赢的目标，一须制度先行作基础，对履约好的供方，制定给机会、给奖励和给优惠的激励制度，促使供方更好的履约；二须立体交流作保障，在供方考察、投标询标阶段加强沟通，加强中标前与供方高层的见面，通过高层沟通为后续履约建立绿色通道。通过管理好选、育、留环节形成稳定的供应链和利益共同体，让供应链管理成为企业的核心竞争力。招标阶段主要着力于从价的维度控制成本。

"实施阶段限变"指的是在项目实施阶段要控制好签证变更。依据责任主体的不同对签证变更进行分类管理、分类限额。因报建图及方案阶段的设计变更由公司设计研发中心主控，包括因错、漏、碰、缺等设计缺陷或设计优化等原因引起的所有专业的设计变更。其设计变更签证率限额考核指标为不大于建安工程累计完工产值的 0.5%；因施工图阶段引发的设计变更由项目公司主控，包括施工图纸不完善、施工图设计优化原因引发的签证，其限额考核指标为不大于项目建安工程累计完工产值的 1%；因营销原因提出的变更由公司营销部主控，包括营销展示、卖场装修变更、因营销及客户需求发生的变更。其变更和项目销售费用合计限额为不大于项目销售收入的 2.5%；因现场管理原因引发的变更签证由项目公司主控，现场变更签证率限额考核指标为不大于项目建安工程累计完工产值的 0.5%。实施阶段主要着力于从变的维度控制成本。

（2）五控

一控成本匹配。将楼盘分为高端豪宅系、大众精品系、普通宜居系三档进行成本匹配管控。原则上档次越高，售价越高，项目成本净利润率越高。高端豪宅系项目为占据所处区域核心地段，以最大限度占有自然稀缺景观资源为主要特色，产品打造以大平层豪宅（主力户型在 180m² 以上）或别墅等标杆形态为主，致力为高端成功人士提供理想的终极改善型居所；大众精品系项目为位处城市成熟区或热点板块，以强调城市生活的便利或舒居为主要特色，产品打造以高层住宅（主力户型在 120 ~ 144m² 之间）或洋房为主要形态，致力为城市中产阶层提供理想的改善型居所；普通宜居系项目为位处城市快速发展新兴区（或者三、四线城市热点区域），以强调产品本身的性价比与规划利好为主要特色；产品打造以高层住宅（主力户型在 120m² 以下）为主要形态，致力为城市普通阶层提供理想的首置首改型居所。根据档次要求，将层高、入户门（含锁）、窗及型材、阳台栏杆、入户大堂、电梯、智能系统、立面用材八大点列入客户敏感点，并分档进行成本匹配，把成本真正花在刀刃上。

二控认质认价。针对在合同中明确采用甲指乙供的材料（设备）按招标定价＋合理利润确定价格。合同中应尽量减少认质认价材料，确需认价的材料（设备）必须事前按规定的权限及流程办理，确定价格后方可组织材料（设备）进场。对于认质认价一控数量、二控流程、三控时间，从三个维度控制无效成本的发生。

三控签证变更。前面已提到对变更签证进行分类管理、分类限额。同时，签证管理须遵循六原则：合理性原则、准确性原则、杜绝重复计量原则、实事求是原则、现场跟踪原则、及时处理不写回忆录原则。

四控结算审价。结算审价须做到三完整，即原始资料完整、计算过程完整、签字手续完整。

五控工程款支付。工程款支付须具备三到位，即合同依据到位、审价资料到位、票据到位。

4. 开发费用

开发费用包括管理费、营销费、财务费。前面提到，开发费用主要与时间相关，其管控方向主要是控制开发周期，依靠对方圆图四大支撑之一进度的有效把控，只有踩好"时点"，把握好开发节奏，才能成功控制好开发费用。

管理费的支出主要为人头费用，重点在于配置精干高效的管理团队。一般而言，项目公司人员编制参考如表4-7所示标准进行配置。

项目公司人员编制参考标准　　　　　　　　　　　　　　表 4-7

| 序号 | 区域 | 项目开发建筑面积（m²） | 人员编制参考范围（人） |
|---|---|---|---|
| 1 | 省外 | 30 万 m² 以下 | 27 ~ 35 |
| | | 30 万 ~ 50 万 m² | 35 ~ 42 |
| | | 50 万 m² 以上 | 42 ~ 52 |
| 2 | 省内 | 30 万 m² 以下 | 23 ~ 27 |
| | | 30 万 ~ 50 万 m² | 27 ~ 35 |
| | | 50 万 m² 以上 | 35 ~ 42 |

注：项目公司领导班子编制：30 万 m² 以下的领导班子编制为一正二副；30 万 ~ 50 万 m² 的领导班子编制为一正三副；50 万 m² 以上的领导班子编制为一正四副。

营销费用的组成主要包括：代理服务费用、销售展示区费用、推广费用、物业管理费用等。营销费用支出采用总比例控制与分项原则控制相结合的方法，营销费用不得超过销售收入的 2.2%，针对各分项，代理服务费强调业绩倒向、优胜劣汰，即完成率低则提成比例大幅度降低且持续两月业绩不达标则自动出局；销售展示区费用分档次进行设计成本限额控制，强调成本匹配；推广费用强调有效推广，以带来有效客户为量化衡量指标；物业管理强调服务至上，以低成本支出营造高品质服务。

财务费用的控制总体在于把控开发节奏、融资方式及渠道，细节在于坚持"现金为王，多收少支"。开发节奏要求执行"三快"方针，即"开得快、建得快、卖得快"，从而支撑资金快速周转，提高使用效率；加强与银行等金融机构的合作，与有实力的银行建立战略合作关系，提升各类融资的议价能力，同时，不断创新融资模式，从融资的源头降低财务费用。坚持"现金为王"必须做好项目资金总策划、年度资金策划、季度资金策划、月度资金计划及周资金计划，执行过程随时比对计划，做到资金有序快速流动。坚持多收少支。在收的方面，一要强化收款力度，加快资金回笼；二要强化存货变现力度，加快资金周转；三要控制不可用资金规模，减少资金沉淀。在支的方面，一要强化费用预算管理，严格控制费用支出；二要抓好税费的减、免、缓；三要创新支付手段，合理利用现金、承兑汇票及其他支付手段，把握支付顺序与时间，掌握支付的轻重缓急，确保把款项用在刀刃上，降低财务成本。

5. 税项

房地产的税项成本在方圆图中排在"收关"的位置，原因有两个方面，一是税费的产生贯穿房地产开发全过程；二是税费成本只有在项目最终清算完成后才能锁定。在房地产开发五大费用组成中，税项成本与土地费、建安费并列，占据了前三名的位置，税项成本占比约为 10% ~ 20%，由于房地产行业税负绝对额大，所以经过税务筹划省下来的通常都是"真金白银"，是"纯利润"。房地产项目税项主要包括营业税及附加、土地增值税、企业所得税等，营业税为固定税基税率，无筹划空间；而土地增值税视增值额征收 30% ~ 60%，企业所得税收取应纳税所得额的 25%，则需要进行合理合法的税务筹划。税务筹划须做好三个方面的工作：一是事前做好统一规划，早在拿地和公司注册阶段就应入手；二是税务筹划无处不在，上至公司最高决策层，下至公司各部门主管，都应是税务筹划人，不要认为税务筹划仅是财务部门的事；三是税务筹划应贯穿于房地产开发全过程，在战略、经营和理财三个层面上立体、系统地进行思考和规划，才能取得最大的筹划空间和效果。

在战略管理层面，税务筹划通常应考虑如下问题：股权架构与层次如何设计与安排；是否成立项目公司；注册资本多少以及不同出资形式对财税会产生怎样的影响；土地方与出资方如何合作；不同形式拿地的税负；一二级联动如何增加土地成本等。

在经营管理层面，税务筹划通常应考虑如下问题：设计的开发产品不同对企业税务的影响，如户型应该定多大、建独立车库还是地下连体车库等；商业和住宅的比例、普通住宅与非普通住宅的比例；报建形式、开发分期对税收的影响；对外合同条款如何从财税角度进行修订；毛坯还是精装修及装修方案的税收测评；销售价格的制定与财务测算；促销方案选择对财税的影响；销售折扣管理与内控制度的落实；自销还是聘请专业公司销售，付费方式不同对税负的影响等。

在理财层面，财务人员应考虑：费用发生后计入什么会计科目可节税；用什么样的费用分摊标准对公司最有利；资金利息计算方法的选择；合并与分期清算的选择等。

总的来说，税项成本控制应贯穿房地产开发全过程，事前进行税务策划，事中积极沟通落实，事后做好税务清算，总体做到"策划合理，归集准确，资料完整，避税合法"。

方圆之道其精髓在于，它阐述了房地产项目的收入、成本和效益，是有机结合的整体，是密不可分的，其中任何一项的变动，都和方圆图中所指的其他部分息息相关。成本的过分管控，可能影响品质，从而影响收入；收入的过分追高，可能会造成成本的大量增加。"房地产投资项目成本管理方圆图"对于房地产企业的指导，在于它将房地产项目各阶段所遇到的机会和问题，综合而具体地表现在了一张小小的图上，使项目在分析机会、问题时不再孤立地只思考某个环节，而是可以全面地分析出其对项目整体开发的影响，从而为项目决策提供参考和依据，通过对收入、成本、支撑的把控，实现或超额实现项目的既定效益。

## 第四节　基础设施投资项目的成本管理

基础设施是为社会生产和居民生活提供公共服务的物质工程设施，包括交通、邮电、供水供电、商业服务、科研与技术服务、园林绿化、环境保护、文化教育、卫生事业等市政公用工程设施和公共生活服务设施等。建立完善的基础设施往往需较长时间和大量投资。在现代社会中，经济越发展，对基础设施的要求越高，对项目的投资者来说，如何在激烈的竞争中凸显自身优势，不断提升企业的综合实力，系统梳理基础设施项目的管理目标、核心管理要素、关键管理环节和以往存在的管理机制缺陷与系统管理的不足，持续总结经验，提升项目管理水平，成为当务之急。本节借鉴施工项目"工程项目成本管理方圆图"原理，形成了以"基础设施投资项目成本管理方圆图"管理模型为主体展开基础设施投资项目的项目管理论述。

"基础设施投资项目成本管理方圆图"遵循的四大理念内涵与"施工项目成本管理方圆图"的理念是一致的，即外圆内方的理念、项目生产力最大化的理念、两个基石一条主线的理念（项目管理是企业管理的基石，成本管理是项目管理的基石，项目管理以成本管理为主线）、责权利相统一的理念，本节不再重复阐述。

通过"基础设施投资项目成本管理方圆图"（以下简称"方圆图"）管理模型，我们可以直观地分析基础设施项目的管理过程，项目模式、资金、进度、风险、成本、效益等管理目标的状态，检验项目全生命周期中的流程、制度是否合理、科学、有效，通过不同投资项目在不同阶段所反映出的对应图形变化检验项目过程管理所处的受控状态。而"方圆图"的运用，最终目的是实现项目社会效益与经济效益最大化。

## 一、"基础设施投资项目成本管理方圆图"模型及其内涵

"方圆图"外圆内方，虚实结合，是一个既稳固又极具张力的几何图形。它在形式表现上整体以"三实三虚"、"三方两圆"几何线条构成的平面图形，并在相应的区域赋予不同的色彩标识。它系统地表述了基础设施投资项目管理的几乎全部管理要素，是根据基础设施投资项目的管理实践总结出来的、一个科学研究分析工程基础设施投资项目管理的几何模型。其标准图形如图4-11所示。

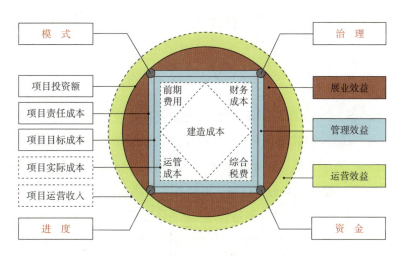

**图4-11 基础设施投资项目成本管理方圆图**

可以看到，"基础设施投资项目成本管理方圆图"首先是从时间维度上涵盖了一个基础设施项目立项拓展开始，到施工建造，到结算回款完成的项目全过程。同时，通过整体表述几组成本概念、收入概念与效益概念之间的关系，形象地描述了工程项目的两个造价管控关键点（项目合同造价、项目结算总价）、三个成本管控关键点（项目责任成本、项目目标成本、项目实际成本）、四个项目过程管控关键点（模式、资金、进度、风险）和五项费用管控关键点（前期费用、建造费用、财务费用、运管费用、税费），以及工程项目管理的三个效益着力点（拓展效益、管理效益、结算效益）。

图形中的实线表示管理过程中相对固定的内容，而虚线则表示管理过程因管理情况变化而经常会发生变化的内容。图形中用咖啡色表示项目拓展效益，用蓝色表示项目管理效益，用金黄色表示项目结算效益。这样，将项目的合同造价、责任成本、目标成本、实际成本和结算总价，项目的拓展效益、管理效益和结算效益，项目成本应重点管控的前期费用、建造费用、财务费用、运管费用和税费，以及基础设施项目投资的模式、资金、进度、风险四个支撑点等工程项目管理要素——清晰地在一个外圆内方的图形中系统集中而又十分形象地展示了出来。

我们赋予"基础设施投资项目成本管理方圆图"具体几何图形与色彩的含义包括了以下几个方面：

1. 对接市场的两个"圆形"，是一组收入概念

"外圆"定义为"项目结算总价"，包括项目建造费用、项目管理费及投资回报、利息收入及其他费用（如征地拆迁、保险费等）等全部收入。因为它受项目过程管理因素与结算管理水平的影响容易发生变化，而且必须在项目全部完成后才能确定其边界位置，所以用"虚线"表示。

"内圆"定义为"项目合同造价"，即项目投资者与项目业主签订的基础设施投资建设合同的合同价款额。因为，通常情况下在项目开始时就由作为建设方的业主与作为投资方的投资企业通过项目投资建设合同确定下来，所以用"实线"表示。

2. 对内管理的三个"方形"，是一组成本概念

"外方"定义为"项目责任成本"，是指投资者依据投资项目承接时的成本测算和与业主确定的合同洽谈条件，通常依据企业的平均项目管理水平（也有针对不同工程项目以较先进水平要求的），由企业层面给项目公司确定的项目成本支出最大额。因为，一般会在投资项目开始时，企业层面牵头编制《投资项目实施策划》，对项目管理团队（项目公司）下达的《投资项目管理目标责任书》（也称为"项目管理责任书"、"项目目标责任书"等）中被固定表现

出来，且通常在项目没有较大变更或合同条件变化的情况下不予调整，所以用"实线"表示。

"中方"定义为"项目目标成本"，是指投资项目开始时，项目管理团队（项目公司）依据合同条件、责任成本，并结合进场时的项目具体情形，在进一步优化项目管理方案的基础上，综合考虑项目管理团队实际完成责任成本的能力，预计项目责任成本节余的目标后，详细编制的项目计划成本额。一般项目的总目标成本是在项目开始时在《投资项目实施策划》中的商务成本策划内容被相对确定，过程管理使用的月度 / 季度 / 节点类的目标成本也是在月 / 季 / 节点工作内容开始前，就以相应计划内容的形式被确定或固定了。所以用"实线"表示。

"内方"定义为"项目实际成本"，即投资项目完成投资额所形成的实际成本额。图形中将其划分为前期费用、建造费用、财务费用、运管费用和税费五个组成部分。因为项目实际成本一定会因不同的企业管理水平和不同项目的管理能力变动，因管理措施、方法的改进与否而体现出不同的结果，只有在工程项目完成后才能最终确定其边界。所以用"虚线"来表示。

### 3. 四大支撑点，是一组投资管理需重点关注的要素

分别被定义为"模式"、"资金"、"进度"和"风险"。之所以把它们表述为整个图形的"支撑"，意在强调投资项目的这四个管理要素及其管理目标是工程项目管理的重中之重，在"基础设施投资项目成本管理方圆图"的几何图形中，相当于投资基础设施项目时的"定位角点"，如果这四个角点定位"不正"，那么依据其定位所画出的"方形"就会不"方"，说明项目的投资管控出了或可能会出问题，进而以这些"方"为依据所画的外切"圆"就会不圆，说明项目的对外履约以及收入效益出现了或有可能出现不尽人意的结果。

### 4. 三个效益的划分

图形中的三个效益分别被定义为投资项目的"拓展效益"、"管理效益"和"结算效益"，是一组收益概念。

"拓展效益",指由项目拓展团队经过可行性研究论证,确定项目合作方式、条件并成功获取项目时确定下来了的。在图形中由"项目投资建设合同造价圆形"与"项目投资责任成本值方形"所围成的部分来体现划分。我们将这块区域的颜色取定为"咖啡色",喻意为在项目拓展阶段,由企业层面主导的经营活动、经营行为所带来或形成的预期效益。

"管理效益",是指投资项目的项目管理团队通过不断加强和改进项目的过程管理,在企业下达的项目责任成本额基础上,有效节约实际成本费用支出而得到的成本降低额收益。在图形中由"项目责任成本方形"和"项目实际成本方形"所围成的部分来划分体现。我们将这块区域的颜色取定为"蓝色",借用于"蓝领"概念中的"蓝"。喻意投资项目的项目管理团队经过艰辛努力,所获得的效益。

"结算效益",是指项目商务人员通过编制结算策划书、完善结算资料、做好成本对比分析、认真审查的基础上,提高结算书编制质量,由项目公司商务人员按照市场规则、通过一定的方法最终结算回来而产生的效益。"结算效益"一般包括三个部分:一部分是并不需要发生额外建造成本,项目通过及时办理计量,确认投资回报、利息、管理费收入计算基数及办理相关技术经济签证索赔得来的效益;一部分是现场实际并没有发生,但按照市场规则或合同约定的计价原则应当计取的收益;还有一些是按当期市场平均技术经济管理水平,这些成本费用应当发生,但由于项目采用了新技术、新工艺或新方法而使这些成本费用没发生或少发生,但按相应规则能从业主那里结算回来而形成的收益。在图形中由"项目结算总价圆形"和"项目合同造价圆形"所围成的部分来划分体现。我们将这块区域的颜色取定为"金黄色"。一方面是借用了交通信号灯中"黄灯"的概念,喻意投资项目结算效益要做到最大化,应在有理有据的前提下,在可进可退、含混模糊的收益边界上尽力争取;另一方面是用"金黄"这种阳光色的概念,强调要遵循追求"阳光下的利润最大化"这一原则。

5. 五项成本费用的划分与排列

对于成本费用科目划分,在这个图形中,我们按基础设施投资项目的特点，将项目拓展阶段发生的征拆费、招标代理费等合并为"前期费用"。项目建设期、运维阶段成本费用划分为建造费用、财务费用、运管费用、税费。这样，更有效地突出了基础设施投资项目成本管理的真正重点要素，体现出了"方圆图"作为工程项目管控的实践指导意义。

关于五项成本费用的顺序编排，在这个图形中也作了一些有意识的安排。我们安排"方圆图"的"阅读顺序"基本有两个规则：一是对于整个图形的阅读体会应该在这个"方圆图形"上自内而外；二是在分析图形的具体要素时应自左上角开始，沿顺时针方向进行。所以，这五项费用的第一项是项目实体成本占比最大的"建造费用"，它是基础设施投资项目成本费的绝对主体，放在中心位置，而且占据最大面积；第二项则是放在外围的起始项——前期费用，把它放到前面，喻意"前期费用"的管控关键是在投资项目开始时，此阶段的征拆、招标工作直接影响项目的投资进度，决定了项目的投资节奏，并影响投资收益；把"税项"放在最后，喻意投资项目的税务筹划工作贯穿项目投资全过程，但更应关注最终的收关税务清算。

通过这些线条、图形、颜色和定义的赋予，我们可以看到："方圆图"模型作为基础设施投资项目管理的工具，其组成系统、结构顺序和管理逻辑的设定基本上是经得起推敲的。而且，用这个图形能更直观、有效地理解一个基础设施投资项目的收入、成本与效益间的关系，反映各管控要素所呈现的数据上的合理性，进而可以由此思考、改进我们在投资管理过程中的既定制度是否有效、管理方法是否科学、降本增效是否已经做到了最大化。包括反过来检讨我们在项目拓展阶段投资商业模式的合理性、可行性研究测算的准确性及合同签订条件的质量等。

因为其以数据表现管理状态的直观性，"方圆图"的标准图形表现的是一个工程项目管理正常的状态。这种状态可用"项目结算总价 > 项目合同造价 > 项目责任成本 > 项目目标成本 > 项目实际成本"的不等式关系表示（为方便阐述忽略"等于"的情况）。这时项目合同签订价格合理，有正常的拓展效益。而且项目责任成本的下达与项目以此为依据确定的项目目标成本编制也比较合理，同时，项目在前期策划、过程管控与实施都在预期范围内。包括项目最终结算办理效果也很好，形成了一定的结算效益。但以前述的标准图为基础，"方圆图"针对具体的投资项目而言，还会形成其他几种因"造价线"与"成本线"位置不同而造成的非标准型"方圆图"。有普遍管理实践意义的大体有以下三种：

（1）用不等式表示为："项目结算总价 > 项目合同造价 > 项目责任成本"，但"项目实际成本 > 项目目标成本"。至少可以反映该投资项目管理过程中几个方面的信息：整体说明投资项目承接时合同价的预计成本和企业对项目下达的责任成本两项指标是比较合理正常的，保证了项目应形成的拓展效益。同时，项目最终结算办理的效果比较好，形成了一定的结算效益。但项目在过程实际成本控制或者项目目标成本制订方面存在一定的问题。而问题的原因应该从两个方面查找，一方面，可能项目目标成本制订时对项目实际履约条件估计过于乐观，预期要求有些偏高，而实际实施过程中因相关内控因素影响不能完全实现原项目策划的一些思路和降本增效措施，或项目管理外部环境在过程中发生较大变化，而合同约定该类风险是由投资者承担，致使部分目标成本不能按计划控制到位，整体目标未能实现；另一方面，可能在实际成本管控过程中，项目策划措施不合理，或本来策划措施可行，但管理责任人员主观努力不到位，致使既定目标不能实现。实践中诸如招标限价未执行到位出现供方高价中标；征拆未能按计划完成致使投资节奏放缓；投资周期延长导致管理费、财务费等开支不受控制等。虽然这种状态整体来讲项目有一定盈利，甚至还完成了企业的责任指标，但不应该是我们提倡表扬的榜样。实践中甚至有个别项目就是以项目责任成本为"外框"，在责任成本范围内最大化消耗和扩充项目实际成本，并在此过程中牟取个人或小集体私利，是企业管理应当警惕并予以预防和纠正的对象。

（2）用不等式表示为："项目结算总价 > 项目合同造价 > 项目责任成本"，但"项目实际成本 > 项目责任成本"。整体来讲，该项目最终结算办理效果较好，形成了一定的结算效益。但项目在过程实际成本管控上肯定存在较大问题，实际成本线已经覆盖掉部分拓展效益，表明项目现场管理过程中不但没有成绩，反而"吃掉"了部分拓展成果，虽然项目没有形成绝对亏损，但已经不能完成项目承接时的预期效益责任目标了。对于这种状态的项目，一方面，我们有必要回头检讨项目拓展阶段商业模式的合理性，是否可行性研究测算不准确，致使项目拓展阶段决策误判，或是当时本身就主观上夸大了项目的拓展效益额；另一方面，我们应该重点检讨项目投资过程中的成本管控行为，包括管理是否到位、策划措施是否科学，或者策划本来合理，但管理人员主观努力不到位等诸如前一种情形下同样的问题。这种情形下的项目虽然最终没有绝对亏损，从企业层面看是有所效益的。但从项目管理的角度讲，这种项目过程效益管理基本是失败的。它不但会因为项目整体没有最终亏损而容易让我们的管理层忽略管理过程中的不足甚至个别可能损公肥私的问题，也会造成项目正常的成本降低兑现激励机制对大多数员工失效的结果。是必须引起项目管理者关注的一类问题项目。

（3）项目实际成本线已经跨出了图形的"外圆"，用不等式表示为："项目实际成本＞项目结算总价"，即项目绝对亏损。我们应该彻底分析项目投资过程中各项管理行为，包括主、客观因素。包括项目从立项拓展阶段开始直到最终结算回购的全过程。当然，项目管理的关键还在于过程管理上的功夫，在过程中及时发现问题并跟踪纠偏，以杜绝这类项目出现。一旦形成，则应认真对待，追究必要的责任。

当然，"方圆图"有三个成本数据线与两个造价数据线，理论上它们在图形中的位置变化还会有多种项目状态存在，但因其实践中极少发生而对我们普遍的项目管理指导意义很少，这里不再一一罗列。

## 二、"三个阶段"与"三类效益"

### 1. 基础设施投资项目全生命周期的"三个阶段"

基础设施投资项目开发周期长、涉及要素多、成本构成因素杂，"基础设施投资项目成本管理方圆图"整个模型意在将长、多且杂的要素简化，故将基础设施投资项目全过程分为三个阶段（即拓展阶段、建造阶段、运维阶段），分段明确主要工作与管理成果，分段划分责任主体，与三类效益一一对应，做到责任主体清晰。

具体如表4-8。

基础设施投资项目全周期分段表　　　　　　　　　　　　　表 4-8

| 序号 | 阶段 | 主要工作 | 阶段成果 | 责任主体 |
|------|------|----------|----------|----------|
| 1 | 拓展阶段 | 市场调研、商务洽谈、项目立项、项目可研、合同谈判、招投标、合同签订 | 《市场调研报告》、《项目模式》、《项目立项建议书》、《项目立项批复》、《项目可研报告》、《项目实施批复》等 | 公司拓展团队 |
| 2 | 建造阶段 | 报建、施工、成本管控 | 《投资项目策划》、《投资项目总体管理目标责任书》、《投资项目年度管理目标责任书》、《投资项目专项管理目标责任书》等 | 项目 |
| 3 | 运维阶段 | 结算回款、项目运营、维护 | 《项目结算策划书》、《项目竣工结算书》等 | 项目 |

从上表可以看出：拓展阶段产生的拓展效益责任主体为企业，"拓展效益"必须留在企业层面，并作为对项目拓展团队进行奖罚的依据；投资建造阶段产生的管理效益责任主体为项目，"管理效益"则要依据"项目管理目标责任书"奖励以项目公司总经理为首的项目管理团队所有成员；运维阶段产生的结算效益责任主体主要为项目的结算责任人，"结算效益"则要依据"项目结算责任书"奖励创效有功人员。划分三个阶段，对应三类效益，清晰明确三个责任体，这样，我们在项目投资过程中，就能清晰地认识企业管什么，项目干什么，两级的责权利才能科学划分、管理有效，才能使各级、各岗位的管理者各得其所，各自分别去努力，真正让"三个效益"管理的着力点落到实处。同时依据"法人管项目"的要求划分好公司与项目之间的责权利分配，并依据"责权利相统一"的原则激励相应的管理团队和个人。

2. "三类效益"的量化

应用"方圆图"的最终目的是实现项目效益最大化，而效益由三大效益组成，分别为拓展效益、管理效益和结算效益（图4-12）。"方圆图"划分三个效益的意义主要有两个方面：一是清晰了三个效益的不同责任主体，为项目管理过程中的"责权利相统一"原则得以有效执行奠定基础、找到根据；二是表明这三个效益是基础设施投资项目的经济效益管理着力点。分阶段盯住这三个效益目标，就完成了企业对项目整体经济效益目标的实现。由不同的责任体去执行，需要在不同的阶段对责任体下达量化的责任数据，做到责任目标具体。

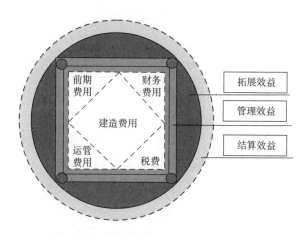

**图4-12　基础设施投资项目成本管理方圆图——三大效益**

拓展效益是项目最根本的效益，也是最大的效益。公司在项目合作方案、合作条件等确定后，项目的拓展效益已基本确定，该部分效益的实现由公司主控，牵头部门为公司业务拓展部。基础设施项目立项的基本标准为：（1）政府已完成项目可研、规划、用地、环评等审批工作，已将项目纳入政府投资计划，并基本完成初步设计工作；（2）政府同意出具同意采取投资建设、BT、BOT、EPC、PPP等方式建设的政府办公会议纪要或批文及同级人大将项目纳入财政预算的决议；（3）项目有合法合规、充分易变现的还款保障；（4）项目资金筹措方案已落实，资本金以外的项目融资不需要项目公司股东担保；（5）项目施工总承包利润率不低于一定标准，年投资各方财务内部收益率不低于企业目标值。因此，拓展效益的责任目标不得低于前述第

（5）条立项的基本标准，即量化第一组数据（拓展效益），其具体数据视项目情况分析而定。

管理效益是指投资项目的项目管理团队通过不断加强和改进项目的过程管理，在公司下达的项目责任成本额基础上，有效节约实际成本费用而得到的成本降低额收益。"管理效益"的责任体在于项目管理团队(项目公司)。项目实施策划完成后，由公司向项目公司下达全生命周期《投资项目总体管理目标责任书》，每年下达经分解的《投资项目管理年度目标责任书》，在具体提升投资项目价值的管理上，还要签订专项责任状，如合同优化、化解项目风险、结算兑现等。在《投资项目总体管理目标责任书》中对"方圆图"的外方（即责任成本）进行具体数据明确，即量化第二组数据（责任成本）。项目公司应在责任成本的范围内，将实际成本控制在项目确定的目标成本范围之内，从而实现管理效益目标。

结算效益是指项目商务人员通过编制结算策划书，在完善结算资料、做好成本对比分析、认真审查的基础上，提高结算书编制质量，将实际没发生或少发生了成本费用，由项目公司商务人员按照市场规划、通过一定的方法最终结算回来而产生的效益。"结算效益"是衡量商务结算等有关人员业绩和工作能力的基础，企业应当建立商务结算责任制，一般以《投资项目商务结算责任书》的形式来落实。在《投资项目商务结算责任书》里应当明确有关人员的责权利及其考核、奖惩办法，以调动有关人员的积极性。

当然，实践表明，这三个效益一定不是绝然分开的，而是相互关联、互相支撑的。

3. "三项考核"

"方圆图"理念之一为"责权利相统一的理念"，这就需要运用考核手段去实现。考核针对的是各项制度和各项目标的保障措施，是保证这些制度和目标能有效实现的配套管理行为。实践证明，一个企业若没有旗帜鲜明的奖优罚劣规矩，为企业创造效益和品牌的人得不到褒奖，损害企业利益，浪费或吞噬企业效益的人受不到处罚，那么再好的管理理念或再精准的管理目标也收不到预期效果。所以公司以全生命周期《投资项目总体管理目标责任书》为依据，重点考核三项，对各层级、各岗位的管理者进行过程考核，及时兑现，奖优罚劣，确保责任目标落地。

项目"三项考核"体系包括综合考核、年度考核和专项考核。项目领导班子及项目一般员工的收入与项目考核挂钩，即执行"岗位工资＋奖励工资"制度，其中的奖励工资根据"三项考核"结果进行奖励，奖励工资包括基本奖、超额效益奖和专项奖励三部分。

综合考核根据项目全生命周期《投资项目总体管理目标责任书》完成情况分节点进行考核及兑现。项目投资建设过程中，依据年度考核、关键时点考核进行过程监控。

年度考核根据项目《投资项目年度管理目标责任书》完成情况分年度进行考核及兑现；对投资额、利润、回款指标分别考核。考核指标及权重分别为：投资额30%：利润20%：回款（含担保落实和计量准确性）50%。

专项考核根据公司《投资项目专项管理目标责任书》完成情况进行专项考核及兑现。专项奖励是公司根据项目投资管理需要设置的特别奖项，通过签订《投资项目专项管理目标责任书》进行考核兑现。专项奖励主要包括合同优化、项目风险化解、结算兑现等奖励。

## 三、"四大支撑"的过程管控

对基础设施投资项目而言，"方圆图"的四大支撑是模式、资金、进度、风险（图4-13）。四大支撑要素的强化，应该包括两个层面的含义：一个方面是强调这四个要素在工程管理中的根本性、基础性作用。要求基础设施投资项目管理必须做好商业模式策划、融资策划及资金运用、把控投资进度及管控好风险。强调投资项目要根据其自身特点，制订适宜的商业运作模式，拓宽融资渠道并落实好以收定支的"分资制"制度，按计划推进投资进度，且要管控好项目投资风险，实现这四个支撑的"定位准确、支撑有力"；另一方面，基于"方圆图"是以成本管理为主线的项目管理理论，它侧重强调这四大支撑的成本属性，即强调四大支撑既是项目管理的要素目标，也是项目成本的形成过程，四大支撑的过程管理和目标实现得好坏，直接影响着投资项目最终成本（效益）的高低。

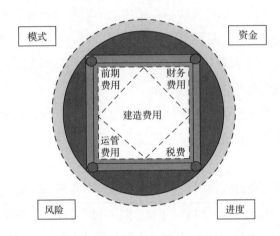

**图4–13　基础设施投资项目成本管理方圆图——四大支撑**

1.项目商业模式及管控要点

基础设施投资项目在拓展阶段对"模式"的设计是项目承接、后期实施及最终实现盈利的关键性因素，而商业模式的设计首先依托于项目的定位，因此"明确项目定位，创新模式设计"显得尤为重要。

（1）明确项目定位

主要是在前期拓展阶段对拟承接项目进行深入调研分析，对市场环境、项目价值、业主实力、政府资信等进行深入调研分析，主要从以下两点展开。

一是要以市场调查为基础。基础设施投资项目市场调查是项目可行性研究的基础，也是项目定位的基础，是预测项目实施与否的依据。基础设施投资项目市场调查包括投资环境调查、基础设施市场状况调查和业主尽职调查，包含了意向项目的政治、经济、法律、城市规划、基础设施投资成本、费用、税金等。在充分的市场调查基础上对意向项目进行可行性研究。

二是要以可研分析为前提。基础设施投资项目坚持"四有"基本原则，即"有钱赚、有钱投、有人做、有管控"。决定意向项目的实施与否,《基础设施投资项目可行性研究报告》是投资评估与决策的前提与依据。可行性研究重点须对意向项目的投资环境、市场状况与竞争对手、业主情况、项目初步定位、投资估算、财务评价、风险评估等方面进行全面、深入、细致、科学的研究和分析。

第一,研究分析投资环境。

研究意向项目所在区域的政策环境,如金融政策、经济政策、产业政策、土地政策和地方财税政策等。

研究意向项目所在区域的经济环境,如城市的主要经济指标、城市产业产值指标、城市经济发展历程、市内重大经济项目及城市的人口与消费情况等。

研究意向项目的建设用地现状,如分析建设用地土地性质、征拆情况及难度、用地的周边环境等。

第二,研究分析市场状况。

研究意向项目基础设施市场容量、交通现状、预期市场规模等。

研究意向项目城市经济发展状况:城区人口、城市 GDP、财政收入、财政一般预算、人均消费水平等。

研究意向项目的潜在竞争对手:包括竞争对手的实力、资信、对接情况等进行摸底调查。

第三,研究项目业主情况。

通过业主尽职调查,研究业主单位的资信情况、财务状况、经营收入等以评估业主项目还款能力及担保能力,并对政府方信誉进行调查,做好合作前提工作。

第四,评估项目总投资估算。

基础设施投资项目可行性研究时基于市场投资环境及项目合作条件对项目进行初步投资估算,项目投资总估算包括建安费用、征拆费用、建设期融资利息、建设期管理费用。鉴于项目拓展阶段的前置性,可研阶段投资估算比较粗略,此阶段建安费用主要以业主初步设计概算为准;征拆费用主要以业主调研征拆数据进行评估;建设期融资利率一般参照当期银行同期贷款基准利率上浮 10% ～ 20%，引入金融机构情况下利率按照 8% ～ 12% 考虑；建设期管理费用总额按照建安费用的 1% ～ 3% 计取，分摊至项目整个周期。

第五，进行财务评价。

基础设施投资项目财务评价是在市场调查与分析、投资规模预估等基本资料和数据的基础上，通过计算财务评价指标，编制基本财务报表，对项目的财务盈利能力、清偿能力和资金平衡情况进行分析。分为项目公司层面及总包与股东层面，其内容包括：总投资估算、进度投资计划、资金筹措与运用测算、还本付息测算、施工利润率测算、项目公司资金来源与运用测算、总包与股东资金来源与运用测算、项目公司现金流量测算、总包与股东现金流量测算、项目公司损益表、总包与股东损益表、项目敏感性分析。

第六，进行风险评估与防范。

合理的风险评估与规避措施的设计是投资项目实施的重要前提，通过揭示风险来源、判别风险程度、提出规避风险的对策来降低风险、减少损失。风险评估主要有法律政策风险、市场风险、财务风险、经营管理风险、回款风险等。针对辨识出的风险，分析风险发生的概率大小，提出应对措施进行风险防范。

（2）创新模式设计

良好的商业模式设计可以有效地规避项目政策法规、承接、运作及后期投资成本及收益回收风险，项目创新模式设计主要是在拓展阶段通过与业主前期接洽、谈判，双方基于合作共赢对拟承接项目进行模式设计及建立，模式设计要点主要从以下几点展开。

一是要符合政策法规。基础设施投资项目模式可以是 BT、BOT、PPP、EPC、FCP 或是其他多种模式，其模式设计首先要符合国家、地方政府有关法律法规，符合国家经济金融相关政策，确保项目获取程序、实施途径顺畅。

二是要符合企业相关要求。项目拓展期间应将企业对于基础设施投资项目的相关要求体现在项目模式设计中，包括但不限于项目获取程序、项目公司组建、商务条件、合同签署、还款担保、融资方案、还款资金来源及安排等。

三是要符合企业发展方向及需求。基础设施投资项目模式设计同样要符合企业发展战略、专业化发展策略与产业结构调整方向。基础设施是建筑行业未来 5 年最为优先发展的方向。而且，在当前国家实施"一带一路"、"京津冀一体化"、"长江经济带"发展战略的背景下，基础设施业务的发展面临千载难逢的机遇。通过与政府建立合作关系，优化模式设计，实施专业联动，扩大高速铁路、高速公路、城市轨道交通建设市场份额。

2. 资金管理与"分资制"运行

投资项目从前期招标编制融资方案，过程中融资、工程款支付，到竣工结算后项目收回采购款，从开始到结束，项目整体运营各个阶段均离不开资金的支持。资金是基础设施投资与建设、项目推进的起点和源头，是"方圆图"的根本支撑。没有好的资金筹措方案，公司在项目阶段就可能拿不下项目；没有资金的落实，公司将无法适时启动项目；没有资金注入，项目将无法持续投资运营。稳健的资金流入是投资项目的血液，关系到公司能否顺利履约。整体资金管理需要走好"三步路"，即"筹钱、付钱、收钱"，紧紧围绕"四个中心"，即企业管理要以财务管理为中心，财务管理要以资金管理为中心，资金管理要以现金流量管理为中心，现金流量管理要以经营活动现金流量管理为中心，遵循"现金为王"的管理理念，提升资金的运作能力。

（1）"筹钱"需要广开门路，拓宽资金来源。一是认真研究比较各种融资模式的利弊，选择合适的融资方式；二是加强与银行等金融机构的合作，与有实力的金融机构建立战略合作关系；三是强化公司的授信管理，落实授信额度、贷款额度及贷款利率，有效地解决项目资金需求及降低资金使用成本；四是充分利用好公司平台，提升内部资金的使用效率。通过与银行的良好合作关系，融资成本一般应低于市场平均资金成本贷款。同时，资金的筹措要严格纳入预算，放款计划要根据项目实施进度执行，合理有效降低成本。如果项目通过合同优化，实现提前回款，可适当提前还贷，杜绝短缺资金或资金占用过大的情况发生。

（2）"付钱"需要以收定支，落实好"分资制"。"分资制"实际是一种资金管理的办法，是经过多年实践出来、行之有效的基本指导思路，在"法人项目公司"特殊模式的要求下，体现"责权利相统一"的管理原则，是确保企业"血液"良性循环的管理制度。"分资制"管理法的主要内容是：

费用划分开。就是将公司管理费用与项目现场费用分开核算，通过"分资制"将资金和费用挂起钩来。在年初根据定编定岗确定费用总额度，并下达公司与各项目的现场费用预算，过程中通报评价，年底再根据预算执行情况考核，与领导薪酬挂钩，确保费用管控"有预算、有执行、有考核、有奖罚"。费用划分管控也是责任成本的两级落实和管理水平的体现。

资金分级算。"资金分级算"与"费用划分开"是相互补充的要求，既然要"分"，就涉及要"算"。所谓"算"，就是在"分"的基础上要把公司和项目两个层面的资金使用"算"清楚，进而有效建立资金在企业内部"存"与"支"的责、权、利关系。"算"要精细，就是要做好资金精细化管理。在企业层面以企业发展战略为出发点，谋划好资金"盘子"，审慎理性地预测资金流入，充分估计现金流出，做好资金筹措计划，为现金流提供保障。在项目公司层面以"以收定支"和"动态平衡"为原则，做好项目的整体资金策划、年度资金计划、月度收支预算对比工作。要做好项目可研资金策划，预估项目现金流量运行状况。根据投资项目实施进度调整资金需求，提前筹划放贷还贷情况，在保证持续资金链的情况下，尽早实现资金正流。

收支两条线。"先收后支，以收定支"，是项目资金正常循环的必要条件，也是资金管理的红线。通过强化资金集中管理，能有效掌控投资项目风险，动态可视项目资金状况，坚决执行"有预算、才支付"的原则，确保收支两线有效实施和运行。同时，在支出上还须精打细算，加强预算编制和执行，把握好资金支付节奏；招投标项目过程中通过与业主协调协商，尽量减少投标保证金等的现金支出，以开具保函代替；对在投的项目严格控制过程中内部计量关，确保按时如实确认计量，付款比率和付款方式不得超出市场平均水平和合约双方的约定，工程款支付必须报公司主管部门审核、公司领导审批后方能付款；对现场费用支出执行费用专用账户制度，对招待费实行事先申报制度等。

（3）"收钱"需要责任落地，及时催收清欠。项目"收钱"必须与项目公司总经理、领导班子年薪挂钩，是项目风险化解的首要任务。公司建立领导班子联点项目回款机制，加强项目回款。项目公司以项目总经理为第一责任人，财务负责人为第二责任人的管理机制，年初制定全年回款策划，并签订专项责任状，年底兑现奖罚。同时寻求新的回款途径，创新回款，拓展银企合作思路，探索无追索保理、资产证券化等回款方式；充分调动内部资源，共同推进项目回款；另一方面通过不断优化投资合同，加强与业主沟通，形成有保障的稳固合作关系，为回款提供有利的条件。

### 3. 投资进度及其管理

进度是投资项目履约、回款和效益的基础性支撑。基础设施投资项目进度管理是指在满足可研和合同时间约束条件的前提下，通过合理组织调配资源，对项目投资节奏、建设进度进行管理，实现项目投资开发总体目标。进度管理从项目合同签订开始，至项目投资全部回收结束，是涵盖了项目资金筹措与使用、合法性手续办理、规划设计、场地移交、工程施工、竣工验收、运维移交、回购回款等全生命周期开发进度的动态管理。基础设施投资项目具有开发周期长、涉及领域广、投资金额大、影响因素多等特点，进一步凸显了进度管理的重要性，同时也增加了其复杂性和难度系数。

为更好地对基础设施投资项目进度进行管理，在管控思路上，应当坚持"双五"管控法则：在管控层面，狠抓五个管控机制，即"抓策划、抓督导、抓通报、抓约谈、抓奖罚"；在建设层面，紧盯五个建设环节，即"盯总包构架、盯施工资源、盯建设手续、盯规划设计、盯征地拆迁"。以"重点抓、抓重点""抓两头、促中间"的工作思路科学指导项目进度管理。

在具体操作上，要遵循 PDCA 循环原则，坚持"策划先行，过程督导，严格考核，目标导向"的工作思路，以项目实施策划为抓手，不断强化项目过程督导和考核，努力提升进度管理的科学性和有效性。

（1）P（plan，计划）：科学策划

进度计划是进度管理的依据，在项目合同签订后就要立即编制项目实施策划并作为项目进度管理依据。项目实施策划以项目可研和合同为编制依据，涵盖了从项目公司注册成立到项目回款全部回收的项目全过程，分为项目总体实施策划和年度实施策划。项目总体实施策划是对项目全生命周期的总体策划安排，旨在初步确定项目投资、融资、回款节奏及总体效益指标等，一般要求精确到年度、季度；年度实施策划是在总体实施策划的基础上，对当年（或下年度）项目投资、资金及实施的详细计划，进度安排精确到月度。

区别于一般施工项目的策划，投资项目策划以资金为核心主线，通过资金的合理安排、经济使用和安全回收，实现投资项目的总体进度目标和效益目标。资金的合理安排要以科学的投资计划和建设计划为依据，资金的经济使用依赖于投融资的合理统筹，资金的安全回收则需由商务条件、合法性手续落实来保障。

因此，项目实施策划主要包括投资策划、资金策划和项目实施三大内容。其中，投资策划主要是根据项目开发实际对项目投资计划、建设计划进行科学安排，并对利润效益进行预测；资金策划主要是依据投资和建设计划，明确融资需求、拟订资金计划，包括注册资本金、内部借款、银行借款的筹措、使用和归还，以及回购款的回收等；项目实施部分主要是对项目公司成立、合法性手续落实、规划设计、场地移交、重点工程建设等重要进度的谋划。

项目实施策划由公司层面项目运营、合约法务和财务资金三个线条共同明确编制要求，并指导项目进行细化和具体编制，经公司审批后下发执行。

（2）D（do，实施）：强化执行

"三分计划，七分执行"。项目实施策划的落地执行是进度管理的根本保障。再好的进度策划，如果不能得到有效落实和执行，都无法实现预期的效果和价值。

必须建立项目实施策划责任体系，各项目成立实施策划工作领导小组，由项目负责人任组长、项目运营分管领导任副组长，牵头负责项目实施策划的编制、执行及月进度情况审核等工作。

必须坚持实施策划的刚性和严肃性，项目实施策划经审批下发后，不允许轻易调整，项目必须以实施策划为依据和目标，并对实施策划进行细化，制订周、日进度计划，科学组织、有序推进项目投资建设工作。

必须加强对项目的过程督导，建立项目周例会、月度推进会、季度专题分析会、（半）年度工作会等会议制度，同时辅以领导项目联点、现场督导等方式，加大对投资项目过程督导力度、及时性和针对性。

（3）C（check，检查）：严格考核

通过建立项目实施策划执行情况月报、项目实施进度月报等月进度报表制度，对项目进展情况进行动态的跟踪和分析，有利于管理人员方便地检查进度计划的实际执行情况，并及时发现问题，以便采取有效的措施。

每季度通报各项目实施策划执行情况，并进行综合打分排名，作为项目绩效考核的依据，与项目领导班子和员工收入挂钩，层层传递压力、分解目标责任，全力以赴完成进度目标。

加强对投资项目全生命周期的考核，制定《项目建设目标考核办法》，充分调动各方的积极性，促进投资与施工双方目标一致、步调一致，保进度、保效益。

（4）A（act，处理）：及时修正

针对进度执行情况偏差较大的项目，要认真分析原因、制定补救措施，及时进行调整修正，加强督导落实，确保进度计划的有效执行。同时，对于开发环境发生重大变化的项目，在获得公司的同意后，及时对实施策划进行纠偏调整，使策划能够符合环境条件、项目自身客观规律和各参与方的实际情况。

遵循PDCA循环原则，通过对项目进度进行科学策划、强化执行、严格考核、及时修正调整的循环管理，从而确保基础设施投资项目开发节奏踩准时点，确保方圆图的进度支撑稳固。

4. 投资风险管控

投资项目法律风险防控至关重要，主要包括前期拓展风险预防、合同谈判风险控制、实施过程风险化解。其中，前期拓展和合同谈判阶段的风险防控工作是重点。

（1）前期拓展风险预防

首先，要重心前移，保证商业模式可行。

熟悉新型投资模式的政策法规，进行投资机会分析与风险识别，识别新模式下的潜在投资风险、梳理风险关键点与预防控制。风险防控重心前移至项目立项、可研阶段，提前介入新拓展项目商业模式设计，理顺法律关系和合同关系，为项目扫除法律政策障碍，使立项、可研更真实及可供执行。

同时，要认真研究法律法规，提出法律意见，为投资决策提供依据。

在项目立项、可研阶段出具法律意见书，提出风险防控建议，为投资项目决策提供了重要依据。法律意见书主要对项目主体、项目标的物以及拟采用的投资操作模式及路径的合法性，进行法律分析和论证，说明其中可能存在的法律风险及该风险对拟从事的商业活动存在的影响。需重点防控的潜在风险主要包括：

第一，采购合法性风险：项目是否采取招标等合法形式进行采购，是否具有政府授权文件、政府会议纪要、人大或人大常委会出具的将采购款纳入跨年度财政预算的决议性文件等。

第二，项目合法性风险：项目的立项批复、环评批复、用地批复等相关审批文件是否合法完备，标的物的现有法律状况是否符合项目实施的需要，是否存在抵押质押等权利瑕疵。

第三，融资风险：项目能否融资，融资方式是否可行、多样，融资金额是否满足项目建设实际需要，贷款是否如期发放等。

第四，建设成本超概算风险：项目建设周期较长可能导致材料价格上涨，实际投资可能超出政府概算、预算。

第五，政府支付风险：政府换届、政府信用、政府财政能力以及政策法规变动等是否对政府支付产生重大影响，是否具有覆盖投资额的足额有效回购担保。

（2）合同谈判风险控制

首先要策划先行，明确谈判目标。

新拓展项目合同洽谈、谈判前先编制谈判策划，形成合法性手续、工作面移交、商务计价、回购担保、违约责任等核心谈判内容。

标前谈判策划。策划前移，标前落实谈判重点，策划前移，标前落实谈判重点，通过前期洽商力争取得满意条件。

标后谈判策划。中标后做好谈判策划，明确谈判的底线、争取及策略目标，及时成立合同谈判小组开展谈判，对无法落实部分做好提示。

其次，认真进行合同评审，排除合同风险。

合同评审按照风险分级控制的要求，逐一排除红色风险，并提示黄色风险和蓝色风险，为投资项目健康运营提供重大支撑。

（3）实施过程风险化解

首先，进行动态分级管控，持续化解风险。

建立投资项目全周期的风险防控体系，实现对各项目风险识别、风险分级、风险控制责任分解、风险动态追踪、风险化解的动态系统管理。

针对宏观政策变化、业主履约不力而导致项目出现工作面未按计划交接、回购担保不能落地、回购款支付不及时、项目合法性手续存在重大缺陷、项目投资预算或利润可能发生重大变化等一级风险时，及时发出风险预警，落实化解措施，并明确责任领导牵头落实。对于多次提示但仍未化解的风险，应及时逐级上报，分层解决，做到风险不留存。

其次，注意合同优化，有效降低风险。

不放过政策变化和业主履约缺陷机会，注意利用国家政策调整及业主在工作面移交不及时、投资开发节奏调整及回购支付不及时等所带来的契机，做好合同优化工作，争取在支付担保、合法性手续、甩项验收和提前回款等方面再次取得突破，从而降低投资风险。

做好创造合同优化的策划，从"等机会"到"抓机会"，为实现合同优化创造更多机会，着力确保及时、甚至提前回购。

## 四、"五项成本"的过程管控

"方圆图"将图形中的"成本内方"划分为五个部分，分别为建造费用、前期费用、财务费用、运维费用和税费（图4-14）。将这五类费用作为基础设施投资项目管理过程中的成本费用管控重点，即要求我们利用"方圆图"

的这一管理工具，找准项目成本管控的方向和关键点。

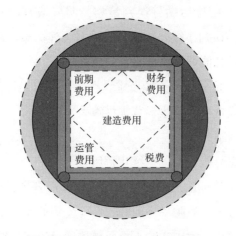

**图4-14　基础设施投资项目成本管理方圆图——五大费用**

1. 建造费用

基础设施项目建造费用指构成建设基础设施工程实体的各项费用。费用管控的责任主体是项目公司，建造费用的占项目总投资的80%，是成本管控的重点。基础设施投资项目建造通常包括设计和建设两部分内容，PPP项目还包括项目建设完成后按合同约定的运营。对投资者而言，建造费用管控必须坚持"三项制度"，抓好"四个方面"工作。"三项制度"即设计阶段的设计指标限额制、实施阶段的合约交底策划制、分供商选择招标制；四个方面工作即抓好合同优化、投资分析、计量支付与竣工结算工作。

（1）设计指标限额制。项目设计阶段对成本的影响占60%以上，通过对项目设计成本指标控制，下达平米指标、比率指标等限额，将成本控制在投资限额内。成本限额指标的重点是在满足项目功能水平的前提下，去除剩余功能，如道路桥梁工程应在重点保证结构安全的前提下，严格控制附属工程的费用支出。

（2）合约交底策划制。合同一旦签订，项目的主要实施过程也基本确定。熟悉合同条款，按合同履约，必须落实好投资建设合同交底制度。编制包括"投资项目实施策划"、"投资项目商务策划"和针对专项履约的"专项策划"等"项目策划书"。合同交底分两级进行，即企业对项目公司总经理班子的主合同交底，项目公司总经理班子对各岗位提出岗位责任目标与落实要求；且项目公司还应在分供合同签订后及时对施工总承包商和分包商相关管理人员交底。编制"投资项目实施策划"书是以资金使用为主线，通过资金的合理安排、经济使用和安全回收，实现投资项目的总体进度目标和效益目标。主要包括投资策划、资金策划和项目实施三大内容。项目策划应与项目实际相符，应有操作性及前瞻预见性。且应以项目管理目标责任书、合同交底等为基础，结合项目情况进行编制。"投资项目商务策划"是针对项目管理目标责任书下达的责任指标进行分解落实的策划。"专项策划"着重于"合同条款优化"、"投资风险化解"、"竣工结算策划"等专项措施的策划落实。项目策划应细分为年度实施策划，注意动态管理，发生变化及时调整。

（3）分供商选择招标制。在项目设计阶段设计单位的选择，项目建设实施阶段承包商与分包商的选择是影响项目成本的关键因素，必须坚持"招标选择"制度，通过招标选择分供商。实施要点是在设计阶段明确项目的设计要求和标准，下达"限额设计指标"；施工招标阶段作好成本分析，制定招标上限价。设计限额与招标限价的落地还必须有充足的供方资源作为支撑，关键是建立形成一个充分竞争、公平选择的市场运作氛围，选择一批讲诚信、有实力的长期合作的设计、分供商伙伴。

（4）抓好合同优化工作。合同优化是指项目管理团队在"吃透"投资建设合同前提下争取在降本增效、提前回购及风险化解等方面进行的合同条款优化。各项目要根据合同优化"五原则"做好项目合同优化策划，积极创造合同优化条件。在履约过程中抓住政策变化和业主履约缺陷机会，充分利用国家政策调整、投资节奏变动、业主移交与回购不及时等情况，关注国家政策变不利为有利，在巩固前期成果的同时持续降本增效。

（5）抓好投资分析工作。通过投资分析会制度，分析投资进展及阶段效益，算好经济账。对比计划与实际完成投资的差异，分析阶段目标完成情况，对偏差较大的部分，找出存在的问题，制定解决方法和措施。应注意下阶段各项目标计划的动态调整。

（6）抓好计量支付工作。工程款支付必须坚持对外争取适度超前，对内及时审慎的原则。对外计量争取将已形成工程产值部分全部纳入计量，确保过程确权。内部计量应以已确认的内部施工图预算为前提，根据施工图及项目现场节点形象进度进行复核，杜绝超付现象。

（7）抓好竣工结算工作。项目竣工提前编制结算策划，确定各项结算指标，如结算保底值、目标值。及时签订结算责任状，明确结算小组成员，分解责任指标，明确结算要求及奖罚条款。竣工结算完成时间直接影响管理费用和财务成本支出，应重点关注。

### 2. 前期费用

前期费用包括项目前期考察调研费用、招投标相关费用、报建费、可行性研究费、设计费、征拆迁费用、施工图审查费、三通一平等。具体包含内容在投资建设合同中进行明确约定，其中征拆迁费一般建议不纳入投资范围，如纳入，则其占建安费比例在 10% 左右，控制的主要途径为商务洽谈，并且视项目具体情况而论。

### 3. 财务费用

投资项目的财务费用主要指的是利息支出，包括贷款利息支出、创新融资及创新回款而发生的成本，项目投资周期越长，体量越大，需支付的借款利息就越多。公司会根据项目进度制定放款计划，确保融资与投资节奏相匹配，有效降低利息支出；根据资金集中，有效发挥资金"蓄水池"的作用，通过委托贷款方式把资金从盈余多的项目调配到资金暂缺的项目使用，提高资金使用率；过程中通过优化投资合同，取得提前回款的项目，则会通过调整资金策划，降低贷款额度，或者选择提前还贷，降低项目成本。

### 4. 运管费用

投资公司的运管费用包括项目运营期内发生的成本费用和公司总部的管

理费用及项目的机构费用。总部管理费用根据每年的定编定岗实行总额预算管理，并把预算分解到各职能部门，部门控制，合理的分解责任，确保预算目标实现；公司下属项目公司或项目指挥部的机构费用根据项目复杂程度、人员定编情况等综合考虑年度预算，总额控制，并与项目领导班子年薪挂钩。

5. 税费

投资项目的税费成本在方圆图中排在"收关"的位置，原因有两个方面，一是税费的产生贯穿项目进展全过程；二是税费成本只有在项目最终清算完成后才能锁定。按照现行营业税的税负，平均税率约为 3.5%，由于投资项目体量较大，税费绝对额支出大，所以通过税务筹划减少的不合理税负是实实在在的效益，主要是通过与主管税务部门的协调沟通，推进总分包税务抵扣工作，并督促分包开具发票进行抵扣；项目公司的企业所得税税率是 25%，则需要进行合理合法的税务筹划，税务筹划须做好三个方面的工作：一是事前做好统一规划，在项目拓展阶段和公司注册阶段就应入手，前期的营销拓展费用进入项目成本核算体系；二是上下联动，上至公司领导，下至项目管理人员，都应是税务筹划人，不要认为税务筹划仅是财务部门的事；三是税务筹划应贯穿于项目推进全过程，在运营管理上立体、系统地进行思考和规划，才能取得最大的筹划空间和效果。

必须全面考虑运营管理模式对税务筹划的影响，通常应考虑如下问题：股权架构与层次如何设计与安排；是否成立项目公司；注册资本多少以及不同出资形式对财税会产生怎样的影响；内部分包的如何选择，选择非法人单位及法人单位税务缴纳的区别，是否存在多法人、多层级抵扣流程的困难；总包对内部分包的扣税方式，是否存在多缴纳、不能抵扣的税务风险。

目前，"营改增"是当前势在必行的趋势，税改后以前年度营业税清理办法、建筑业营业税税率等都是未知，需要等全面推行新制度后再研究应对新的管理办法，新的筹划方案，并将面临更大的风险及考验，在业务拓展、合同谈判、分包选择等事项中需对增值税发票开具、款项支付流程等有明确要求，才有可能降低税改风险。

总的来说，税费管理是一项非常重要的工作，需事前进行税务策划，事中积极沟通落实，事后做好税务清算，总体做到"策划合理，归集准确，资料完整，减免合法"。

总之，借鉴施工项目"工程项目成本管理方圆图"原理，形成以"基础设施投资项目成本管理方圆图"管理模型为主体的投资项目管理理论体系，以简洁的"方"和"圆"系统阐述了基础设施项目投资成本管理各要素之间的关系。基础设施投资项目的成本管理不仅仅是"五大成本费用"的管理，更是集前期统筹谋划、决策、过程控制、事后总结于一体的系统管理工程，项目效益的高低不仅仅取决于"五大费用"的节支，更与其商业运营模式、投融资模式、投资节奏把控、风险管控等管理要素密不可分。项目的成本管理应是讲求全面实现商业运营模式的最优化、投融资的合理配置、投资节奏的有效推进和投资风险的有效管控目标条件下的降本增效，是以高品质的项目过程管理为手段，通过优化管理、落实相关方和谐共赢来实现项目低成本竞争的结果。只有充分理解"基础设施投资项目管理成本方圆图"的内涵，通过"高品质管理、低成本竞争"，带动管理水平的改进提升，才能取得既定的经济效益和满意的社会效益。

## 第五节　信息技术在项目成本管理中的应用

广义上讲，信息技术和互联网技术在建筑工程领域的应用，大体上可以分为两类：第一类是建筑产品建造的信息技术应用，即产品信息化。它针对的是建筑产品建造过程中建筑产品本身运用信息技术和互联网技术，使建筑产品的建造更加标准化、科学化、合理化，从而提高建筑产品的建造效率和建造品质，减低建筑产品的能耗，优化建筑产品的使用功能，从而提高社会生产力。我们经常讲的建筑工业化、建筑标准化应当属于此类范畴。第二类是建筑产品建造管理行为上的信息技术应用，即管理信息化。它针对的是建筑产品建造过程中的管理行为、工作流程以及管理绩效运用信息技术和互联网技术，使管理更加标准化、科学化、合理化，从而提高管理效率，降低管理成本，节约能耗，控制和化解管理风险，提高项目的管理效益和企业的经济效益与社会效益。本章节重点讨论管理信息化，也就是从管理的角度来讨论信息技术和互联网技术在工程建设领域中的应用。

伴随改革开放和全球信息化浪潮，工程建设行业信息化走过了30多年的发展历程。特别是近10年来，经济的快速发展，城镇化的高速推进，投资规模的高位运行，为行业和企业发展带来了难得机遇。随着生产经营规模的扩大，施工企业对通过信息化提升管理水平有了迫切需求，逐渐认识到信息化是提升企业综合实力的必由之路。

目前，工程建设行业信息化快速发展，信息化意识和观念深入人心，形成了良好的行业信息化氛围；施工企业在实践中，对信息化的认识水平不断提高，对信息化规律的理解逐步深化；计算机、网络等硬件环境不断升级，为信息系统建设提供了有效保障；专业工具软件、部门级管理子系统得到广泛应用，有效提高了工作效率和管理水平；企业信息化组织机构不断完善，锻炼形成了一批专业的信息化人才队伍；信息化市场得到一定的培育和发展。

与此同时，在行业信息化的快速发展中，还存在一些不容忽视的突出问题：核心业务与信息化的融合程度，系统流程化、集成化的应用水平，信息化对企业经营管理的支撑作用，还远远跟不上经济社会和行业快速发展的要求，与国外同行以及国内其他相关行业比较，还存在明显差距。特别是近年来，由资质就位引发信息化的"大干快上"、巨大的投入与产出不成比例、信息化人才缺乏、信息化市场还不完善等突出问题，仍深刻影响和制约着整个行业信息化的发展。整个行业信息化发展由"部门级"系统应用，过渡到"企业级"系统应用，达到数据贯通、横向集成的一体化应用目标，可能还需要较长时间。

信息化发展有其客观规律，按照规律实施信息化，是推动信息化持续健康发展的有效途径。信息技术是二进制逻辑，具有定量化、标准化、程序化等特点；而管理本身具有模糊性、柔性、个性化，甚至还有突发性的特点，不少管理活动往往难以甚至不能量化和标准化。如何遵循信息技术与管理的本质特征，使两者深度融合，正是施工企业探索信息化的规律的难点和关键所在。信息技术与企业管理相互促进和融合，是一个逐步完善、发展的过程。企业的不同发展阶段，具有不同的管理基础，不同的信息化内容，体现出不同的本质特点。采取与各个阶段特点相适应的方法和策略，来推进信息化，可以缩短周期，不走弯路或少走弯路，但各个阶段难以超越、跨越、跳跃。

## 一、工程建设行业信息化历程

从 2014 年《全国工程建设行业信息化发展报告》分析来看，工程建设行业信息化伴随改革开放和全球信息化浪潮，建筑施工企业逐渐认识到信息化是提升企业综合实力的必由之路，通用信息技术、计算机辅助办公、专业工具软件、部门级业务管理子系统已得到了成熟应用，但施工企业核心业务信息化应用及标准化、信息化及精细化的融合还不够。

20 世纪 80 年代初，施工企业尝试引进使用计算机辅助办公。以此为起点，工程建设行业的信息化从单机与工具软件的使用，到 20 世纪 90 年代，局域网与专业系统的应用，再到 21 世纪初以来的互联网与协同化、集成化的应用，走过了 30 多年的发展历程。回顾、梳理、总结和分析这一历程的发展脉络、建设内容、共性特点、逻辑关系等，有助于我们分清阶段、认清现状、理清思路，深化对行业信息化发展规律的认识，有效指导信息化实践。

从不同视角，按照不同标准，对行业信息化发展历程进行阶段划分，会得出不同划分方法和结果。目前，业界比较有代表性的划分方法有如下 4 种。

1. 按照行业信息技术发展与应用的时间节点划分

按照技术发展背景与行业应用水平的时间节点划分，行业信息化从 20 世纪 80 年代初开始，大致以 10 年为一个节点，经历了如下几个阶段。

（1）启蒙阶段（20 世纪 80 年代初～20 世纪 80 年代末）。计算机在国内正逐步得到普及应用，应用较广泛的系统和软件有：CCDOS、DBASE、

FoxBASE、BASIC、WPS、CCED、工资发放、财务报表等。行业内少数国有大型施工企业率先尝试引进计算机辅助办公。这一阶段应用的系统和软件只能单机使用，不具有网络共享功能，仅在局部范围内，发挥提高岗位工作效率的作用。

（2）起步阶段（20世纪90年代初～20世纪90年代末）。基于图形化界面的操作系统开始大规模应用，文字、表格处理实现电子化，专业制图软件更加成熟，引发了工程建设行业"甩图板"运动。一些专业管理软件，如财务管理、人事管理、档案管理等，开始在企业得到应用，这些软件大多只能在局域网范围内共享使用，属于部门级应用系统，可不同程度提高部门工作效率。行业信息化总体处于工具化软件应用层面，市场上完全面向工程建筑行业的软件公司还屈指可数。

（3）普及阶段（2000～2011年）。随着计算机及因特网的普及应用，工具化软件和部门级管理子系统得到了较广泛应用；在因特网范围内的企业级综合项目管理系统、网站、电子邮件、共享文件数据库开始应用；视频会议、远程视频监控等新的信息技术得到尝试应用。同时，行业在经历了以资质就位信息化考评为标志的核心业务管理信息化实践，应用效果不佳后，企业切身体验到了行业管理信息化的复杂性。

（4）深化阶段（2012年至今）。行业内已拥有大量计算机、网络等硬件设备，在一般应用层面拥有大量用户群体。一般集团公司的总部信息化程度较高，财务、人力资源、合同等业务基本实现了信息化，但一般项目部的信息化工作较为落后，实施难度较大。总体而言，行业核心业务管理信息化仍面临许多难题，比如系统与管理融合度较低、企业信息集成难度较大、数据联通共享困难、用户体验较差、系统难以适应企业变革需要、开发维护成本高等。尽管如此，企业信息化探索的步伐并没有停止。有专家预计，未来几年内，行业内将有少数企业率先实现核心业务系统深化应用与系统初级整合，初步实现核心业务全过程、流程化、集成化和网络化管理，为行业带来示范效应。

**2. 按照基于国外企业信息化实践的诺兰 6 阶段模型来划分**

美国管理信息系统专家诺兰通过对国外 200 多个公司、部门信息系统实践经验的总结，于 1979 年提出了著名的信息系统进化的阶段模型，即诺兰阶段模型（图 4-15）。诺兰认为，任何组织由手工信息系统向以计算机为基础的信息系统发展时，都存在着一条客观的发展道路和规律。诺兰模型的 6 个阶段分别是：初始阶段、普及阶段、控制阶段、集成阶段、数据管理阶段和成熟阶段。诺兰强调，任何组织在实现以计算机为基础的信息系统时都必须从一个阶段发展到下一个阶段，不能实现跳跃式发展。

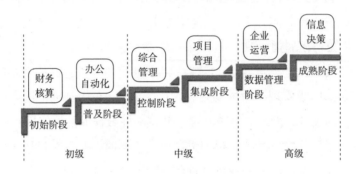

**图 4-15　诺兰模型阶段性示意图**

（1）初始阶段。组织中仅有个别人具有使用计算机的能力；该阶段一般发生在一个组织的少数业务部门。

（2）普及阶段。信息系统在企业快速发展；新问题凸显（如数据冗余、数据不一致性、难以共享等）；计算机使用效率不高。

（3）控制阶段。企业意识到信息冗余问题，成立了相关领导小组；信息系统建设速度有所放缓；此阶段是计算机管理变为数据管理的关键。

（4）集成阶段。企业开始尝试建立门户或统一办公平台；企业内部开始尝试实现数据统一。

（5）数据管理阶段。唯一的数据库；标准的企业数据字典；唯一的应用平台。

（6）成熟阶段。信息化应用涵盖企业各个方面；信息化成为企业管理的必要手段。

诺兰模型认为，信息化具有"按照发展阶段循序递进，不能超越、跨越、跳跃"的发展规律。因此，企业推动信息化，都应首先明确本单位当前处于哪一发展阶段，进而根据该阶段特征来实施信息化。对照诺兰模型阶段示意图，目前工程建设行业大多数企业处在普及、控制、集成的初级、中级阶段，极少数企业达到了高级阶段。

3. 按照中国施工企业管理协会总结行业信息化实践的5阶段发展模型来划分

中国施工企业管理协会在回顾总结多年来工程建设行业信息化发展的状况，并在对多个典型信息化案例分析的基础上，于2013年在"第九届全国工程建设行业信息化建设高峰论坛"上提出了"行业信息化发展五阶段模型"。该模型认为，信息化是伴随IT新技术、新产品的开发，企业经营管理需求的不断深化，两者相互融合、相互促进、逐步演进的过程。针对不同的内容、不同的特点、不同的推进方式，从大的发展节点的角度，可以把企业的信息化建设大致划分为5个演进的阶段：第1个阶段是电脑普及使用阶段；第2个阶段是专业工具性软件应用阶段；第3个阶段是事务性规范管理系统开发应用阶段；第4个阶段是营运性管控系统开发应用阶段；第5个阶段是决策支持系统研制开发应用阶段。各阶段的特点如表4-9所示。

施工企业信息化发展五阶段模型　　　　　　　　　　　　表4-9

| 信息化建设阶段 | 建设内容示例 | 通用性 | 易得性 | 主导力量 | 关键点 | 行业发展现状 | 技术&管理参与程度 |
|---|---|---|---|---|---|---|---|
| 电脑普及使用阶段 | PC机、笔记本、即时通信、电子邮件、Office软件等 | 强 | 直接购买 | 信息技术部门 | 资金投入培训学习 | 普及 | ☆☆☆☆★ |
| 专业工具性软件应用阶段 | 计算机辅助设计（CAD）工程项目投标报价、工程量自动计算、钢筋量统计计算放样、施工现场视频监控、财务报表软件等 | 强 | 直接购买 | 信息技术部门 | 资金投入培训学习 | 基本普及 | ☆☆☆★★ |

续表

| 信息化<br>建设阶段 | 建设内容示例 | 通用性 | 易得性 | 主导力量 | 关键点 | 行业发展<br>现状 | 技术 & 管<br>理参与程度 |
|---|---|---|---|---|---|---|---|
| 事物性规范<br>管理系统开<br>发应用阶段 | 办公自动化、档案<br>管理、人事管理、企<br>业门户、知识管理、<br>设备管理等 | 较强 | 直接购<br>买少量<br>定制 | 信息技术<br>部门 | 明确流程强<br>化执行力 | 部分企业<br>实现 | ☆☆☆★★ |
| 运营性管控<br>系统开发应<br>用阶段 | 综合项目管理系统<br>(企业级、项目级)、<br>财务管理、资金管理、<br>合同管理、成本管理、<br>采购管理、人力资源<br>管理、预算管理等 | 较弱 | 定制开<br>发少量<br>购买 | 一把手工<br>程高层管<br>理者 | 管理模式管<br>理流程 | 少部分企<br>业实现 | ☆☆★★★ |
| 决策支持系<br>统研制开发<br>应用阶段 | 战略管理、风险管<br>理等 | 弱 | 个性化<br>定制 | 一把手工<br>程高层管<br>理者 | 管理思想管<br>理理念 | 个别企业<br>实现 | ☆★★★★ |

对照上述模型，工程建设行业信息化已基本越过了电脑普及使用、专业工具软件应用这两个阶段，正处于事物管理系统应用阶段和运营管控系统应用阶段。

### 4. 工程建设行业信息化发展阶段的分析与判断

上述关于行业信息化发展阶段的3种典型方法，着眼角度、划分内容、阶段表述不尽相同，但综合对照3种方法的原理、依据和特点，特别是对当前行业信息化现状的描述，有不少相同或类似的分析与判断，据此，我们能总结出一些关于建筑业信息化发展阶段的共性认识与判断，将工程建设行业的信息化历程等分为以下四个阶段：

（1）专业软件信息化阶段。也就是信息化的"岗位级"（也可称之为"建筑业信息化1.0"）。目前通用信息技术、计算机辅助办公、专业工具软件的产品成熟度高，普及使用，极大地提高了工作效率。

随着行业信息化基础设施不断完善，硬件性价比大幅提高，各类工具软件大量推向市场，行业内已普及计算机、成熟工具类软件及因特网应用，大大提高了岗位工作效率。目前，行业已实现了：计算机辅助设计（甩图板）；文字、图表处理电子化（办公软件）；计算机辅助结构计算、工程预算、钢筋下料、工程算量、模拟施工、3D 建模、测量定位、图像处理等。

（2）业务部门信息化阶段。也就是信息化的"部门级"（也可称之为"建筑业信息化 2.0"）。此阶段信息技术与管理模块融合，局部的、专业部门业务管理子系统的产品较成熟，应用较广泛，显著提高管理水平。

施工企业部分专业化、标准化基础较好的专业部门业务管理，与信息技术实现了较好融合，市场上推出了基本标准化的管理系统产品，在行业内得到了推广应用，较好地实现了信息化管理。根据中施企协 2014 年问卷调查显示，系统应用率（系统得到较好应用的企业数量 / 被调查企业的总数量）接近和超过 50% 的管理子系统有：办公自动化系统（OA）应用率最高，达到 81%；财务管理系统（79%）、企业门户系统（77%）、人力资源管理系统（53%）、视频会议系统（49%），详见表 4-10。值得一提的是，与施工企业业务密切相关的单项目管理系统，应用率仅为 35%，其中，特级企业应用率为 45%，一级企业仅为 29%。这一定程度上反映了行业管理还较为粗放，还有较大提升空间；也反映出局部的、部门级管理子系统的应用，还正处在不断发展的过程中。

施工企业系统应用率较高的管理子系统　　　　　　　表 4-10

| 系统名称 | 总体（%） | 特级企业（%） | 一级企业（%） |
|---|---|---|---|
| 办公 OA | 80.81 | 85.94 | 77.78 |
| 财务 | 79.36 | 83.59 | 76.85 |
| 企业门户 | 76.45 | 88.28 | 69.44 |
| 人力 | 53.20 | 60.16 | 49.07 |
| 视频会议 | 49.13 | 53.91 | 46.30 |
| 档案 | 40.12 | 56.25 | 30.56 |
| 单项目管理 | 35.17 | 45.31 | 29.17 |
| 视频监控 | 32.85 | 35.16 | 31.48 |
| 通信集成 | 32.27 | 39.06 | 28.24 |
| 知识 | 26.45 | 35.94 | 20.83 |
| 资产管理 | 20.35 | 27.34 | 16.20 |

（3）企业管理信息集成阶段。也就是信息化的"企业级"（也可以称之为"建筑业信息化3.0"）。此阶段信息技术与企业管理体系融合，整体性企业数据贯通的集成管理系统初步尝试，少数应用，面临巨大挑战。

信息技术与企业管理体系的融合，最集中体现的是为应对特级资质就位的信息化考评，施工企业做出的探索与尝试。在特级资质就位考核中，不少企业按照考核要求使用上了模块完整，貌似集成的整体性、企业级管理系统。但在实际应用中，能实现集成效果的比例很低。真正用得起来，提高效率，发挥效益的也仍然是部分管理模块系统。行业内仅有少数信息化实践历程较长、管理基础较好的企业，在系统集成方面取得不错效果，有代表性的集成应用在财务业务一体化、综合项目管理等方面取得实效，提升了企业管理水平。根据中施企协2014年问卷调查显示，66%的调查企业在实践中推动实施了全部或局部系统集成，但能达到集成效果的仅为10%。这也反映出，当前企业的管理信息化经过初步的尝试实践后，还面临巨大挑战。

（4）大数据应用阶段。也就是信息化的"社会级"（也可以称之为"建筑业信息化4.0"）。这是信息化发展的方向，目前，部分优秀的大企业集团在"互联网+"的鼓舞下，已经开始未雨绸缪，组织专门力量与IT产业的专业公司联合研究，积极探索，寻求突破和进展，这势必会引领和推动整个行业的信息化进程。

整体而言，目前工程建设行业信息化正处于部门级管理子系统应用为主的发展阶段。整个建设行业信息化发展由"部门级"系统应用，过渡到"企业级"系统应用，达到数据贯通、横向集成的一体化应用目标，可能还需要较长时间。

## 二、管理标准化、信息化、精细化的融合

诚如以上所言，所谓管理标准化，是指管理行为，工作流程的标准化过程，关于建筑产品标准化的问题则是另一个范畴的问题。企业管理的标

准化是一个过程，企业为生产经营过程中的每项业务活动制定的规则，是
共同遵守的办事程序和行为准则，这就形成了一个个管理制度。随着管理
精细化程度的变化，规则的内容细度也不一样，但主要包括职责、流程及
工作记录表单附件等内容。所有的制度最终由人来执行，因而具有一定的
灵活性与独立性。而信息技术是二进制逻辑，具有定量化与程序化的特点，
关联的每项业务活动在系统中具有较强的关联性与系统性。系统内容必须
具体量化，由权限、基础档案、单据、业务流程、审批流程、台账与报表
组成，根据事先设计的模型由计算机来执行完成。管理的精细化则是企业
不断追求的目标。可以说，标准化是基础，信息化是手段，精细化是目标，
实现"三化融合"是企业提质增效、管理升级、提高发展质量的战略性选择（图
4-16）。而通过管理标准化，标准表单化，表单信息化，信息集约化则是实
现"三化融合"的有效路径（图 4-17）。

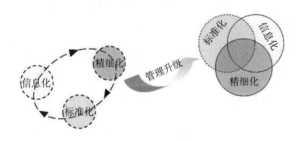 

图 4-16　三化融合图　　　　　　图 4-17　四化方法图

1. 管理标准化

建筑工程企业的管理标准化大体经历了三个阶段。第一阶段是 ISO9000
质量认证条件下的管理标准手册（可以称之为管理标准化的 1.0 版）。第二阶
段是卓越绩效模式下的管理标准手册（可以称之为管理标准化的 2.0 版）。第
三阶段是在以前管理标准的基础上，将管理标准进行可数字化升级，形成可
数字化的管理标准手册（可以称之为管理标准化的 3.0 版）。企业管理标准化

水平，只有达到管理标准化 3.0 版的水平，才有可能真正实现与信息化的深度融合，从而实现企业管理的精细化。可数字化的管理标准化是将企业以前判定的众多管理流程，工作与工序标准，运营管控报表等进行梳理，统一管理语言，统一度量衡，以满足信息技术应用的基本条件，形成一套企业统一的、完整可数字化的、可操作性强的企业运营管控标准手册，为信息化提供一个良好基础。

### 2. 标准表单化

标准表单化是将标准化制度内容逐步量化，逐一分解成计算机可识别的语言，将制度数据化、表格化、流程化的过程，是优化与细化的过程。通常来说制度的"管理职责"化为信息系统的不同岗位角色，不同角色赋予不同的权限；"制度流程"要划分为信息系统的业务流程与工作审批流程，业务流程是业务活动上必须先做什么再做什么的流程，而工作审批流程是运行过程管控流程，具体说由哪些岗位审批的过程。如物资管理流程先有总控计划，再有月度计划，再到需用计划、采购、入库、出库、结算、支付等这个过程为业务流程，具体总控计划由哪些岗位进行审批把控为工作审批流程。业务流程与审批流程在信息系统中有不同的处理方式，业务流程的标准化程度较高，相对固定于系统；而工作审批流程个性化程度较高，可灵活配置。"制度工作表单"即附表要化为系统输入的单据与系统自动生成输出的台账与报表；制度中的相关分类等数据标准用信息系统的基础档案数据来定义与配置。

### 3. 表单信息化

表单信息化是利用信息技术将制度分解后的基础档案、单据、流程及台账报表设计开发形成系统的过程。系统形成后制定一套使用系统的应用规范，规范明确了哪些工作在线上做，哪些工作线下做，并且解决了线上和线下的工作做成什么样，谁做，什么时候做，怎么做的问题。通过应用规范进一步明确了管理标准、组织的职能与岗位职能及工作流程，促进了标准化真正落地。

4. 信息集约化

信息集约化是利用信息技术数据处理的方式将企业管理过程中产生的分布在不同系统与模块中的数据分级、分类集中处理与加工，最终服务于不同层面的生产经营。中建五局已完善系统基础标准55种，业务单据307张，流程表单208张，台账报表213张。通过表单信息化的过程将管理表单固化于信息系统，优化了局管理信息化集成系统，驱动标准化落地，巩固标准化成果，实现精细化管理，推动了从局到项目纵向标准化的优化、流程的简化。

"三化融合"的关键在于"融"。"融"，不是将制度在信息系统中直接反映出来，是两者创新与变革结果，管理结果1+1＞2。

一是思维观念的变革。管理信息化过程就是实现信息技术与管理工作结合的过程。将管理工作用信息化的语言表达出来，就要求软件提供商了解企业的管理思路和模式，而企业也要了解信息技术，从提高效率、效益、效果目的出发去构建管理信息系统，这就要求我们要从管理和信息技术两个角度去理解信息化工作。信息化实施的过程是一个边施工边设计的过程，是一个以制度为"图纸"深化设计、优化流程与管理的过程。从这个层面上说，信息化过程是一个对信息化的思想重新认识的过程。

二是管理方法的创新。管理信息化是实现企业管理的工具，工具的使用要以提高办事效率、加强管理、解放生产力为目标，不是线下的工作搬到线上处理的过程，要实现这一个目标需方法创新。企业如果基于传统的管理模式去建立信息系统，所能得到的好处非常有限，而只有通过充分利用信息技术建立新型管理模式，才能够得到最佳解决方案。如在施工项目管理中，有相当一部分单位已使用了各种软件，把原来用手工填写的表格，现在用计算机来输出；原来需要计算器计算的现在由计算机计算。在这种情况下，"只不过是简单地从纸上搬到计算机上"，为项目的运营管理带来的价值微不其微。信息系统中也存在同样的问题，部分业务线把传统管理模式的流程整理出来，再硬搬到信息系统中实现，这样致使流程达到十几个甚至几十个节点，在这种情况下，虽实现了信息的存储、信息的查询、信息自动处理但增加了过程处理的周期，反而增大了工作量，提高不了企业管理的效率。传统的管理方法为了控制过程的各种风险增加过程环节的管理，如果利用现代信息技术实现工作流程的可视化、实时记录、跟踪和控制，过程中传递的节点可以让计算机来完成，完全可以优化过程流程进而达到管理与效率的提高。信息化实施的过程也是企业管理流程再造的过程。

三是工作习惯的改变。传统的工作方式用笔手写，而今天所有的工作用电脑手输入指令完成，传统方式的资料分类整理、查找都由人工完全，而现在有了信息化只需点输入关键字，查找的工作由计算机完成，领导所需要的分析报表传统的方式由人工统计完成提交给领导，而有了信息化各类数据都在系统中，领导要分析统计数据，只需输入查询条件由计算机自动查找完成。这些都需要我们工作习惯做出改变才能真正发挥信息化的作用。如，开机先上平台，要事、急事优先处理；本机不需保存很多文件，数据中心查询很方便；收发文件实现上下互动；传递内部资料在平台上直接建群组即可等。部门之间、上下级之间的工作部署更透明。信息化为各项工作办理过程实现了"有据可查"，工作皆可追溯。集团内部资源共享更加高效，如各种文档，可以通过借阅、传阅等方式共享。"三化融合"是一场深刻的管理变革，"三化融合"成功与否关键在一个"融"字上。

## 三、项目综合管理系统

项目是建筑施工企业的产品，是主要利润来源，是企业运营管控的对象，是建筑施工企业一切管理工作的出发点和落脚点。但每个工程项目产品标准都不一样，如何从中找出管理的共性，理清思路，逐一量化，是实施信息化的关键。建筑项目管理信息化始终围绕项目生命周期，以合同为主线，以项目经济活动为重点，以管理活动为支撑分段、分类架构。

### 1. 项目生命周期

项目生命周期划分三个阶段：从项目信息跟踪、立项、招投标、中标为市场营销阶段，从项目合同签订、策划、分供方选择、成本与财务核算、竣工验收为项目生产阶段，从项目结算、工程保修到工程款回收为项目的结算收款阶段。三个阶段相互关联，在实施系统时抓住这一变化周期设计系统功能模块。

### 2. 项目经济活动

项目经济活动主要包括市场营销阶段以客户关系、招投标管理为重点，生产阶段以项目成本为中心，重点实现项目策划、合同管理、收入管理、供方管理、物资管理、成本管理及支付管理等，这是实施信息化的核心业务，充分利用计算机结构化数据的技术设计系统。中建五局开发的项目综合管理系统贯彻落实项目成本管理方圆图的理念，实现客户基本信息、客户评估、客户回访、客户合作等基本情况的管理，实现市场、合约、工程三线联动；实现局战略客户、重要客户、一般客户及项目 A\B\C 分类管理；实现从项目立项、投标、招标全过程管理，并实现全局投标数据汇总、分析。实现了合同（总承包及支出类）基本信息、合同评审及签订到结算、支付的过程管理，实现项目预算、过程签证索赔、过程产值报量到收款等过程管理；实现了供方招议标过程管理；实现了物资计划、物资入库、出库、盘点结算、支付过程管理，设备租赁从设备进场、退场、租赁费用计算、结算、支付过程管理；实现了从责任书下达、实际成本归集及三算对比分析的过程控制管理；实现了材料费、人工费、机械费、现场经费、专业分包费五大费用的目标管理。各类业务既具有独立的管理过程，又有相互关系、数据共享。如图 4-18 所示。

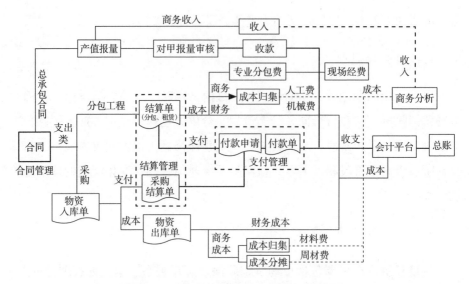

图 4-18 项目综合管理系统业务处理逻辑图

从上图可看出，项目经济活动生产阶段以合同为起点，以商务分析及财务核算为终点。重点把控合同、结算及支付三个管控环节，利用信息技术实现结算必须参照合同、没合同不能结算，支付必须以结算为依据，不能超合同付款比例支付。各个环节相互关系，相互联查，为过程管控服务。

3. 管理活动信息化

管理活动信息化主要包括项目策划、施工现场、项目文化以及文件资料等管理。可采用计算机非结构化数据处理技术。因此重点架构项目资料管理、项目知识空间以实现项目过程资料的统一管理，同时加强对项目现场人员每天工作的监督管理；架构了协同办公、远程监控系统以实现项目与公司及局三级协同，加强公司或局层面对项目策划、方案、现场管理的实时管控，使法人管项目得到具体落实。

## 四、业务财务一体化

建筑施工企业业务财务一体化是收入与成本业务结算后自动生成财务凭

证，业务财务资金一体化是商务结算后在线完成资金收付业务再自动生成财务凭证。商务、财务、资金业务相互联系，通过财务凭证可以在线追溯业务过程，同时在处理业务过程时可以联查财务凭证，自动生成的凭证经审核后生成财务账簿，最终反应项目管理的经营结果。业务财务资金一体化是通过商务成本科目与财务核算会计科目口径统一，用财务核算、资金支付倒逼业务过程规范、数据精准达到精细化管理。

1. 业务财务资金一体化内容

财务是最终反应经营业务管理的结果，在分析业务财务资金一体化内容时从财务核算会计科目分析出相关商务业务活动，再通过业务活动确定综合项目管理系统相关业务单据。即包括涉及建筑收入与成本的14类业务单据，主要包括建筑合同收入、合同保证金、甲方产值报量、分包结算、周转材料租赁、设备租赁、物资入库与出库等。如图4-19所示。

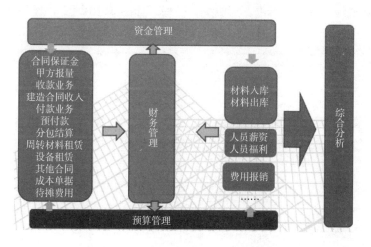

**图4-19 业务财务资金一体化逻辑图**

中建五局在实施业务财务资金一体化的过程中不但实现了全收入与全成本核算的一体化，而且通过实施财务资金过程管控信息化，开发应用了项目"一单四用"表，即通过"项目用款额度审批表"（即"一单"）的审批，实现物资采购款、分包租赁款、项目现场经费的付款审批；实现项目资金的分资制核算;实现项目现金、利润、债权、债务、库存等运营数据的实时准确反映;实现对项目财务状况的监督等四项管理功能（即"四用"）。通过实施"收付"业务流程信息化，促进了收支两条线，资金集中管理有效落地。

2. 业务财务资金管理标准

实现业务财务资金一体化，各类经营活动能自动生成财务凭证必须要统一相关业务标准。从施工企业项目经营活动反应项目财务凭证可以分为两类：一类是以收入与成本相关的反映企业经营成果的凭证；另一类是以收付业务相关的反映企业资金状况的凭证。收入与成本类业务主要以统一商务成本科目与财务会计科目，收付业务主要统一资金活动项与财务科目。标准的统一并不是完全相等，主要是统一口径，从商务、财务、资金不同业务管理的要求分析，也不可能完全相同，但最终都是反映项目真实的经营成果，在材料费、人工费、机械费、现场经费、专业分包费五类费用上统一，但要实现这一成果，必须统一科目最末级之间对照标准，形成统一模板。如图 4-20、图 4-21 所示。

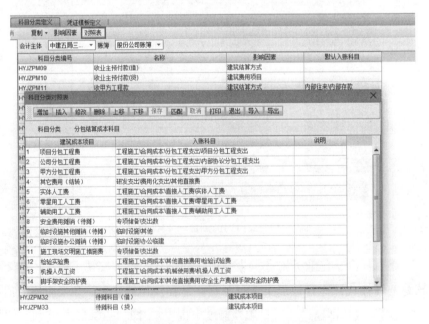

图 4-20　项目成本科目与财务会计科目对照标准

图4-21 资金收支项目与财务会计科目对照标准

## 五、集团企业管理信息集成

集团管理信息化的目的是打破集团内部组织边界，实现数据共享与管理高效协同，提高工作效率，为集团运营管控服务。在实施信息化时要厘清不同组织的管理职能、分级分类系统架构。

### 1. 集团企业组织管理职能与权责

根据建筑施工项目法人管项目的特点，集团化企业主要由集团总部、子公司或分公司及项目三个层级进行管理。集团总部的职级主要以制定战略与运营控制为核心的管控，对分子公司指标的监控、负责对各分子公司审计监察与业绩考核，重点实现人、财、物及信息的管理。分子公司是连接总部与项目的纽带，在总部的战略指引下，形成各自的战略与经营计划，对项目进行有效的管理。其主要职能是业务管理和运营协调，行使业务决策、业务管理及本单位信息管理，直接参与对项目的管理。在总部统一标准管控条件下充分发挥个性管理。项目是基本单元，是利润的主要来源，是成本中心，主要以业务运作为主要职能，重点对项目业务过程的管理。

2. 集团企业管理信息一体化系统架构

建筑集团一体化系统错综复杂，又缺乏信息技术与专业人才，绝大多数企业选择专业的软件服务商提供服务，采用"平台＋产品＋二次开发"的建设模式。但软件服务商的产品为适应不同类型的企业，产品独立灵活、针对性强，在实施的过程中要结合不同类型的企业进行系统设计与重组架构。建筑行业软件除了 CAD 制图、预算等工具类软件外的管理软件可划分为业务系统类（人力资源、财务管理、资金管理、综合项目管理系统）、数据统计分析类（报表、决策系统）及办公软件类。其中业务系统主要是解决业务办理、过程管理，业务逻辑关联较强，但数据统计功能相对较弱；数据统计分析类系统具有较强的数据抽取计算，灵活的统计分析功能，没有业务过程管理流程；办公软件类具有较强流程引擎功能，有业务管理过程但关联性较弱，统计功能较弱。因此，建筑集团一体化系统在架构时要充分了解各产品与组织管理职能的需求，系统设计与架构。

中建五局是项目、分子公司到集团总部三层级组织管理模式，在一体化系统采用分级分类系统架构。整个系统基于一个统一的平台，统一数据标准基础上，在项目层面重点架构综合项目管理业务系统；分子公司与总部层面主要架构人力资源、财务管理、资金管理业务系统及报表管理、决策分析系统；不同层面架构办公软件协同平台及档案系统，实现业务管理与运营分级管控相结合，实现总部、分子公司、项目三层级纵向与部门之间横向协同。如图4-22所示。

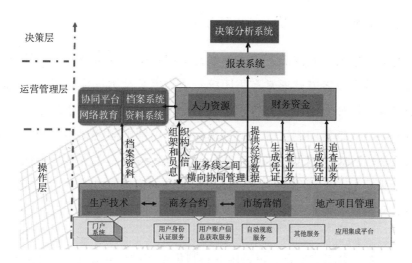

**图 4-22 集团一体化系统逻辑架构**

项目层面规范业务办理：主要以项目成本管理为中心，包括招投标、合同、责任书、进度、收入、人员、财务、资金、物资、设备、分包、机械、周转材料、现场经费等主要业务的管理，实现项目成本、分包与材料的结算支付、人工等费用的动态管理。

分子公司层面强化过程管控：能更全面、有效地掌握项目过程运行状况，降低管理风险；并更方便、快捷地为项目提供服务，提高管理效率。比如公司商务人员随时随地通过系统全面了解具体每个项目总承包合同的执行与收入情况、分包、物资、租赁等支出类合同的执行、结算、支付情况，并对项目成本进行分析，到现场更能找准问题，深入分析，实现对项目成本更精细化管理。

集团层面决策层精准掌控：以项目经济运行数据为基础，项目经理、公司和局领导实时全面准确地掌控公司与项目在人员、成本与财务资金等方面的运营状况与风险，提高集团对公司与项目的管控与服务。并利用系统统计、预警功能，实现数据分析与风险自动预警，更能有针对性地服务各公司与项目，更好地为集团创造价值。并通过预警提示能随时随地系统全面的了解每个项目过程管理。

### 3. 集团企业管理信息一体化系统部署方式

集团一体化系统在部署方式上通常采用集中、分布与集中相结合的两种方式。集中部署方式通常在集团统一数据库下部署同一套系统，内部不同公司或项目都使用同一系统，对业务标准化程度较高；分布与集中部署相结合的方式指集团制定统一的数据标准，内部不同公司架构相同或不同的软件系统，然后通过报表或决策分析系统从各组织单位系统中抽取数据进行分级汇总，实现集团上下纵向与部门之间横向数据互通的模式，满足集团数据集成一体化管控需要，项目或公司之间可存在较大的个性化业务管理。

对于大型集团建筑企业可采用分布与集中相结合的方式。在集团总部统一编码体系，对核心的业主、财务等数据进行统一管控和集中管理，对于一些下属单位具体业务办理所使用的细节信息，是可以采用本地化部署的，集团统一管理的数据库定期同步实现数据仓库的集成。应当是兼顾效率和集团管控的更加可行的方法。对于一些细节性的信息或业务，是集团根本不需要看，也无人去关注的，则没有必要盲目追求系统的大集成与数据的大集中。否则，会造成信息系统使用效率的下降，对互联网带宽需求的提高，从而增加不必要的信息化投资。集成与分布要与实际的管控结合，要把好尺度，并不是集中一定比分布好，反之也不成立，集团一体化系统的部署方式应该根据自身的管理职能选择合适的部署方式。

而对于规模还不算大，标准化程度较高、总部参与具体业务监控或过程管理的中建五局来说，采用核心业务在局层面采用集中部署的方式较为合适。五局管理信息化集成系统，是一套基于局层面物理与逻辑集成，数据与业务集成，全局只有一套系统，一个数据中心，共享一套 55 项主数据，一个人只有一个用户名与密码。系统有业务过程管理，并且市场、商务、资金等不同业务与财务高度集成。通过报表决策分析系统，建立公司与局管控指标体系，规范了数据分类与编码标准。利用信息集约化实现数据一次录入，分级汇总分析，服务于总部管控，服务于公司及项目不同层面不同业务运营管理。在公司及局层面实现了市场台账、商营销务台账及项目过程运营实时管控台账，规范项目管理指标 178 个。实现自动取数项目级报表 48 张，公司级报表 29 张，局级报表 46 张，实现了人力资源员工队伍结构、关键人才、人员异动情况分析，确定了项目 15 个预警指标，并且利用"红、黄、蓝、绿"灯自动预警，加强项目风险管控。标准化、信息化、实际业务三者深度融合的管理工具。

4. 集团企业管理信息一体化目标

"三化融合"就是要提质增效，"三化融合"是手段，提质增效是目的，而企业管理信息一体化则是将信息技术及互联网技术应用到企业的管理实践活动中，它必须达到"五个互联互通"的目标。

（1）集团上下互联互通

集团上下互联互通，就是要实现"分级管理，集约集成"。"分级管理"指从集团总部到项目实行分层级管理；"集约集成"指由底层项目产生的数据，根据从项目部到集团总部各个管理层级在成本管理方面的需求，各个层级中集约集成汇总。同时，在各个管理层级中引入 BI 系统，根据每个层级的管理需求，提供一目了然的报表界面，对关键指标提供分析功能，并设置阀值，进行监控报警。

（2）业务财务互联互通

业务财务互联互通，要求实现项目商务成本向财务数据的自动转换，在这个过程中，应基本摒弃人工做表的方式。商务数据向财务数据的自动转换过程，应在项目的管控单位（子公司）实现，而非只在项目上实现。

（3）线上线下互联互通

"三化融合"的关键在于融和合，标准化、信息化在线上线下要互联互通。通过"管理标准化，标准表单化，表单信息化，信息集约化"的路径，不断简化管理，最终实现融合。具体来讲，信息化、标准化的表单，和平时工作的表单必须统一，不增加额外的工作负担。此外，信息化系统的开发要注重用户体验。系统所用的语言、所涉及的流程，都必须与实际相符合，软件开发不能站在 IT 的角度，而需要站在实际管理工作的角度来做。

（4）业务系统互联互通

如果把企业集团信息化系统看作是一棵树，那么必须明确树"主干"，各个分支才能自然地依附于其上。"三化融合"就是要建立集团企业信息化系统的"主干"，也就是贯穿集团的成本管理系统。其他所有与成本相关的重要业务系统，都必须联通进来，最终实现业务系统的互联互通，进入"管理集成信息化"的发展阶段。

（5）产业链条互联互通

产业链条互联互通，就是要充分发挥互联网思维，用"互联网+"的手段，去掉中间环节，实现消费者和生产者的连通。比如，集团企业的集中采购，通过电子商务，将产业链条上的客户和供应商互联互通，实现资源共享合作共赢。

## 六、BIM 技术的应用

BIM（Building Information Modeling 建筑信息模型）是近两年来出现在建筑界中的一个新名词。它是引领建筑业信息技术走向更高层次的一种新技术。BIM 是指基于最先进的三维数字设计解决方案所构建的"可视化"的数字建筑模型，为设计公司、施工单位、开发商乃至最终用户等各环节人员提供"模拟和分析"的科学协作平台，帮助他们利用三维数字模型对项目进行设计、建造及运营管理。最终使整个工程项目在设计、施工和使用等各个阶段都能够有效地实现降低风险、节省能源、节约成本、降低污染和提高效率。

### 1. 基于 BIM 的工程设计

一是实现三维可视化设计。直观创建各专业模型，清晰表达设计意图。能够根据 3D 模型自动生成各种图形和文档，而且始终与模型逻辑相关；当模型发生变化时，与之关联的图形和文档将自动更新。二是实现不同专业设计之间的信息共享。各专业 CAD 系统可从信息模型中获取所需的设计参数和相关信息，减少数据重复、冗余、歧义和错误。三是实现各专业之间的协同设计。某个专业设计的对象被修改，其他专业设计中的该对象都会随之更新。四是实现虚拟设计和智能设计，实现设计碰撞检测、分析计算、成本预测等。

（1）三维可视化、精确定位

传统的平面设计成果为一张张的平面图，并不直观，工程中的综合管线只有等工程完工后才能呈现出来，而采用三维可视化的 BIM 技术却可以使工程完工后的状貌在施工前就呈现出来，表达上直观清楚（图 4-23）。模型均按真实尺度建模，传统表达予以省略的部分（如管道保温层等）均得以展现，从而将一些看上去没问题，而实际上却存在的深层次问题暴露出来。

**图 4-23　三维模型与实物对照**

（2）碰撞检测、合理布局

传统的二维图纸往往不能全面反映个体、各专业、各系统之间的碰撞可能，同时由于二维设计的离散型为不可预见性，也将使设计人员疏漏掉一些管线碰撞的问题。而 BIM 技术可以在管线综合平衡设计时，利用其碰撞检测的功能，将碰撞点尽早地反馈给设计人员，与业主、顾问进行及时的协调沟通，在深化设计阶段尽量减少现场的管线碰撞和返工现象。这不仅能及时排除项目施工环节中可以遇到的碰撞冲突，显著减少由此产生的变更申请单，更大大提高了施工现场的生产效率，降低了由于施工协调造成的成本增长和工期延误。

（3）设备参数复核计算

在机电系统安装过程中，由于管线综合平衡设计，以及精装修调整会将部分管线的行进路线进行调整，由此增加或减少了部分管线的长度和弯头数量，这就会对原有的系统参数产生影响。传统深化设计过程中系统参数复核计算是拿着二维平面图在算，平面图与实际安装好的系统几乎都有较大的差别，导致计算结果不准确。偏大则会造成建设费用和能源的浪费，偏小则会造成系统不能正常工作。采用 BIM 技术后，绘制好机电系统的模型，接下来只需点击几下鼠标就可以让 BIM 软件自动完成复杂的计算工作。模型如有变化，计算结果也会关联更新，从而为设备参数的选型提供正确的依据。

2. 基于 BIM 的施工与管理

一是可实现集成项目交付 IPD（Integrated Project Delivery）管理。把项目主要参与方在设计阶段就集合在一起，着眼于项目的全生命期，利用 BIM 技术进行虚拟设计、建造、维护及管理。二是可实现动态、集成和可视化的 4D 施工管理。可将建筑物及其施工现场 3D 模型与施工进度相连接，并与施工资源和场地布置信息集成一体，建立 4D 施工信息模型；实现建设项目施工阶段工程进度、人力、材料、设备、成本和场地布置的动态集成管理以及施工过程的可视化模拟。三是可实现项目各参与方协同工作。项目各参与方信息共享，基于网络实现文档、图档和视频文档的提交、审核、审批及利用，并通过网络协同工作，进行工程洽商、协调，实现多参与方的协同管理。四是可实现虚拟施工。在计算机上执行建造过程，可在实际建造之前，对工程项目的功能及可建造性等潜在问题进行预测，包括施工方法实验、施工过程模拟以及施工方案优化等。四是记录建模（竣工模型）。整合建筑生命周期内的文档流，使文档数据成为可以利用的资源，为运营维护提供有效的资料和数据。

3. 基于 BIM 的建筑运营维护管理

一是综合应用 GIS 技术，将 BIM 与维护管理计划相连接，实现建筑物业管理与楼宇设备的实时监控相集成的智能化和可视化管理。二是基于 BIM 进行运营阶段的数据积累与分析，如能耗分析、节能控制、车库管理等。三是结合运营阶段的环境影响和灾害破坏，针对结构损伤、材料劣化以及灾害破坏，进行建筑结构安全性、耐久性分析与预测。

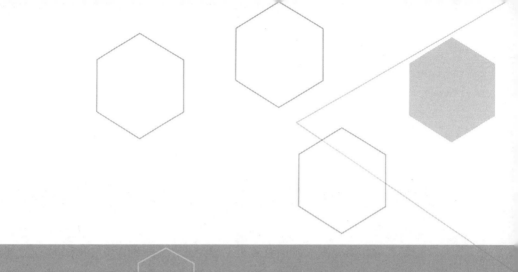

# 第五章

# "方圆理论"
# 应用案例

　　"企业管理是一种实践，其本质不在于知而在于行，其验证不在于逻辑，而在于结果"。中建五局多年来以"方圆理论"为指导，从工程项目的实践中总结理论，又将这个理论应用于工程项目管理的实践，创造了业内有目共睹的业绩：企业层面实现十年跨越发展——85°增长曲线，项目管理精细化水平和企业持续发展能力都得到了根本性提升。

# 第一节 企业背景简介

中建五局作为一家大型国有建筑工程企业，追根溯源自 1965 年组建，至今已有 50 年历史。对于它的发展历程，在企业内部通常都用这么一张"中建五局主要指标增长曲线图"（图 5–1）来描述。

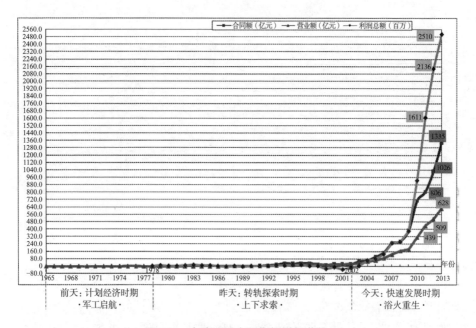

**图 5–1 中建五局主要指标增长曲线**

中建五局从 1965 年在遵义建设 061 国防基地开始组建，当时作为一个厅局级单位的大型企业出现。从 1965～1977 年这段时间，称之为"计划经济时期"，这期间主要按照国家指令性计划从事军工行业的建设。从遵义的 061 基地，到湖南的 068 基地，都是国家的军事基地，所以，用了"军工启航"这个词来表达。

1977 年年底中建五局开始"军转民",进行民用工程建设。1978 年后,中国实施改革开放,中建五局跟着中国建筑业率先市场化的步伐,进入了"转轨探索时期"。从 1978 年一直到 2002 年,这 20 多年的历程,我们称之为"上下求索"。在这一期间,中建五局主要经营指示增长图上有"两上两下"。第一个"上"是作为机械化施工专业工程局,在 20 世纪 80 年代中期出现了一个小高潮。之后市场发生变化,由于经营结构过于单一,企业发展受到一定影响,到 80 年代后期,企业走入了第一个低谷,也就是第一个"下"。90 年代初期,中建五局开始多元化经营探索,最初取得了一定成效,出现了第二个"上"。当时企业提出"四个轮子"并转,也就是发展建筑业、工业、房地产业和贸易四大板块的业务,但是由于经营范围过于宽泛,管理跨度过大,造成企业管理失控,所以在 90 年代后期走入了第二个低谷,也就是第二个"下"。当然,这第二个低谷与之前的低谷也有不同,在第一个低谷时期,企业利润还是正值,而到了第二个低谷时,企业利润已经是负值了。2003 年之前的 6 年时间里,整个企业一直处在整体亏损的状态。

从 2003 年开始,中建五局扭亏脱困,步入了一个"快速发展时期"。原来企业营业额一直在 20 亿元上下徘徊,到 2003 年就达到了 30 多亿元,然后就是 60 亿元、100 亿元、200 亿元、400 亿元,到 2013 年全局营业额达到了 558 亿元。同时,企业合同额原来也都是在 20 亿元左右徘徊,到 2003 年也达到 50 亿元,然后是 80 亿元、200 亿元、400 亿元、800 亿元,到 2013 年全局合同额达到了 1335 亿元。利润从 2003 年扭亏为盈,当年盈利 289 万元,然后是 6000 万元、1 亿元、2 亿元、5 亿元、10 亿元,到 2013 年超过 25 亿元。2013 年的利润总额数比 2012 年的合同额总额还多 3 亿元。如果以 2003 年作为原点,用量角器测量三大指标增长曲线的话,仰角约为 85°,所以称之为"85°增长曲线"。而且,它还体现了四个特点:一是"持续增长",即十年来,始终是一个增长的态势,从未间断;二是"快速增长",即经营规模年均增长在 50% 左右,利润增长则基本上是每年翻一番;三是"加速增长",即2003 ~ 2006 年这几年,经营规模每年都增长 30 亿 ~ 50 亿元,2006 年以后每年增长 100 亿元、200 亿元、数百亿元,越到后来越快;四是"科学增长",

指的是效益的增长远远大于规模的增长速度，效益年均增长超过 100%，规模增长在 50% 左右。可以说，这个时间段内，中建五局发生了根本性的变化，可以用"浴火重生"来概括。

将中建五局在中建系统内作比较，这些年的情形大体是这样的：2002 年，中建各工程局都是盈利的，而只有中建五局是亏损的；到 2013 年，如果按归属母公司净利润、经济增加值、净资产收益率、资产负债率以及人均创利等企业运营质量指标来排序的话，五局则名列各工程局之首。从全国建筑行业比较来看，2013 年在中国建筑企业综合竞争力百强中，中建五局位列第 3 名。通过近十余年来的发展，中建五局除上述财务指标发生重大变化外，企业的组织结构、经营结构、员工队伍结构以及企业文化等都发生了根本性变化，从积贫积弱的"老五局"，凤凰涅槃为充满生机的"新五局"。这其中当然包括了企业战略的正确实施、企业"信·和"主流文化的打造、科学有效的市场布局和营销策略实施等，但作为一个建设工程企业，其着力于项目管理的"方圆理论"的创建与实施，更是企业重生的管理法宝，对整个企业的跨越发展起到了不可替代的支撑性作用。这一点，我们从主要指标曲线图上也能感受到，自"方圆理论"创建应用时的 2008 年、2009 年开始，曲线图的增长态势就明显体现出来。

因此，"方圆理论"总体上说属于"方法论"的范畴。它所提供的管理理念、管理工具和管理方法是开放性的，包括它的体系系统性、管理内在逻辑性，乃至它的理论创建过程中的方法论，都是值得企业界借鉴的。

## 第二节　项目应用实例

"方圆图"理论模型的创建形成与实践应用，支撑了中建五局由弱到强、由强到优的十年跨越发展。但正如我们所说，在建筑工程行业，项目管理理论来源于项目管理的实践，建筑工程企业的卓越成绩，也一定来源于所属工程项目的良好管理，中建五局整体 85° 曲线的精彩，也必定是落脚于每年数百个具体项目的管理精彩。因此,本节选取了中建五局一个具体的、体量较小、相对简单的项目作为应用"方圆图"管理理念、方法的实例,主要通过项目策划和以项目成本分析为平台的具体管理做法,以便读者结合自己的工程项目管理实践经历进行对照理解,进一步揣摩、体会"方圆理论"提供给大家的管理思想,思考自身在当前中国建筑市场环境中,在具体的企业与项目管理实践中如何改进和提升。

## 一、综合说明

为了方便读者对本节所述项目管理实例进行阅读、理解,这里先对该项目策划、项目成本分析考核的流程和该项目概况进行简要说明。

中建五局项目策划分为四个部分,其编制实施的整体流程简图如图5-2所示。

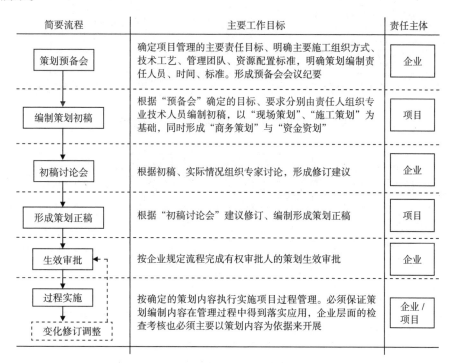

| 简要流程 | 主要工作目标 | 责任主体 |
|---|---|---|
| 策划预备会 | 确定项目管理的主要责任目标、明确主要施工组织方式、技术工艺、管理团队、资源配置标准,明确策划编制责任人员、时间、标准。形成预备会会议纪要 | 企业 |
| 编制策划初稿 | 根据"预备会"确定的目标、要求分别由责任人组织专业技术人员编制初稿,以"现场策划"、"施工策划"为基础,同时形成"商务策划"与"资金资划" | 项目 |
| 初稿讨论会 | 根据初稿、实际情况组织专家讨论,形成修订建议 | 企业 |
| 形成策划正稿 | 根据"初稿讨论会"建议修订、编制形成策划正稿 | 项目 |
| 生效审批 | 按企业规定流程完成有权审批人的策划生效审批 | 企业 |
| 过程实施 / 变化修订调整 | 按确定的策划内容执行实施项目过程管理。必须保证策划编制内容在管理过程中得到落实应用,企业层面的检查考核也必须主要以策划内容为依据来开展 | 企业 / 项目 |

**图5-2 中建五局项目策划编制实施流程**

中建五局项目成本分析制度包括两个层面，一个是企业层面主导的项目季度或节点成本分析考核，另一个是项目层面自行进行的月度或不定期成本分析，其实施流程简图如图5-3、图5-4所示。（为方便起见，本文以企业层面主导的项目成本分析考核为实例）。

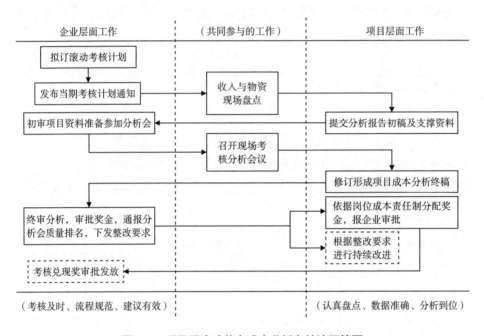

**图5-3 项目季度或节点成本分析考核流程简图**

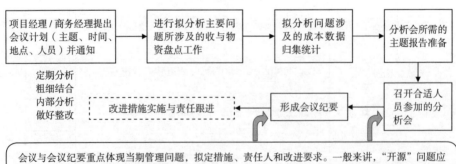

**图5-4 项目月度（或不定期）成本分析流程简图**

实例项目概况说明：中建五局 A 项目，位于湖南长沙，商住楼群体工程，包括建筑物高度自 96m 到 138m 的 11 栋单体商住楼。总建筑面积约 18 万 $m^2$，其中地下室 2 层，约 42000$m^2$，地上沿街商业裙楼 3 层，约 5500$m^2$，上部住宅 32 ~ 45 层，约 13300$m^2$。人工挖孔桩基础，主体为框架剪力墙结构。施工承包范围内合同造价约 3 亿元人民币。承包施工范围包括基坑土方、基础、支护、主体、初装及一般水电安装，另含屋面工程、外保温与防水工程，其他属总包管理范围下的甲指分包工程。总包自行施工范围的工程自开工到移交精装工作面的工期为 485 日历天，工程从开工到具备竣工验收条件的总工期为 697 日历天。另还对售楼部开放、临街两栋单体预售节点进行了具体合同工期要求。

## 二、A 项目实施策划书

本实例以 A 项目最终经公司层面批准的实施策划书实际内容为样本，按"现场策划"、"施工策划"、"商务策划"、"资金策划"的顺序进行排序（为方便表述，部分内容有删节）。

**项目策划任务样表**　　　　　　　　　　　　　　　表 5-1

| 项目名称及编码 | | 中建五局 A 项目（CSCEC5B3-2012-093） | | | | |
|---|---|---|---|---|---|---|
| 序号 | 策划类型 | 策划项目 | 要点 | 责任部门或人员 | 完成期限 | 实际完成 |
| 1 | | 现场临建 | | | | |
| 2 | 现场策划 | 费用控制 | | | | |
| …… | | | | | | |
| 1 | | 生产区布置 | | | | |
| 2 | 施工策划 | 施工区段划分 | | | | |
| …… | | | | | | |

续表

| 项目名称及编码 | | 中建五局 A 项目（CSCEC5B3-2012-093） | | | | |
|---|---|---|---|---|---|---|
| 序号 | 策划类型 | 策划项目 | 要点 | 责任部门或人员 | 完成期限 | 实际完成 |
| 1 | 商务策划 | 开源 | | | | |
| 2 | | 节流 | | | | |
| ...... | | | | | | |
| 1 | 资金策划 | 节点资金支付 | | | | |
| 2 | | 现金流管理 | | | | |
| ...... | | | | | | |

本表发放情况

| 部门 | 签收 | 部门 | 签收 | 部门 | 签收 |
|---|---|---|---|---|---|
| | | | | | |
| 制表 | | 审核 | | 批准 | |
| 时间 | | 时间 | | 时间 | |

附1：

# 中国建筑第五工程局有限公司

## ×××公司A项目

## 项目实施策划书（现场）

版　　本：第1版

编制单位：×××公司A项目

编制日期：××××年×月×日

## 项目现场策划书审批表

| 项目名称 | 中建五局 A 项目 | 报审时间 | ××××年××月××日 |
|---|---|---|---|
| 现上报 __A 工程__ 项目现场策划书，临建预算费用为 ×× 万元，占合同土建自营造价的比例为 ×××%，请予以审批 ||||

| 类 别 | 编制人 | 册 数 | 页 数 |
|---|---|---|---|
| 项目现场策划书 | ×××、×××、×××、××× | 1 册 | ×××页 |

申报负责人：×××

| 分公司副总经理、总工程师意见：<br><br>　审核人签名：<br>　审核日期：　年 月 日 | 分公司总经济师意见：<br><br>　审核人签名：<br>　审核日期：　年 月 日 |
|---|---|
| 分公司总经理意见：<br><br>　审核人签名：　　（公章）<br>　审核日期：　年 月 日 | 公司相关部门会审意见：<br><br>　会审人签名：<br>　审核日期：　年 月 日 |
| 公司副总经理审批意见：<br><br>　审批人签名：<br>　审批日期：　年 月 日 | 公司总经济师审批意见：<br><br>　审批人签名：<br>　审批日期：　年 月 日 |

公司总经理审批意见：

　　审批人签名：
　　审批日期：　年 月 日　　（公章）

| 序号 | 部门／单位名称 | 修改意见或建议 | 签名 |
|---|---|---|---|
| 1 | | | |
| 2 | | | |
| 3 | | | |
| 4 | | | |
| 5 | | | |

## 报审所需文件重要内容说明表

| 项目名称 | 中建五局 A 工程项目 | | | |
|---|---|---|---|---|
| 现将本项目现场策划报送所需文件重要内容说明如下： | | | | |
| 施工合同 | 合同已于××××年××月××日签订。公司已于××××年××月××日组织交底。项目已于××××年××月××日组织交底 | | | |
| 施工图纸 | 业主将分阶段出图，目前还未提供正式的施工图纸，只有总图电子版图纸且未定稿 | | | |
| 图纸会审设计交底 | 图纸会审交底还未做 | | | |
| 地质勘察报告 | 场地内未发现影响场地稳定性的不良地质作用，…… | | | |
| 现场水文气象资料 | 场地位于长沙市老城区，……长沙市位于湖南省东部偏北，…… | | | |
| 建设单位的相关要求 | 1. 主要节点工期：……　2. 主要质量要求：……　3. 现场安全文明施工要求：…… | | | |
| 监理单位的相关要求 | 暂无 | | | |
| 行政主管部门要求 | 暂无 | | | |
| 附近建筑物情况 | 北侧和东侧为居民小区，…… | | | |
| 地下管线情况 | 场地内拆迁和表层土方开挖已完成，…… | | | |
| 填报人员 | ××× | 联系电话 | 135487××××× | 填报单位（公章） |

# 第一部分　现场策划内容阐述

## 一、关于项目与现场

1.中建五局A项目工程位于长沙市××区，西临××，北临××巷，南挨××路，东抵××街，西滨××大道。

2.施工场地情况：现场原有建筑物基本拆除，地势比较平坦，仅在××路一侧东西两端保留有局部1～4层建筑物，其中东端保留建筑物将作为业主工程前期用房。现场目前已完成止水帷幕施工，同时为初步探明地下文物和管线情况，已完成现场2～4m左右场内土方挖运，但表层土方挖运后对后续护壁施工带来较大困难。

3.现场交通情况：由于地处城市繁华地带，只能从××路经××路进出施工现场，场外交通虽然发达但交通组织压力较大。

4.现场通电情况：现场设置有临时用电，但不能满足施工需要，业主已在××巷一侧提供两处800kV·A箱变作为市政接驳电源，其中东侧箱变将提供施工使用，经计算可满足工程用电负荷需要。

5.现场通水、排污情况：现场设置有临时用水接驳点两处，但不能满足施工需要，目前业主已在××路一侧预留大门处提供一处市政接驳水源，接驳口为$\phi100$，根据工程生活以及消防用水负荷计算，可满足现场施工需要。现场原有排水排污系统均遭破坏或掩埋，但在规划生活区和办公区所在区域围墙外××街沿线有市政排水排污系统。

6.项目现场特点与难点说明：(略)。

## 二、关于本次现场策划说明

项目部根据甲方提供的施工图、我方与业主签订的合同及公司要求，主要从CI策划、办公设备配置方案、现场临建方案、临水临电方案、监测视频五个方面对项目现场进行了整体策划。

1. CI 策划：目标为确保中国建筑总公司金奖。具体实施方案详见附件《A 工程 CI 策划书》。

2. 办公设备配置方案

1）空调配置：……　2）办公设备配置：……　3）办公桌椅配置：……

3. 现场临建方案

1）现场办公室：……　2）管理人员生活区：……　3）作业人员生活区：……　4）施工现场：……　5）绿化环保：……

4. 临水临电方案

1）临水方案：……　2）临电方案……

5. 监测视频方案

1）项目部建立施工监测视频管理制度，配备施工监测管理责任人及相应设备，对施工进度影像、项目公共关系影像、工程定点整体照片（或慢照片）进行拍摄及管理。

2）施工进度影像（参照附表《项目部施工照片拍摄地点与要点参照表》）按工区或作业面实际施工情况拍摄。

3）其他监测视频影像按项目部实际情况进行拍摄。工程定点整体照片（或慢照片）在项目开工前选定拍摄点，每天按预定时间间隔（按4小时）等距离拍摄。

4）项目部施工监测负责人员编写《施工监测日志》，记录每天拍摄情况，并对拍摄影像按档案管理要求整理保管。项目完工后，对工程定点整体照片（或慢照片）进行合成，生成工程建设影像纪录片。项目配置1台照相机。办公室配置1套监控系统，在各出入口大门及4台塔吊上各设置1个监测点。

6.预算费用控制

本工程临建前期总费用××万元，占工程造价的×%，高峰期将根据现场实际需要，严格按照公司规定进行规划区域临建布置。具体预算费用明细参见商务策划内容。

# 第二部分　现场策划表单

| CI 配置方案表 | 项目名称 | A 项目 |  |
| --- | --- | --- | --- |
| | 表　号 | 现场策划 –1 |  |
| | 页　数 | 第 1 页 共 2 页 |  |
| 序号 | CI 项目名称 | 数量 | 材质 | 备注 |
| 1 | 大门 | 3 个 | 铁板门 | 8m×8m，主入口有门楼 |
| 2 | 隔断 | 约 150m | 钢板网 | 办公区与生产区 |
| 3 | 围墙（门柱） | 约 50m | 砖砌 | 改造 |
| 4 | 项目经理部铭牌 | 1 块 | 不锈钢 | 60mm×90mm |
| 5 | 办公室、宿舍等门牌 | 84 块 | 拉丝不锈钢 | |
| 6 | 办公室内图牌 | 15 | KT 板 | 管理职责图牌 |
| 7 | 旗台国旗、司旗 | 3 | 丝质 | 司旗 2 副，旗台用 |
| 8 | 旗杆 | 3 | 丝质 | 旗台用，不锈钢 |
| 9 | 旗台 | | | 砖砌、黑色大理石饰面 |
| 10 | 办公室宿舍窗布 | 50 | 蓝色布料 | 印字 |
| 11 | 办公桌椅 | 25 | 木质 | |
| 12 | 企业文化墙 | | 白色有机板、不锈钢架 | 现场定制 |
| 13 | 仪表镜 | 1 | 不锈钢架 | |

| 序号 | CI项目名称 | 数量 | 材质 | 备注 |
|------|-----------|------|------|------|
| 14 | 门口施工标牌 | 9 | 白色有机板、不锈钢架 | 九牌一图 |
| 15 | 现场导向牌 | 1 | 白色有机板、不锈钢架 | |
| 16 | 工程宣传栏等图牌 | 4 | 白色有机板、不锈钢 | 危险源、节能牌等 |
| 17 | 品牌牌 | 7 | 钢架、喷绘布蒙面 | 宿舍办公室墙 |
| 18 | 专用标语 | 20 | 蓝色布料 | 横竖组合现场定 |
| …… | | | | |

| 现场办公设备配置方案表 | | | | | | 项目名称 | | | A项目 | | |
|---|---|---|---|---|---|---|---|---|---|---|---|
| | | | | | | 表　号 | | | 现场策划-2 | | |
| | | | | | | 页　数 | | | 第1页 共2页 | | |

| 序号 | 办公设备名称 | 规格型号 | 单位 | 数量 | 使用时间（月） | 设备来源（打⊙） | | | | 固定资产内部编号 |
|------|-------------|---------|------|------|---------------|----------|---------|---------|---------|-----------------|
| | | | | | | 内部调配 | 公司购买 | 项目购买 | 分包提供 | |
| A | 固定资产类 | | | | | | | | | |
| 4 | 空调（挂机） | 1.5P | 台 | 22 | 20 | ⊙ | ⊙ | | | |
| 5 | 空调（立式） | 3P | 台 | 4 | 20 | ⊙ | ⊙ | | | |
| 6 | 文件柜 | 黑色木质柜 | 个 | 1 | 20 | ⊙ | | | | |
| 7 | 文件柜 | 灰色铁质柜 | 组 | 9 | 20 | ⊙ | | | | |
| 8 | 办公桌 | 黑色木质1.6m | 张 | 1 | 20 | ⊙ | | | | |
| 9 | 办公桌 | 黑色木质1.4m | 张 | 24 | 20 | ⊙ | | | | |
| 10 | 会议桌 | 黑色木质7.5m | 张 | 1 | 20 | ⊙ | | | | |

续表

| 序号 | 办公设备名称 | 规格型号 | 单位 | 数量 | 使用时间（月） | 设备来源（打⊙） | | | | 固定资产内部编号 |
|---|---|---|---|---|---|---|---|---|---|---|
| | | | | | | 内部调配 | 公司购买 | 项目购买 | 分包提供 | |
| A | 固定资产类 | | | | | | | | | |
| 11 | 办公椅 | 黑色木质 | 张 | 25+40 | 20 | ⊙ | | | | |
| 15 | 打印机 | A3 | 台 | 1 | 20 | | ⊙ | | | |
| 16 | 打印机 | A4 | 台 | 3 | 20 | | ⊙ | | | |
| 19 | 传真机 | 飞利浦 | 台 | 1 | 20 | | ⊙ | | | |
| 20 | 复印机 | | 台 | 1 | 20 | | ⊙ | | | |
| …… | | | | | | | | | | |

| 现场临建方案表 | | | 项目名称 | A 项目 | | | |
|---|---|---|---|---|---|---|---|
| | | | 表　号 | 现场策划 -3 | | | |
| | | | 页　码 | 第 1 页　共 3 页 | | | |
| 序号 | 临建名称 | 规格 / 型号 / 做法 | 单位 | 数量 | 使用时间（月） | 来源（租赁 / 自建） | |
| 1 | 管理人员办公室 | 3.6×5.4<br>7.2×5.4 彩板房 | 间 | 7+1 | 20 | 租赁 | |
| 2 | 业主监理办公室 | 3.6×5.4 彩板房 | 间 | 2 | 20 | 租赁 | |
| 3 | 大会议室（兼夜校） | 10.8×5.4 彩板房 | 间 | 1 | 20 | 租赁 | |
| 4 | 小会议室 | 3.6×5.4 彩板房 | 间 | 1 | 20 | 租赁 | |
| 5 | 劳务办公室 | 3.6×5.4 彩板房 | 间 | 6 | 20 | 租赁 | |
| 6 | 管理人员宿舍 | 3.6×5.4 彩板房 | 间 | 4 | 20 | 租赁 | |
| 7 | 管理人员食堂餐厅 | 5.4×10.8 彩板房 | 间 | 1 | 20 | 租赁 | |
| 8 | 管理人员卫生间 | 10.8×5.4 彩板房 | 间 | 1 | 20 | 租赁 | |
| …… | | | | | | | |

| 现场临水临电方案表 | | | 项目名称 | | A 项目 | | |
|---|---|---|---|---|---|---|---|
| | | | 表 号 | | 现场策划 –4 | | |
| | | | 页 数 | | 第 1 页 共 3 页 | | |
| 序号 | 水电设施名称 | 规格 / 型号 | 单位 | 配置数量 | 使用时间（月） | 来源 | |
| 1 | 电缆 | VV3×185+2×95 | m | 30 | 20 | 公司购买，项目租赁 | |
| 2 | 电缆 | VLV3×240+2×120 | m | 180 | 20 | 公司购买，项目租赁 | |
| 3 | 电缆 | VLV3×50+2×25 | m | 1100 | 20 | 公司购买，项目租赁 | |
| 4 | 电缆 | VLV3×35+2×16 | m | 800 | 20 | 公司购买，项目租赁 | |
| 5 | 电缆 | VLV3×2.5+1 | m | 3600 | 20 | 公司购买，项目租赁 | |
| 6 | 电线 | BV–4 | 卷 | 180 | 20 | 项目自购 | |
| 7 | 总配电箱 | 800A/380V | 个 | 2 | 20 | 公司定制，项目租赁 | |
| 8 | 二级配电箱 | 250A,380V | 个 | 84 | 20 | 公司定制，项目租赁 | |
| 9 | 大小镝灯 | 3.5kW | 套 | 32 | 20 | 自购 | |
| …… | | | | | | | |

| 施工照片拍摄地点与要点参照表 | | 项目名称 | A 项目 |
|---|---|---|---|
| | | 表号 | 现场策划 –5 |
| | | 页数 | 第 1 页 共 2 页 |
| 类别 | 拍摄位置 | 拍摄要点 | 拍摄数量 |
| 工程现场 | 现场状况 | 全区域（广角不能取全景时，可合成） | 视情况 |
| | …… | | |
| 临时设施 | 围墙 | 位置、高度 | 1 ~ 2 |
| | …… | | |

续表

| 类别 | | | 拍摄位置 | | 拍摄要点 | 拍摄数量 |
|---|---|---|---|---|---|---|
| 基础工程 | 地基与基础工程 | 旋挖桩施工 | | 试桩 | 侧壁、持力层、钻孔深度 | 各处1张 |
| | | | | …… | | |
| | | 锚杆锚索 | | 试杆 | 杆长、结头处焊接、打入深度 | 各处1张 |
| | | | | …… | | |
| | | 抗浮锚杆 | | 试杆 | 杆长、结头处焊接、打入深度 | 各处1张 |
| | | | | …… | | |
| | | 人工挖孔桩 | | 试桩 | 侧壁、持力层、钻孔深度 | 各处1张 |
| | | | | …… | | |
| | …… | | | | | |
| 主体钢混凝土构件制作 | | 模板 | | | 模板检查状况（照片反映场地背景） | 1~2 |
| | | 配筋 | | | 钢筋根数、间隔、构件整体配筋 | 2~3 |
| | | 浇筑混凝土 | | | 浇筑混凝土作业及粉刷作业状况 | 2~3 |
| | | …… | | | | |
| …… | | | | | | |

# 第三部分　现场策划附件

1. 中建五局A项目基础施工阶段总平面布置图（略）。

2. 中建五局A项目主体施工阶段总平面布置图（略）。

3. 中建五局A项目装饰施工阶段总平面布置图（略）。

4. 中建五局A项目临时用电设计书（略）。

5. 中建五局A项目临时用水设计书（略）。

6. 中建五局A项目临水临电总平面布置示意图（略）。

7. 中建五局A项目现场安全文明施工总平面布置图（略）。

8. 中建五局A项目CI覆盖现场布置示意图（略）。

附 2：

# 中国建筑第五工程局有限公司

## ×××公司 A 项目

## 项目实施策划书（施工）

版　　本：第 1 版

编制单位：×××公司 A 项目

编制日期：××××年×月×日

## 项目施工策划书审批表

| 项目名称 | 中建五局 A 项目 | 报审时间 | ××××年××月××日 |
|---|---|---|---|

现上报 __A 工程__ 项目施工策划书,项目部设七部一室,项目管理人员拟配置 25 人,使用 4 家劳务分包方。请予以审批

| 类别 | 编制人 | 册数 | 页数 |
|---|---|---|---|
| 项目施工策划书 | ×××、×××、×××、××× | 1 册 | ×××页 |

申报负责人:×××

| 分公司副总经理、总工程师意见:<br><br>审核人签名:<br>审核日期: 年 月 日 | 分公司总经济师意见:<br><br>审核人签名:<br>审核日期: 年 月 日 |
|---|---|
| 分公司总经理意见:<br><br>审核人签名: (公章)<br>审核日期: 年 月 日 | 公司相关部门会审意见:<br><br>会审人签名:<br>审核日期: 年 月 日 |
| 公司副总经理审批意见:<br><br>审批人签名:<br>审批日期: 年 月 日 | 公司总经济师审批意见:<br><br>审批人签名:<br>审批日期: 年 月 日 |

公司总经理审批意见:

审批人签名:
审批日期: 年 月 日 (公章)

| 序号 | 部门/单位名称 | 修改意见或建议 | 签名 |
|---|---|---|---|
| 1 | | | |
| 2 | | | |
| 3 | | | |
| 4 | | | |
| 5 | | | |

# 第一部分 施工策划内容阐述

## 一、关于工程与设计

1. 中建五局 A 项目工程概况表。

**工程概况表**

| 工程名称 | A 工程 | 工程地址 | 长沙市 ×× 路与 ×× 路交汇处 |
|---|---|---|---|
| 建设单位 | ×× 房地产开发有限公司 | 勘察单位 | 长沙市 ×× 设计研究院 |
| 设计单位 | 湖南省 ×× 建筑设计院 | 监理单位 | ×× 工程管理有限公司 |
| 质量监督部门 | 长沙市质量监督站 | 施工单位 | 中建五局 ×× 公司 |
| 开工日期 | 暂定 ×××× 年 ×× 月 ×× 日（实际以各栋开工令为准） | 合同工期 | 暂 697 天（3 号栋 45 层，工期将调整） |
| 合同要求质量 | 确保 1 栋芙蓉奖，其余湖南省优质工程 | 合同额 | 暂估 3 亿元 |

2. 施工承包范围：本工程指定分包有门窗工程、消防工程、电梯工程、精装修工程等，业主独立分包有园林工程、道路工程、人防工程、室外管网等。目前止水帷幕和表层土方由业主独立分包完成，我司将进行包括二期范围土方工程、护壁工程在内的结构、建筑、安装等自行施工范围，业主指定分包工程纳入我方施工总承包管理。

合同履约要求：进度方面，总工期 697 天，其中我司自行完成范围为 485 天，土方工程 45 天、护壁工程 30 天，但不包含在合同工期范围内，在合同约定条件下，确保 ×××× 年 × 月 × 日确保 1 栋达到预售条件；质量方面，达到湖南省优质工程标准，确保 1 栋获得湖南省芙蓉奖工程；安全方面，确保湖南省安全质量标准化示范工地。此外还需在业主集团综合检查排名中确保前 5 名。

3. 项目施工管理重点、难点说明：略。

4.工程设计说明：由于工程图纸尚未完全到位，售楼部和样板房都是临时建筑，暂根据现有部分但未最终定稿的图纸对住宅及商铺等永久建筑工程情况进行表述。

（1）结构设计概况表：略。

（2）建筑设计概况表：略。

（3）机电安装概况说明：略。

## 二、关于本次施工策划说明

项目部根据甲方提供的施工图、我方与业主签订的合同及公司相关策划管理要求，主要从以下十个方面对项目施工进行了整体策划，包括管理目标；组织架构；项目部管理团队；主要施工方案编制计划；分包采购方案；物资采购方案；机械设备配置方案；监测设备配置方案；项目设计；项目进度（总进度计划、重要节点计划）策划。

1.项目管理目标：质量目标：4号栋创芙蓉奖，其余栋号创湖南优质工程奖；工期目标：确保697天，其中自行施工部分485天（3号栋若有调整，工期将另行安排）；成本目标：确保责任书成本降低目标××%；文明施工目标：湖南省安全质量标准化示范工地；业主考评目标：业主集团综合检查前五名。

其他目标：（1）省级刊物发表论文1篇；（2）中建总公司CI金奖；（3）全国QC活动优秀小组。

2.管理模式及组织机构设置：略。

3.项目管理人员配备：略。

4.施工区段划分：本工程拟划分为A～D共4个施工区段进行施工（四大区分界线按后浇带位置设置），根据总体施工区段划分进一步细化分块组织流水施工，在基础阶段开始将突出主楼结构为主线，尤其是以7号、8号栋为龙头，带动各区段平行施工。结合楼层结构特点、工程量均衡等因素在各大施工区域内划分若干施工段组织小流水施工，每个大区内再以栋号为单位组织小流水施工，结构施工过程中进行中间验收，中间验收后分段进行初步装饰施工。后期尽早插入装饰和机电安装工程，互为依托，相互配合、穿插。

5. 主要施工方案：略。

1）施工方案编制计划（略）。

2）主要施工方法的选择（略）。

6. 分包采购方案：略。

1）土建主体部分：略。

2）机电部分：略。

3）桩基工程：略。

4）土方工程：略。

5）钢结构工程：略。

6）防水保温工程：略。

铝合金门窗、外立面装饰、室内精装饰、电梯、消防、弱电（含智能化）等业主指定分包的专业性工程，纳入我方总承包管理。

7. 物资采购方案（略）。

8. 机械设备配置方案：

基础及主体施工阶段配置 TC5610 塔吊 4 台，由公司负责招标租赁、土建劳务负责基础施工、租赁公司负责安拆，工程桩施工时开始安装就位，在 3 层所在悬挑外架钢梁拆除后拆除。主体、装饰阶段配置人货电梯 7 台，由公司负责招标租赁、土建劳务负责基础施工、租赁公司负责安拆，在各栋结构施工至 10～15 层时开始安装就位，在精装修实施 5 个月后拆除。基础及主体阶段每区段配置混凝土输送泵 1 台，由公司负责招标租赁。基础阶段基坑内排水设施由分包单位配置。主体装饰阶段配置高压水泵 5 台，分区进行加压供水。

钢筋加工机械、木工机械、泥工机械等由分包单位负责自行租赁安装使用。

9. 项目进度：略。

10. 项目设计：

1）本工程甲方还未下发正式施工蓝图图纸，目前只有电子版图纸，且甲方口头通知还未定版；

2）图纸内审、外审分 2 次，即分基础和主体 2 次图纸会审，主要解决施工不便及图纸矛盾处，图纸内审时项目全体成员参与，图纸外审时项目班子成员及主要施工技术、商务成本人员参与，根据业主出图实际情况，再考虑是否增设图纸审查次数；

3）图纸深化设计安排：临建房、机电综合布置图进行深化；

4）变更核定策划（略）。

## 第二部分　施工策划表单

| | | |
|---|---|---|
| **项目管理目标表** | 项目名称 | A 项目 |
| | 表　号 | 施工策划 –1 |
| | 页　数 | 第 1 页　共 1 页 |

| | |
|---|---|
| 项目概况 | 项目名称：A 项目<br>业主名称：长沙××房地产开发有限公司<br>监理公司：××工程管理有限公司<br>工程类别：○公建　○厂房　●住宅　○路桥　○其他<br>项目规模：一期总面积约 18 万 m²<br>工程总价：暂定 3 亿元<br>承包方式：●施工总承包　○联合承包，合作伙伴是：　○分包，总承包商是：<br>合同工作内容 / 范围简述：（略） |
| 项目总目标 | 质量目标：4 号栋创芙蓉奖，其余栋号创湖南省优质工程奖<br>工期目标：暂定 697 天<br>安全目标：湖南省安全质量标准化示范工地<br>成本目标：确保责任书要求的责任成本降低指标<br>文明目标：湖南省安全质量标准化示范工地<br>其他目标：(1) 省级刊物发表论文 1 篇；(2) 中建总公司 CI 金奖；(3) 全国 QC 活动优秀小组；(4)××集团综合考评前五名 |

| 项目组织机构设置表 | 项目名称 | A 项目 |
|---|---|---|
| | 表 号 | 施工策划 –2 |
| | 页 数 | 第 1 页 共 1 页 |

```
                    ┌──────────┐
                    │ 项目经理  │
                    └────┬─────┘
                         │        ┌────────────┐
                         ├────────│项目党支部书记│
                         │        └────────────┘
    ┌──────────┬─────────┼──────────┬──────────────┐
┌────────┐┌────────┐┌────────┐┌────────┐      ┌──────┐
│项目总工程师││项目生产经理││项目商务经理││项目机电经理│      │综合办公室│
└──┬──┬──┘└──┬──┬──┘└──┬──┬──┘└──┬───┘      └──┬───┘
 ┌──┐┌──┐ ┌──┐┌──┐ ┌──┐┌──┐ ┌──┐          │
 │技术部││质量部│ │工程部││安全部│ │合约部││物资部│ │机电部│          │
 └─┬┘└┬─┘ └┬─┘└┬─┘ └┬─┘└┬─┘ └┬─┘          │
┌──┐┌──┐┌──┐┌──┐┌──┐┌──┐┌──┐┌──┐
│土建劳务一││土建劳务二││土建劳务三││土建劳务四││机电劳务一││机电劳务二││专业分包││甲指分包│
└──┘└──┘└──┘└──┘└──┘└──┘└──┘└──┘
```

| 项目管理人员配置表 | | 项目名称 | A 项目 | |
|---|---|---|---|---|
| | | 表 号 | 施工策划 –3 | |
| | | 页 数 | 第 1 页 共 2 页 | |
| 序号 | 部门 | 岗位名称 | 姓名 | 岗位时间 |
| 1 | 项目班子 | 项目经理 | ××× | ×× 月 |
| 2 | | 项目总工程师 | ××× | ×× 月 |
| 3 | | 项目生产经理 | ××× | ×× 月 |
| 4 | | 项目商务经理 | ××× | ×× 月 |
| 5 | | 项目机电经理 | ××× | ×× 月 |
| 6 | | 项目党支部书记 | ×××（兼职） | ×× 月 |
| 7 | 项目技术部 | 技术员 | ××× | ×× 月 |
| 8 | | 实验员 | ××× | ×× 月 |
| 9 | | 资料员 | ××× | ×× 月 |
| 10 | 项目合约部 | 合约部主任 | ××× | ×× 月 |
| 11 | | 造价工程师 | ××× | ×× 月 |
| …… | | | | |

| 项目主要施工方案计划表 | | | 项目名称 | A 项目 |
|---|---|---|---|---|
| | | | 表　　号 | 施工策划 –4 |
| | | | 页　　数 | 第 1 页　共 2 页 |

| 序号 | 方案名称 | 编号 | 方案及资源配置情况描述 | 完成时间 |
|---|---|---|---|---|
| 1 | 施工组织设计 | CSCEC5B3/CS–FD–01 | 由项目总工组织分阶段编写，公司审核审批 | ××××–×× |
| 2 | 项目质量计划 | CSCEC5B3/CS–FD–02 | 由项目总工组织分阶段编写，公司审核审批 | ××××–× |
| 3 | 总承包管理方案 | CSCEC5B3/CS–FD–03 | 由项目总工组织分阶段编写，公司审核审批 | ××××–×× |
| 4 | 项目创优方案 | CSCEC5B3/CS–FD–04 | 由项目总工组织分阶段编写，公司审核审批 | ××××–×× |
| 5 | 土方工程施工方案 | CSCEC5B3/CS–FD–05 | 由土方分包单位组织编写，项目部审核，公司审批 | ××××–×× |
| 6 | 施工测量施工方案 | CSCEC5B3/CS–FD–06 | 由技术部组织编写，项目部审核，公司审批 | ××××–×× |
| 7 | 塔吊基础施工方案 | CSCEC5B3/CS–FD–10 | 由项目总工组织分阶段编写，公司审核审批 | ××××–×× |
| 8 | 塔吊安拆施工方案 | CSCEC5B3/CS–FD–11 | 由分包单位组织编写，项目部审核，公司审批 | ××××–×× |
| 9 | 群塔作业施工方案 | CSCEC5B3/CS–FD–21 | 由分包单位组织编写，项目部审核，公司审批 | ××××–×× |
| …… | | | | |

| | 项目名称 | A 项目 |
|---|---|---|
| 项目分包方案表 | 表　号 | 施工策划 –5 |
| | 页　数 | 第 1 页　共 6 页 |

| 序号 | 分包项名称 | 工作内容界定 | 分包方式 | 预计进场时间 | 招标完成时间 | 候选分包商名单 | 备注 |
|---|---|---|---|---|---|---|---|
| 1 | 模板工程 | 主体结构模板；砌体结构中反边、圈梁、构造柱模板；对拉螺杆、止水螺杆、加固柱子用槽钢采购、加工；后浇带加固、后浇带用废模板覆盖…… | ○包工包料<br>○劳务<br>●包工及部分材料<br>○其他 | ××年××月 | ××年××月 | ××劳务公司<br>××劳务公司<br>××劳务公司<br>××劳务公司 | |
| 2 | 钢筋工程 | （略） | ○包工包料<br>○劳务<br>●包工及部分材料<br>○其他 | ××年××月 | ××年××月 | ××劳务公司<br>××劳务公司<br>××劳务公司<br>××劳务公司 | |
| 3 | 泥水工程 | （略） | ○包工包料<br>○劳务<br>●包工及部分材料<br>○其他 | ××年××月 | ××年××月 | ××劳务公司<br>××劳务公司<br>××劳务公司<br>××劳务公司 | |
| …… | | | | | | | |

| 项目机械设备配置方案表 | | | | | | | | 项目名称 | | A 项目 | | |
|---|---|---|---|---|---|---|---|---|---|---|---|---|
| | | | | | | | | 表　号 | | 施工策划 -6 | | |
| | | | | | | | | 页　数 | | 第 1 页　共 3 页 | | |

| 序号 | 机械设备名称 | 规格型号 | 施工部位 | 配置数量 | 计量单位 | 预计进场时间 | 预计退场时间 | 使用时间（月） | 机械设备来源（打△） | | | |
|---|---|---|---|---|---|---|---|---|---|---|---|---|
| | | | | | | | | | 公司自有 | 公司采购 | 外部租赁 | 分包提供 |
| 1 | 塔吊 | TC5610 | 基础主体 | 4 4 | 台 | ××.×× ××.×× | ××.×× ××.×× | 15 20 | | | △ | |
| 2 | 人货电梯 | SSD200 | 主体装饰 | 11 11 | 台 | ××.×× ××.×× | ××.×× ××.×× | 12 18 | | | △ | |
| 3 | 输送泵 | HBT80 | 基础主体 | 4 4 | 台 | ××.×× ××.×× | ××.×× ××.×× | 10 15 | | | △ | |
| 4 | 搅拌机 | 350L | 装饰 | 12 | 台 | ××.×× | ××.×× | 15 | △ | | | |
| 5 | 空压机 | | 基础 | 20 | 台 | ××.×× | ××.×× | 5 | | | | △ |
| 6 | 高压水泵 | 120m 扬程 | 主体 | 5 | 台 | ××.×× | ××.×× | 20 | | | △ | |
| 7 | 污水泵 | 7.5kW | 基础主体 | 10 | 台 | ××.×× | ××.×× | 10 | | △ | | |
| 8 | 矿山排水泵 | 5.5kW | 基础主体 | 6 | 台 | ××.×× | ××.×× | 10 | | △ | | |
| 9 | 清水泵 | 3.5kW | 基础主体 | 4 | 台 | ××.×× | ××.×× | 10 | | △ | | |
| …… | | | | | | | | | | | | |

| 项目物资资源配置计划表 | | | | | | 项目名称 | | A 项目 | | | |
|---|---|---|---|---|---|---|---|---|---|---|---|
| | | | | | | 表 号 | | 施工策划 –7 | | | |
| | | | | | | 页 数 | | 第 1 页 共 4 页 | | | |
| 序号 | 名称规格 | 计划数量 | 单位 | 预计进场时间 | 供方招标时间 | 实施采购（租赁）单位（打△） | | | | | 货源地 |
| | | | | | | 业主 | 公司 | 分公司 | 项目部 | 分包方 | |
| 1 | 钢管 $\phi$48 | 3000 | t | ××.×× | ××.×× | | | △ | | | |
| 2 | 木模板 15mm | 90000 | m² | ××.×× | ××.×× | | | △ | | | |
| 3 | 木方 50×100 | 3800 | m³ | ××.×× | ××.×× | | | △ | | | |
| 4 | 安全网 | 68500 | m² | ××.×× | ××.×× | | | △ | | | |
| 5 | 扣件 | 50 万 | 套 | ××.×× | ××.×× | | | △ | | | |
| 6 | 脚手板 | 23500 | m² | ××.×× | ××.×× | | | △ | | | |
| 7 | HPB300 钢筋 | 2660 | t | ××.×× | ××.×× | | △ | | | | |
| 8 | HRB335 钢筋 | 355 | t | ××.×× | ××.×× | | △ | | | | |
| 9 | HRB400 钢筋 | 10153 | t | ××.×× | ××.×× | | △ | | | | |
| 10 | 商品混凝土 | 101015 | m³ | ××.×× | ××.×× | | △ | | | | |
| 11 | 冷拔低碳钢丝 $\phi$5 | 2.8 | t | ××.×× | ××.×× | | △ | | | | |
| …… | | | | | | | | | | | |

| 项目工程设计策划表 | 项目名称 | A 项目 |
| --- | --- | --- |
| | 表　号 | 施工策划 –8 |
| | 页　数 | 第 1 页　共 1 页 |

| 名称 | | 计划时间 | 主要部位 | 参与人员 |
| --- | --- | --- | --- | --- |
| 设计交底图纸会审 | 第一次图纸内审 | ×× 年 ×× 月 | 基础 | 项目班子、工程、技术商务、质安人员等 |
| | 第一次图纸外审 | ×× 年 ×× 月 | 基础 | 设计、业主、监理、内审人员等 |
| | 第二次图纸内审 | ×× 年 ×× 月 | 主体 | 项目班子、工程、技术商务、质安人员等 |
| | 第二次图纸外审 | ×× 年 ×× 月 | 主体 | 设计、业主、监理、内审人员等 |
| | …… | | | |

| 名称 | | 初稿完成时间 | 完成单位 / 岗位 | 审核单位 / 岗位 | 终稿完成时间 |
| --- | --- | --- | --- | --- | --- |
| 深化设计 | 项目临建房 | ×× 年 ×× 月 | 技术经理 | 项目经理 | ×× 年 ×× 月 |
| | 机电综合作业图 | ×× 年 ×× 月 | 机电部 | 机电 / 技术经理 | ×× 年 ×× 月 |
| | 钢结构 | ×× 年 ×× 月 | 专业分包 | 设计院 | ×× 年 ×× 月 |
| | …… | | | | |
| 变更核定 | …… | | | | |

# 第三部分　施工策划附件

1. 中建五局 A 项目施工进度总计划网络图（略）。
2. 中建五局 A 项目施工进度总计划横道图（略）。

附 3：

# 中国建筑第五工程局有限公司

## ×××公司 A 项目
## 项目实施策划书（商务）

版　　本：<u>第 1 版</u>

编制单位：<u>×××公司 A 项目</u>

编制日期：<u>××××年 × 月 × 日</u>

## 项目商务策划书审批表

| 项目名称 | 中建五局 A 项目 | 报审时间 | ××××年××月××日 |
|---|---|---|---|

现上报 A工程 项目商务策划书，策划完成责任成本降低 X%，策划开源目标×××万元，项目成本降低额 ×%。请予以审批

| 类　别 | 编制人 | 册　数 | 页　数 |
|---|---|---|---|
| 项目商务策划书 | ×××、×××、×××、×××| 1 册 | ×××页 |

申报负责人：×××

| 分公司副总经理、总工程师意见：<br><br>　审核人签名：<br>　审核日期：　年 月 日 | 分公司总经济师意见：<br><br>　审核人签名：<br>　审核日期：　年 月 日 |
|---|---|
| 分公司总经理意见：<br><br>　审核人签名：　　（公章）<br>　审核日期：　年 月 日 | 公司相关部门会审意见：<br><br>　会审人签名：<br>　审核日期：　年 月 日 |
| 公司副总经理审批意见：<br><br>　审批人签名：<br>　审批日期：　年 月 日 | 公司总经济师审批意见：<br><br>　审批人签名：<br>　审批日期：　年 月 日 |

公司总经理审批意见：

　　　　　审批人签名：
　　　　　审批日期：　年 月 日　　（公章）

| 序号 | 部门/单位名称 | 修改意见或建议 | 签名 |
|---|---|---|---|
| 1 | | | |
| 2 | | | |
| 3 | | | |
| 4 | | | |
| 5 | | | |

# 第一部分 商务策划编制说明

## 一、合同基本情况

### 合同基本情况表

| 序号 | 名称 | 内容 |
|------|------|------|
| 1 | 图纸主要指标（图算量） | 地下钢筋 127kg/m²，地上钢筋 51kg/m²，综合钢筋 73kg/m²；混凝土 0.56m³/m²；模板展开面积 3.53m²/m²；砌体 0.11m³/m²；外墙面 0.71m²/m²；内抹灰 1.79m²/m² |
| 2 | 项目合同计价条件 | 1. 固定综合单价，工程量按实计算。<br>2. 措施费及工程照管与总包配合费除模板工程量按实计算外，其余均按总价包干。<br>3. 规费按总价包干，其中劳保已计入总价，由我方自行交纳。<br>4. 人工工资单价按土建工程 57 元 / 工日；装饰工程 68 元 / 工日；安装工程 62 元 / 工日。<br>5. 合同内发包人只会考虑承担一定风险幅度范围外人工（除非湖南省住房和城乡建设厅发布新的建设工程人工工资单价通知外，否则不予以调整人工工资单价）、钢材、混凝土价格的涨落，其他材料及机械价格不做调整。人工工资单价调整按装饰装修工程、其他工程相对应的最低工资单价计算；钢材调整仅限钢筋和钢结构用结构钢；商品混凝土仅限主体结构（含地下室部分，但不含各种桩基础）用商品混凝土 |
| 3 | 项目合同付款条件 | 按月进度的 70% 支付工程款…… |
| 4 | 项目投标预期利润 | 投标预期利润为 ×%（暂估 ××× 万元），其中机电 X%（暂估 ××× 万元） |
| 5 | 项目商务管理目标 | 完成成本管理目标：综合责任成本降低率，不含劳保造价的 ××%。分项成本控制目标：临时设施不高于 ××× 万元（占土建造价的比例为 ×%）、现场经费控制在经审批的项目现场经费预算以内、钢筋节约率（相对定额分析量）为 ≥ 5%、混凝土节约率（相对图算量）为 ≥ 2%…… |

## 二、相关方基本情况

1. 业主方：略。

2. 设计方：略。

3. 监理方：略。

## 三、本次商务策划编制依据

本次商务策划依据 A 项目的《招标文件》、《投标测算资料》、《主合同》、《施工图》、《项目管理目标责任书》、《现场策划》、《施工策划》、《施工组织设计》等进行编制。

# 第二部分 商务策划内容阐述

## 一、A 项目投标报价情况分析

1. 项目投标预期利润仅为 ×%。与公司下达的《A 项目管理目标责任书》相差 ×%（金额 ××× 万元）。

2. 合同约定为固定单价，工程量按实结算。

3. 规费按总价包干，其中劳保已计入总价，由乙方自行交纳，自行办理返还。

4. 措施费及工程照管与总包配合费除模板工程量按实计算外，其余均按总价包干。

5. 投标的人工工资单价调整按装饰装修工程、其他工程相对应的最低工资单价计算，其中土建工程为 57 元 / 工日；装饰工程为 68 元 / 工日；安装工程为 62 元 / 工日。同时合同约定：发包人只会考虑承担一定风险幅度范围外人工（10%）（同时需要湖南省住房和城乡建设厅发布新的建设工程人工工资单价通知文件，否则不予以调整人工工资单价）。

6. 投标的主要材料价格按投标期间公司当时的实际采购价格计算。发包人只会考虑承担一定风险幅度范围外钢材、混凝土价格的涨落（5%），其他材料及机械价格不做调整；钢材调整仅限钢筋和钢结构用结构钢；商品混凝土仅限主体结构（含地下室部分，但不含各种桩基础）用商品混凝土。

7. 防水、保温工程在投标时未指定品牌，但业主进行了限价。

8. 其他个别内容业主限价明显偏低，估计实施过程基本难以盈利。

9. 投标报时有五项内容预期利润较好, 包括……。也至少主要有四项内容预期亏损, 包括……。

……

## 二、开源创效策划

<table>
<tr><td rowspan="3" colspan="3">项目开源创效策划表</td><td>项目名称</td><td colspan="4">A 项目</td></tr>
<tr><td>表　号</td><td colspan="4">商务策划 –1</td></tr>
<tr><td>页　数</td><td colspan="4">第 1 页　共 2 页</td></tr>
<tr><td></td><td>序号</td><td>名称</td><td>措施</td><td>创效目标</td><td>责任时限 / 时点</td><td>责任人</td></tr>
<tr><td rowspan="5">合同范围<br>以内</td><td>1</td><td>经济签证、索赔</td><td>（略）</td><td>×× 万元</td><td>×× 年 ×× 月</td><td>×××</td></tr>
<tr><td>2</td><td>甲供材料损耗</td><td>（略）</td><td>×× 万元</td><td>×× 年 ×× 月</td><td>×××</td></tr>
<tr><td>3</td><td>工期签证索赔</td><td>（略）</td><td>×× 万元</td><td>×× 年 ×× 月</td><td>×××</td></tr>
<tr><td>4</td><td>报价亏损项变更</td><td>（略）</td><td>×× 万元</td><td>×× 年 ×× 月</td><td>×××</td></tr>
<tr><td>……</td><td></td><td></td><td></td><td></td><td></td></tr>
<tr><td rowspan="7">合同范围<br>以外</td><td>1</td><td>有关桩基设计变更</td><td>（略）</td><td>×× 万元</td><td>×× 年 ×× 月</td><td>×××</td></tr>
<tr><td>2</td><td>有关抗渗设计变更</td><td>（略）</td><td>×× 万元</td><td>×× 年 ×× 月</td><td>×××</td></tr>
<tr><td>3</td><td>有关基坑支护槽钢</td><td>（略）</td><td>×× 万元</td><td>×× 年 ×× 月</td><td>×××</td></tr>
<tr><td>4</td><td>钢筋连接方式</td><td>（略）</td><td>×× 万元</td><td>×× 年 ×× 月</td><td>×××</td></tr>
<tr><td>5</td><td>降水工程</td><td>（略）</td><td>×× 万元</td><td>×× 年 ×× 月</td><td>×××</td></tr>
<tr><td>6</td><td>人工费调整</td><td>（略）</td><td>×× 万元</td><td>×× 年 ×× 月</td><td>×××</td></tr>
<tr><td>……</td><td></td><td></td><td></td><td></td><td></td></tr>
</table>

## 三、节流降本策划

| 项目节流降本策划表 | | 项目名称 | | A 项目 | | |
|---|---|---|---|---|---|---|
| | | 表　　号 | | 商务策划 –2 | | |
| | | 页　　数 | | 第 1 页 共 2 页 | | |
| 序号 | 名称 | | 措施 | 降本目标 | 责任时限 / 时点 | 责任人 |
| 1 | 技术措施 | 设计类 | （略） | ×× 万元 | ×× 年 ×× 月 | ××× |
| | | 新技术与工艺应用类 | （略） | ×× 万元 | ×× 年 ×× 月 | ××× |
| | | 新材料应用类 | （略） | ×× 万元 | ×× 年 ×× 月 | ××× |
| | | …… | | | | |
| 2 | 组织措施 | 工期管理 | （略） | ×× 万元 | ×× 年 ×× 月 | ××× |
| | | 现场布置 | （略） | ×× 万元 | ×× 年 ×× 月 | ××× |
| | | 资源组织 | （略） | ×× 万元 | ×× 年 ×× 月 | ××× |
| | | …… | | | | |
| 3 | 反索赔 | 业主签证索赔管控 | （略） | ×× 万元 | ×× 年 ×× 月 | ××× |
| | | 分包签证索赔管控 | （略） | ×× 万元 | ×× 年 ×× 月 | ××× |
| 4 | 资金管理措施 | | （略） | ×× 万元 | ×× 年 ×× 月 | ××× |
| …… | | | | | | |

## 四、履约风险防范策划

| 项目履约风险防范策划表 | 项目名称 | | A 项目 | |
|---|---|---|---|---|
| | 表　　号 | | 商务策划 –3 | |
| | 页　　数 | | 第 1 页 共 2 页 | |
| 序号 | 风险点 | 风险内容描述 | 应对预案措施 | 责任人 |
| 1 | 工期风险 | （略） | （略） | ×××  |
| 2 | 质量风险 | （略） | （略） | ×××  |
| 序号 | 风险点 | 风险内容描述 | 应对预案措施 | 责任人 |

| 3 | 安全风险 | （略） | （略） | ××× |
|---|---|---|---|---|
| 4 | 环保风险 | （略） | （略） | ××× |
| 5 | 分包管理风险 | （略） | （略） | ××× |
| 6 | 甲供材损耗风险 | （略） | （略） | ××× |
| 7 | 甲方限价风险 | （略） | （略） | ××× |
| 8 | 清单工程量风险 | （略） | （略） | ××× |
| 9 | 竣工备案风险 | （略） | （略） | ××× |
| 10 | 结算办量风险 | （略） | （略） | ××× |
| 11 | 工程款收取风险 | （略） | （略） | ××× |
| …… | | | | |

## 五、目标成本编制规则说明

1. 人工费：主要按公司本年度发布内部分包单价，部分考虑当前市场因素有一定调整。辅助用工人数及工期以进度计划为依据，水电工由机电分包队伍负责，按建筑面积 × 元 /m² 计取；零星用工按建筑面积 × 元 /m² 计取……

2. 材料费：（略）。

3. 机械费：（略）。

4. 现场经费：（略）。

1）关于临建费用的编制说明：（略）。

2）关于职工薪酬费用的编制说明：（略）。

3）关于营销与招待费用的编制说明：（略）。

5. 周转材料费：（略）。

1）关于模板系统的编制说明：（略）。

2）关于支撑体系的编制说明：（略）。

6. 分包工程费：（略）。

1）关于机电安装工程分包费用说明：（略）。

2）关于钢结构工程分包费用说明：（略）。

7. 规费与税金：（略）

# 第三部分　　商务策划附件

1. 中建五局 A 项目目标成本计算统计表（略）。

　1）汇总表

　2）分项表（人工费）

　3）分项表（材料费）

　4）分项表（机械费）

　5）分项表（现场经费）

　6）分项表（周转材料费）

　7）分项表（分包工程费）

　8）分项表（税金）

　9）明细表（临建费）

　10）明细表（工机具费）

　11）明细表（职工费用）

　12）明细表（规费与招投标费用）

2. 中建五局 A 项目关键进度计划表（略）。

3. 中建五局 A 项目分供方招议标商务控制总计划表（略）。

4. 中建五局 A 项目项目岗位成本责任分解表（略）。

附4：

# 中国建筑第五工程局有限公司

## ×××公司A项目

## 项目实施策划书（资金）

版　　本：第1版

编制单位：×××公司A项目

编制日期：××××年×月×日

## 项目资金策划书审批表

| 项目名称 | 中建五局A项目 | 报审时间 | ××××年××月××日 |
|---|---|---|---|

现上报 __A工程__ 项目资金策划书，策划完成项目日均正现金流××万元，确保上存公司正现金流平均××万元。请予以审批

| 类 别 | 编制人 | 册 数 | 页 数 |
|---|---|---|---|
| 项目资金策划书 | ×××、×××、×××、××× | 1册 | ×××页 |

申报负责人：×××

| 分公司总会计师意见：<br><br>审核人签名：<br>审核日期： 年 月 日 | 分公司总经济师意见：<br><br>审核人签名：<br>审核日期： 年 月 日 |
|---|---|
| 分公司总经理意见：<br><br>审核人签名： （公章）<br>审核日期： 年 月 日 | 公司相关部门会审意见：<br><br>会审人签名：<br>审核日期： 年 月 日 |
| 公司总会计师审批意见：<br><br>审批人签名：<br>审批日期： 年 月 日 | 公司总经济师审批意见：<br><br>审批人签名：<br>审批日期： 年 月 日 |

公司总经理审批意见：

　　　　审批人签名：
　　　　审批日期： 年 月 日 　　（公章）

| 序号 | 部门/单位名称 | 修改意见或建议 | 签名 |
|---|---|---|---|
| 1 | | | |
| 2 | | | |
| 3 | | | |
| 4 | | | |
| 5 | | | |

# 第一部分　资金策划情况说明

## 一、合同约定支付条件

1. 发包人在中期付款审核单发出 60 天内支付证书所示应付款项。考虑中期报量、审核，故过程收款较当期工作量完成时间约延后 2 个月左右。

2. 地下部分按完成工程量的 70% 支付月进度款。

3. 地上部分支付约定：①各栋楼主体结构封顶前分别按该栋楼月进度的 70% 支付工程款；②各栋楼主体结构封顶，且砌体施工完成一半后，分别支付该楼栋地上造价的 50%；③各栋楼砌体施工全部完成后，分别支付该楼栋地上合同造价的 55%；④各楼楼外墙粉刷完，厨卫内粉完，分别支付至该楼栋地上合同造价的 65%；⑤各楼栋内粉全部施工完成且外墙装饰施工完分别支付至该楼栋地上合同造价的 70%；⑥室内地坪施工完成，分别支付该楼栋地上合同造价的 75%；⑦各楼栋工程竣工验收，分别支付至该楼栋地上造价的 80%；⑧获得竣工备案证书，支付至合同造价的 85%；⑨全部工程结算完工，支付至工程款结算款的 95%；承包人在申请支付至工程结算价款的 95% 时，首先应提供合同结算总价全额的相应发票；⑩如保修期间未发生保修支付，则在集中移交至业主之日起两年内支付合同结算总价的 3%，第五年无任何质量问题经发包人及物业公司确认后付清余款。

## 二、现场、施工与商务策划有关内容

1. 项目临时设施费用预计 ××× 万元，其中 CI 费用 × 万元。

2. 目标成本中现场经费预计为 ×××× 万元，其中规费预计 ××× 万元。

3. 预计项目总收入 ××××× 万元（未包括预期应收劳保基金），预计项目总成本支出 ×××× 万元，则项目预计净利润约为 ××× 万元，利润率为 ××%。

# 第二部分  资金策划内容阐述

## 一、A 项目资金策划节点的确定

依据合同工期、施工策划和商务策划，按分包合同形成的支付高峰时期确定本项目的资金策划节点如下：

1. ×× 年春节节点；

2. ×× 年 × 月 × 日端午节节点；

3. ×× 年 × 月 × 日开学及 × 月 × 日中秋节节点；

4. ×× 年 × 月年底节点；

5. ×× 年 × 月 × 日春节节点；

6. ×× 年 × 月 × 日端午节节点；

7. ×× 年 × 月 × 日中秋节节点；

8. ×× 年 × 月年底节点；

9. ×× 年 × 月 × 日春节及项目竣工节点；

10. 项目竣工备案节点；

11. 工程结算完成节点；

12. 质保金回收节点（先收取 3% 部分，质保金余款 2% 为合同约定防水保修期满 5 年时）。

## 二、A 项目资金风险防范说明

（略）

## 三、资金策划表单及资金余缺应对措施说明

| | | | | 项目名称 | | A 项目 | | | | |
|---|---|---|---|---|---|---|---|---|---|---|
| | | | | 表　号 | | 资金策划 –1 | | | | |
| | | | | 页　数 | | 第 1 页　共 2 页 | | | | |

**项目现金流量初表**

| 序号 | 时间 | 策划节点形象进度 | 预计节点累计产值（万元） | 现金流入（万元） | | 现金支出（万元） | | 净现金流（万元） | | 备注 |
|---|---|---|---|---|---|---|---|---|---|---|
| | | | | 当期 | 累计 | 当期 | 累计 | 当期 | 累计 | |
| 1 | ××年春节 | 支护完成…… | 3184.00 | 1500.00 | 1500.00 | 1360.05 | 1360.05 | 139.95 | 139.95 | |
| 2 | ××.6.22 | 喷锚完成50%…… | 11400.00 | 5380.00 | 6880.00 | 5757.61 | 7117.66 | –377.61 | –237.66 | |
| 3 | ××.8.30 | 地下室完成…… | 15000.00 | 2660.00 | 9540.00 | 2564.26 | 9681.92 | 95.74 | –141.92 | |
| 4 | ××.9.30 | 主体完成…… | 17300.00 | 1760.00 | 11300.00 | 2044.79 | 11726.71 | –284.79 | –426.71 | |
| 5 | ××.12.31 | 砌体完2/3…… | 22123.00 | 3511.00 | 14811.00 | 3383.50 | 15110.21 | 127.50 | –299.21 | |
| 6 | ××.2.9 | 初装完1/3…… | 24123.00 | 2125.00 | 16936.00 | 2308.80 | 17419.01 | –183.80 | –483.01 | |
| 7 | ××.6.12 | 精装完1/3…… | 28523.00 | 3480.00 | 20416.00 | 3394.29 | 20813.30 | 85.71 | –397.30 | |
| 8 | ××.9.19 | 装饰基本完成 | 29973.00 | 1315.00 | 21731.00 | 1301.89 | 22115.19 | 13.11 | –384.19 | |
| 9 | ××.1.30 | 室内地坪完成 | 30073.00 | 370.00 | 22101.00 | 1246.29 | 23361.48 | –876.29 | –1260.48 | |
| 10 | ××.5.31 | 工程竣工 | 0.00 | 2657.30 | 24758.30 | 1161.30 | 24522.78 | 1496 | 235.52 | |
| 11 | ××.6.30 | 备案完成 | 0.00 | 1328.75 | 26087.05 | 1955.52 | 26478.30 | –626.77 | –391.25 | |
| 12 | ××.10.31 | 结算完成 | 0.00 | 2657.30 | 28744.35 | 1430.01 | 27908.31 | 1227.29 | 836.04 | |
| 13 | ××.5.31 | 保修期满 | 0.00 | 1328.65 | 30073.00 | 406.37 | 28314.68 | 922.28 | 1758.32 | |
| 合计 | | | 30073.00 | 30073.00 | | 28314.68 | | 1758.32 | | |

| | | | | 项目名称 | | | A 项目 | | | |
|---|---|---|---|---|---|---|---|---|---|---|
| | | 项目现金流量调整表 | | 表 号 | | | 资金策划 -2 | | | |
| | | | | 页 数 | | | 第 1 页 共 2 页 | | | |

| 序号 | 时间 | 策划节点形象进度 | 预计节点累计产值（万元） | 现金流入（万元） | | 现金支出（万元） | | 净现金流（万元） | | 措施说明 |
|---|---|---|---|---|---|---|---|---|---|---|
| | | | | 当期 | 累计 | 当期 | 累计 | 当期 | 累计 | |
| 1 | ××年春节 | 支护完成…… | 3184.00 | 2200.00 | 2200.00 | 1360.05 | 1360.05 | 839.95 | 839.95 | （略） |
| 2 | ××.6.22 | 喷锚完成50%…… | 12200.00 | 6311.20 | 8511.20 | 5757.61 | 7117.66 | 553.59 | 1393.54 | （略） |
| 3 | ××.8.30 | 地下室完成…… | 16200.00 | 2800.00 | 11311.20 | 2564.26 | 9681.92 | 235.74 | 1629.28 | （略） |
| 4 | ××.9.30 | 主体完成…… | 18700.00 | 1760.00 | 13071.20 | 2044.79 | 11726.71 | -284.79 | 1344.49 | （略） |
| 5 | ××.12.31 | 砌体完2/3…… | 22523.00 | 2676.00 | 15747.20 | 3383.50 | 15110.21 | -707.50 | 636.99 | |
| 6 | ××.2.9 | 初装完1/3…… | 24523.00 | 2125.00 | 17872.20 | 2308.80 | 17419.01 | -183.80 | 453.19 | |
| 7 | ××.6.12 | 精装完1/3…… | 28523.00 | 3000.00 | 20872.20 | 3394.29 | 20813.30 | -394.29 | 58.90 | （略） |
| 8 | ××.9.19 | 装饰基本完成 | 29973.00 | 1315.00 | 22187.20 | 1301.89 | 22115.19 | 13.11 | 72.01 | （略） |
| 9 | ××.1.30 | 室内地坪完成 | 30,73.00 | 1000.00 | 23187.20 | 1246.29 | 23361.48 | -246.29 | -174.28 | |
| 10 | ××.5.31 | 工程竣工 | 0.00 | 1657.30 | 24844.50 | 1161.30 | 24522.78 | 496 | 321.72 | |
| 11 | ××.6.30 | 备案完成 | 0.00 | 1828.75 | 26673.25 | 1955.52 | 26478.30 | -126.77 | 194.95 | |
| 12 | ××.10.31 | 结算完成 | 0.00 | 2071.30 | 28744.35 | 1430.01 | 27908.31 | 641.09 | 836.04 | |
| 13 | ××.5.31 | 保修期满 | 0.00 | 1328.65 | 30073.00 | 406.37 | 28314.68 | 922.28 | 1758.32 | |
| 合计 | | | 30073.00 | 30073.00 | | 28314.68 | | 1758.32 | | |

## 四、税务筹划

1.关于营业税部分:(略)。

2.关于印花税部分:(略)。

3.关于企业所得税代征部分:(略)。

4.关于个人所得税部分:(略)。

## 第三部分 资金策划附件

1.中建五局A项目资金策划各节点收入统计底稿明细表初表(略)。

2.中建五局A项目资金策划各节点成本统计底稿明细表初表(略)。

3.中建五局A项目资金策划各节点收入统计底稿明细表调整表(略)。

4.中建五局A项目资金策划各节点成本统计底稿明细表调整表(略)。

# 三、A项目季度/节点成本分析考核

项目成本分析考核,特别是项目的过程成本分析考核,是建筑工程企业实现"法人管项目"最有效的手段,因为只有通过一定的量化分析手段,才有可能真正比较全面真实地了解一个项目的运营状态,并通过这种了解来查找管理问题,改进管理方法,调整资源配置,进而实现项目既定管理目标。同时它也是落实"责权利",及时进行责任奖罚,确保项目员工激励有效的保障。因此,项目成本分析考核制度既是企业必须履行的管控职责,也是项目激励的需要,所以,不论项目盈亏都必须要完全进行既定的分析考核工作。

中建五局要求对所有项目都必须进行过程与最终成本分析考核。要求二级公司层面对所属项目必须年度全部覆盖一次以上,三级分公司(项目的上级管理机构)对所属项目必须年度全部覆盖四次以上,集团层面则以半年检查为重点对每家二级公司指定一定数量的项目参加分析考核。

中建五局对项目的成本分析考核强调两个方面的内容：一方面是企业层面必须建立健全项目成本分析考核制度，确保成本分析考核"流程规范"，以保障项目层面的成本数据统计真实、准确；确保成本分析考核"考核及时"，以保障项目层面的过程责任奖罚及时；同时确保成本分析考核"建议有效"，以保障企业总部的服务、指导和监管要对项目具体管理工作有实际的促进作用，能及时解决项目重点、难点问题。另一个方面是要求项目成本分析考核中，企业层面与项目层面必须形成良好的管理互动，对于盘点、分析工作都必须同时参与，必须以会议形式来完成分析考核的核心动作。

本实例以 A 项目 ×× 年度第四季度的成本分析考核资料实际内容为样本，完整地向读者提供了中建五局应用"方圆图"的管理流程与方法，以过程成本分析考核为平台，通过"三算对比"（预算收入、目标成本与实际成本），特别是对"五类费用"及其包括的不同建筑工程项目之间经常存在管理差别较大的子项进行核查，并对建筑工程项目的"四大支撑"管理从量、价方面进行量化分析，查找管理不足，提升项目管控和履约能力，增强项目降本创效绩效，落实工程项目管理三个基本理念的具体做法（为方便表述，部分内容有删节）。

附 5:

# 中建五局 ×× 公司 A 项目

## 项目成本考核分析文件

项目名称：<u>A 项目经理部</u>

节点形象：<u>（略）</u>

核算时段：<u>×× 年 × 月 × 日 ~ ×× 年 × 月 × 日</u>

## ××××年四季度成本考核兑现审批表

项目名称：A项目　　　　　　　　　　　　　　　　　　　　　　　　　　单位：人民币万元

| 责任书指标完成情况考核 | | | | | 成本降低兑现计算情况 | | |
|---|---|---|---|---|---|---|---|
| 责任指标 | 考核评价结论 | 扣罚奖金建议 | 部门审签 | 分管领导 | 分项名称 | 已完工程累计 | 未完工程预计 |
| 工期管理 | （略） | −2 | ××× | ××× | 产值收入 | 28711.43 | 2500.45 |
| 质量管理 | （略） | 0 | ××× | ××× | 考核成本 | 26085.90 | 2302.98 |
| 安全环保 | （略） | 0 | ××× | ××× | 责任利润 | 2153.36 | 187.53 |
| CI创优 | （略） | 0 | ××× | ××× | 项目成本降低额 | 472.17 | 9.94 |
| 财务与资金 | （略） | −0.3 | ××× | ××× | 项目成本降低率 | 1.64% | 0.4% |
| 物资管理 | （略） | −0.1 | ××× | ××× | 考核应计提奖金 | 236.09 | |
| 资料管理 | （略） | −0.1 | ××× | ××× | 考核应扣罚金额 | −4.00 | |
| 风险管理 | （略） | −0.5 | ××× | ××× | 累计已发奖金额 | 145.00 | |
| 成本管理 | 责任利润 7.00% / 实际利润 9.04% | 0 | ××× | ××× | 考核应发奖金 | 91.09 | |
| 商务经理：××× | | 项目经理：××× | | | （本次应发额大写）：玖拾壹万零玖佰元整 | | |
| 分公司审核 | 商务合约部：×××（审核意见略）<br>总经济师：×××（审核意见略）<br>总会计师：×××（审核意见略）<br>总经理：×××（审核意见略） | | | | 公司审核备案 | 商务合约部：×××（审核意见略）<br>人力资源部：×××（审核意见略）<br>总经济师：×××（审核意见略） | |

# ××××年四季度成本考核分析会记录

项目名称：A项目 第1页 共3页

| 会议时间 | ××××年1月7日 | 会议地点 | A项目大会议室 | 主持人 | ××× | 记录人 | ××× |
|---|---|---|---|---|---|---|---|

| 参加会议人员签到 | 上级参会人员 | 项目经理部参会人员 | | | |
|---|---|---|---|---|---|
| | ×××、×××、×××、×××、×××、×××、 | ×××、×××、×××、×××、×××、×××、×××、×××、×××、×××、×××、×××、×××、×××…… | | | |

| 会议纪要 |
|---|

| 项目主要发言记录 | 姓名 | 岗位 | 岗位发言主要内容记录 |
|---|---|---|---|
| | ××× | 商务经理 | （略） |
| | ××× | 技术经理 | （略） |
| | ××× | 生产经理 | （略） |
| | …… | | |

| 项目经理会议小结的主要内容 | （略） |
|---|---|

| 上级参会者的建议要求 | 姓名 | 职务 | 公司/分公司考核参会人员的主要建议与要求记录 |
|---|---|---|---|
| | ××× | 分公司总经济师 | （略） |
| | ××× | 分公司总会计师 | （略） |
| | …… | | |

附6：

# A项目××××年第四季度

## 成本分析报告与数据统计表单

节点形象：（略）

核算时段：××年×月×日～××年×月×日

编制时间：××年××月××日

项目经理：×××                    商务经理：×××

# 第一部分 编制说明

## 一、工程概况

### 工程概况表

1. 建筑面积：总建面积 180383m²。其中地下室 41354m²，占比 23%；裙楼 5430m²，占比 3%；地上主楼 133599m²，占比 74%

2. 栋数、楼层、高度、结构形式：共 11 栋；其中 2 号栋高 99.45m，地下 2 层，地上 32 层，框剪结构；3 号栋高 138.3m，地下 2 层，地上 45 层，框剪结构；4 号栋高 99.45m，地下 2 层，地上 32 层，框剪结构；5 号栋高 99.45m……

3. 施工范围：自行施工包括施工图范围内的建筑工程（包括基础工程、地下室、上部主体结构）、装饰装修工程（含屋面及外墙保温、防水等）及安装工程；总承包管理范围包括铝合金门窗及空调百页；雨篷、幕墙、钢结构……

4. 合同价款：合同总价 30073 万元（包括土建 28740 万元，机电 1063 万元，总包配合费 270 万元）

5. 工期：从开工到精装修工作面移交的总工期 485 天；从开工到具备单体竣工验收条件的总工期 697 天，售楼部××××年 4 月 30 日开放，××××年 6 月 30 日 7 号、8 号楼达到预售（主体 10 层）

实际开工日期：7 号、8 号栋××.12.5；6 号栋××.12.15；5 号栋××.12.20；4 号栋××.5.1；3 号栋××.5.10；2 号栋××.5.15

## 二、主要资源投入与指标系数

### 主要资源投入与指标系数表

| | 资源名称 | 管理人员 | 劳务人员 | 塔吊 | 人货电梯 | 输送泵 | 临建投入 | 模板 | 木枋 | …… |
|---|---|---|---|---|---|---|---|---|---|---|
| 资源投入 | 策划数 | 25 人 | 500 人 | 4 台 | 8 台 | 4 台 | 231.5 万元 | 90000m² | 3800m³ | …… |
| | 目前实际数 | 24 人 | 470 人 | 4 台 | 8 台 | 3 台 | 223.3 万元 | 85700m² | 3239m³ | …… |
| | 指标名称 | 钢筋 | 混凝土 | 砌体 | 模板系数 | 内抹灰 | 外抹灰 | …… | | |
| 指标含量 | 建筑平方米含量 | 73kg/m² | 0.56m³/m² | 0.11m³/m² | 3.53 | 1.79m²/m² | 0.70m²/m² | …… | | |

## 三、本期考核资料的相关说明

**本期考核资料的相关说明**

1. 考核期形象进度说明：2号栋砌体完成1～5层和29F屋顶层，内外抹灰完成3F屋面层，3～32层内保温完，3F屋面层外抗裂完，2号栋烟道完成；3号栋1～2层砌体，3～15层及22～45层内保温完成，1～45层内灰完成，1～19层及29F屋面层外抹灰完，地面完成50%，3～19层及29F屋面层外墙抗裂砂浆完成，3号栋26～45层烟道完，涂料完成50%；4和栋地面完成3～32层，屋面保温防水刚性层完，4号栋顶棚与墙面腻子完成70%，4号栋厨卫阳台防水完；5号栋除厨卫阳台涂膜防水4～9层完；6号栋除厨卫阳台涂膜防水4～19层完；一区5号、6号、7号、8号栋地下室风机房保温完成，一区地下室负二层腻子完成剩余20%；二区地下室负一、负二层砌体完，负一、负二层内抹灰完，负二层地面完；二区地下室负一层墙面顶棚腻子完成80%，二区地下室负二层顶棚墙面腻子完成80%；2号、3号、6号、7号外墙伸缩缝工程完成

2. 统计时段说明：自××年××月××日～××年××月××日

| | 已完工程累计收入计列说明（单位：万元）（保留两位小数） | | | |
|---|---|---|---|---|
| 合同内列收 | 签证索赔 | | | 列收合计 |
| | 已审定列收 | 未审定列收 | 未列收 | |
| 28603.38 | 108.05 | 231.11 | 231.11 | 28711.43 |

3. 统计数据说明

对收入的文字说明：（1）合同内土建收入27471.13万元；机电安装收入1024.34万元；总包管理费收入107.92万元；（2）因施工图预算对审已完成，列收即为对外列收，故对外列收无差异……

成本数据说明：

1）统计表中属"预提成本数据"的说明：材料费预提成本14.95万元，现场经费预提财务返税金直接冲减的成本241.4万元、财务收劳保冲直接冲减的成本415.14万元、预提成本129.13万元，预提税金1043.41万元

2）统计表中属"抵扣成本数据"的说明：现场经费冲减过程兑现奖金60万元、财务收款交个税328.13万元、交劳保563.13万元、代交甲方罚款81.40万元，分包费冲减甲方分包产值1900万元、二期土方成本676.4万元

……

# 第二部分　分析报告

## 一、项目总体盈亏情况分析

### 1.本期"项目成本管理方圆图"内容

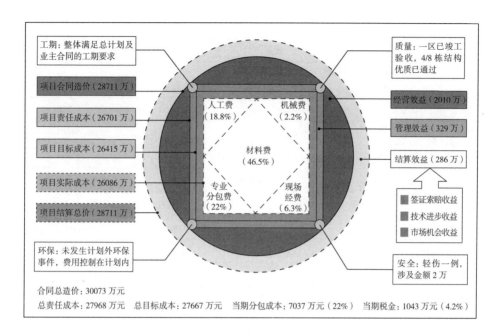

合同总造价：30073 万元

总责任成本：27968 万元 总目标成本：27667 万元 当期分包成本：7037 万元（22%） 当期税金：1043 万元（4.2%）

## 2.项目盈亏数据表（保留两位小数）

### 项目盈亏数据表 （单位：万元）

| 已完工程累计 | | | | | 未完工程预计 | | | | | 项目整体情况预计 | | |
|---|---|---|---|---|---|---|---|---|---|---|---|---|
| 收入 | 成本 | 责任上缴 | 利润额 | 成本降低额 | 收入 | 成本 | 责任上缴 | 利润额 | 成本降低额 | 责任上缴 | 利润额 | 成本降低额 |
| 28711.43 | 26085.90 | 2153.36 | 2625.52 | 472.17 | 2500.45 | 2302.98 | 187.53 | 197.47 | 9.94 | 2340.89 | 2823 | 482.11 |

## 3.项目主要盈利点

### 项目主要盈利点列表

| 序号 | 分项内容 | 单位 | 工程量 | 收入 | | 成本 | | 单价差 | 赢利额（万元） | 赢利率 | 备注 |
|---|---|---|---|---|---|---|---|---|---|---|---|
| | | | | 单价（元） | 合价（万元） | 单价（元） | 合价（万元） | | | | |
| 1 | 钢筋（价差） | t | 11037.00 | 4451.00 | 4917.00 | 4188.00 | 4622.00 | 263.00 | 295.00 | 6% | |
| 2 | 钢筋（量差） | t | 795.00 | 4451.00 | 353.00 | | | | 353.00 | 100% | |
| 3 | 混凝土（价差） | m³ | 94930.00 | 360.00 | 3404.00 | 352.00 | 3342.00 | | 62.00 | 5% | |
| 4 | 混凝土（量差） | m³ | 1403.00 | | 64.00 | | | | 64.00 | 100% | |

续表

| 序号 | 分项内容 | 单位 | 工程量 | 收入 | | 成本 | | 单价差 | 赢利额（万元） | 赢利率 | 备注 |
|---|---|---|---|---|---|---|---|---|---|---|---|
| | | | | 单价（元） | 合价（万元） | 单价（元） | 合价（万元） | | | | |
| 5 | 水泥（价差） | t | 6996.00 | 484.00 | 339.00 | 391.00 | 274.00 | 93.00 | 65.00 | 23% | |
| 6 | 砌体（量差） | m³ | 329.00 | 266.00 | 17.00 | | | | 17.00 | 100% | |
| 7 | 砌体（价差） | m³ | 17885.00 | 266.00 | 466.00 | 238.00 | 425.00 | 28.00 | 41.00 | 9% | |
| 8 | 机电 | 元 | | | 1024.00 | | 925.00 | | 99.00 | 10% | |
| 9 | 土方 | 元 | | | 1067.00 | | 988.00 | | 79.00 | 7% | |
| 10 | 基坑支护 | 元 | | | 1800.00 | | 1482.00 | | 318.00 | 18% | |
| 11 | 钢结构 | 元 | | | 301.00 | | 236.00 | | 65.00 | 22% | |
| 12 | 水泥基 | 元 | | | 145.00 | | 121.00 | | 24.00 | 16% | |
| 13 | 油漆、涂料 | m² | | | 321.00 | | 172.00 | | 149.00 | 46% | |
| 14 | 内保温 | m² | | | 372.00 | | 334.00 | | 38.00 | 10% | |
| 15 | 内抹灰增加玻纤网 | m² | 88570.00 | 11.80 | 105.00 | 4.60 | 41.00 | 7.20 | 64.00 | 61% | |
| | 合计（万元） | | | | 14731.00 | | 12962.00 | | 1769.00 | | |

## 4. 项目主要亏损点分析

### 项目主要亏损点列表

| 序号 | 分项内容 | 单位 | 工程量 | 收入 | | 成本 | | 单价差（元） | 亏损额（万元） | 亏损率 | 备注 |
|---|---|---|---|---|---|---|---|---|---|---|---|
| | | | | 单价（元） | 合价（万元） | 单价（元） | 合价（万元） | | | | |
| 1 | 水泥（量差） | t | 514 | | | | | −391 | −20 | 100% | |
| 2 | 砂子（价差） | m³ | 20738 | 85 | 176 | 140 | 290 | −55 | −114 | −65% | |
| 3 | 砂子（量差） | m³ | 367 | | | | | 140 | −5 | 100% | |
| 4 | 外墙抗裂砂浆 | m² | 103637 | 13.69 | 142 | 14.5 | 150 | −0.81 | −8 | −6% | |
| 5 | 外墙抹灰 | m² | 133816 | 22.9 | 306 | 43 | 575 | −20.1 | −269 | −88% | |
| | 合计（万元）m² | | | | | | | | −416 | | |

## 二、项目各类分项成本分析

### 1. 劳务费：

1）实体劳务费实际成本根据劳务合同结算，目标成本与实际成本基本吻合，处于受控状态。一区基本完工，在主体劳务结算中仔细审核盘点了劳务工程量，项目确保劳务结算工程量小于等于预算量。

2）本期零星用工较多，主要是改造增加、零星变更增加造成。下一步使用计时工临时派工的时候，必须将各家主体劳务责任区分开来，统一由栋号长派工，由生产经理×××负责审批。尽量使用工作量计价，减少零星用工，严格控制合同外用工。

3）辅工用工的目标成本为115万元，实际已发生成本117万元，后期预计成本约9万元，按当前情况估计，有可能将超过11万元，原因是×月份开始保安、保洁人员工资上涨，并增加临水临电维修人员各一名。

### 2. 材料费：材料累计目标成本为10325万元，实际成本为9298万元，实际成本较目标成本降低1027万元。

1）钢筋自开工累计图算量为××××t（预算量未加损耗，根据合同不包括马凳用钢筋），实际量为××××t，节超率×%。主要原因是：材料进场严格把关；现场制作、安装把控严、废料率仅为×%；同时施工图预算对审效果较好。

2）混凝土自开工累计图算量为×××m³，实际用量为××××m³，节超率为×%。主要是在预算对审中把连梁混凝土、墙柱梁接头处加宽混凝土争取到了按实际的高强度等级计量，解决了高强度等级混凝土亏损的问题。

3）砌体略有盈余，特别是二区砌体用量管理比较好，基本没有浪费，在定额损耗率内还降低了一半……

4）水泥亏损较大，主要是外墙抹灰设计厚度过薄，现场施工无法按设计厚度控制，内外墙抹灰落地灰较多，浪费较大。下一步必须由生产线进一步强化劳务班组"工完场清"要求，落实限额领料，抓几次现场浪费的处罚兑现，减少亏损。

5）主要材料自开工累计的"三算对比"情况详见"数据统计表 4-3-1"。

3. 机械费：项目机械费策划总目标 578.20 万元，实际已发生成本 539.21 万元，后期预测尚需发生成本 61.14 万元，共 600.35 万元，实际总成本超计划总成本 22 万元。项目设备租赁费实际单价均低于目标成本单价，控制较好。但 1、2 号塔吊使用时间已超出目标使用时间 2 个月。目前主要是要合理计划 1、2 号塔吊拆除时间，减少后期租赁成本。另超策划目标成本的主要原因是机操人员工资因期间价格上涨而超标，既原策划时编制成本偏低。

4. 周转材料费：本项目一区周转材料由劳务队提供，其他三个区模板板、木枋、架料、安全网、脚手架自行提供，由劳务队提供的按建筑面积平方米包干，累计目标成本与实际成本一致。

其他区项目部进场周转材料共 264.28 万元，目前已回收残值 8.28 万元，目前管控情况较好，但按生产线提供的情况，四区模板还需增加，要求按分公司物资部考核提示转调"××"项目出场料，确保目标成本额不突破。

5. 现场经费：现场经费总目标 2072.81 万元，实际已发生成本 1829.67 万元，后期预测尚需发生成本 219.97 万元，共 2049.64 万元，实际总成本较计划总成本节余约 20 万元。

其中，检验试验费因增加结构检测增加成本 19 万元；临设投入 223.30 万元，按公司规定标准摊销进成本，临建费占收入比例 0.9%；水电费金额比目标节余 32 万元，占总收入的比例为 0.9%，控制良好。另外，项目资金控制好，支出利息比目标节约 37 万元……

6. 分包工程费：分包工程原总计划的成本降低率为 7%，目前累计成本降低率为 11%，控制较好。基坑支护、防水、保温、烟道、滤水板、油漆、涂料、直螺纹、泡沫混凝土等分包工程利润率都超原计划利润率较多，特别是 ×××、××× 两个分项分别扭负利润率 –15%、–12% 为正利润率 13%、11%，目前尚未完工的油漆、涂料利润率达 ××%，可增大后期利润率。

本季度其他分包工程 ×× 万元，根据公司文件，超过部分将从最终兑现奖中抵扣，必须严格控制。

7. 税金：税金 1043.31 万元，其中分包工程个税 78.61 万元。

## 三、项目固定成本表

**项目固定成本表** （单位：万元）（保留两位小数）

| 费用名称 | 单季（月）金额 | 累计成本金额 | 后期预计平均每季（月）发生额 | 备注 |
|---|---|---|---|---|
| 周转材料租赁费 | 12.53 | 294.45 | 7.30 | 平均估值 |
| 设备租赁及操作人员工资 | 14.02 | 539.21 | 15.29 | |
| 临时设施固定费用 | 9.46 | 223.30 | 9.46 | 含板房租赁、水电 |
| 固定管理费用 | 34.28 | 695.88 | 33.11 | |
| 合计 | 70.27 | 1752.84 | 65.16 | |

说明："季（月）"中：周转物料租赁 ×××万，设备租赁 ×××万，管理费用 ×××万，临设固定费用 ××万。"累计"中：周转物料租赁 ×××万，设备租赁 ××万，管理费用 ×××万，临设固定费用 ×××万。"后期"中：周转物料租赁 ×××万，设备租赁 ×××万，管理费用 ×××万，临设固定费用 ×××万。
设备租赁及操作人工费后期预计平均月发生额包括设备出场费。

## 四、项目"四大支撑"统计分析表

**项目"四大支撑"统计分析表** （单位：万元）（保留两位小数）

| | 本期损失额 | 累计损失额 | 相关分析 |
|---|---|---|---|
| 工期 | −2.00 | −3.00 | |
| 质量 | 0.00 | −0.50 | 项目"四大支撑"的履约实际较好，特别是业主方十分满意。相关损失主要来自于公司两次内控检查对于工期风险管理、质量内业资料以及文明施工方面的 2 次管理罚款…… |
| 安全 | 0.00 | 0.00 | |
| 环保 | 0.00 | −0.70 | |
| 合计 | −2.00 | −4.20 | |

项目经理：×××　　　　　　　　项目商务经理：×××

×××× 年 ×× 月 ×× 日

报告附件：

1. 项目岗位责任奖罚表；

2. 成本分析会各岗位发言文本材料（略）；

3. 项目"三算对比"成本数据统计表（略）；

  1）项目成本数据汇总表（表Ⅰ）

  2）人工费分项统计表（表Ⅱ-1）

  3）实体材料费分项统计表（表Ⅱ-2）

  4）主要材料量、价对比分析表（表Ⅱ-2-1）

  5）机械费分项统计表（表Ⅱ-3）

  6）现场经费分项统计表（表Ⅱ-4）

  7）周转材料分项统计表（表Ⅱ-5）

  8）分包工程费分项统计表（表Ⅱ-6）

  9）工程税金分项统计表（表Ⅱ-7）

  10）临时设施费用计算明细表（表Ⅲ-1）

  11）水电费用计算明细表（表Ⅲ-2）

  12）工机具费用计算明细表（表Ⅲ-3）

  13）职工费用计算明细表（表Ⅲ-4-1）

  14）职工费用个人累计明细表（表Ⅲ-4-2）

  15）规费类费用计算明细表（表Ⅲ-5）

  16）各二级单位规定提供的其他附表（如盘点表、财商对比表、当期现金流量表等）

## 附表：中建五局A项目×××年第四季度考核期间各岗位责任奖罚汇总表

| 序号 | 岗位 | 姓名 | 岗位管理责任内容及奖罚 | | | | | | | | | | | 合计（元） | 备注 |
|---|---|---|---|---|---|---|---|---|---|---|---|---|---|---|---|

**一、生产线条**

| 序号 | 岗位名称 | 姓名 | 钢材损耗率x%以上x%以下 | 混凝土损耗率x%以上x%以下 | 砌体损耗率x%以上x%以下 | 水泥损耗率x%以上x%以下 | 砂石损耗率x%以上x%以下 | 工期延误 | 安全损失 | 文明施工 | 合同外用工 | 临建费用 | … | 合计（元） | 备注 |
|---|---|---|---|---|---|---|---|---|---|---|---|---|---|---|---|
| 1 | 生产经理 | ××× | +1500 | +300 | +300 | -800 | -200 | -500 | +500 | -300 | +500 | 0 | … | +1300 | ×× |
| … | … | … | ×× | ×× | ×× | ×× | ×× | ×× | ×× | ×× | ×× | ×× | … | ×× | |

**二、技术线条**

| 序号 | 岗位名称 | 姓名 | 技术创效责任x以上x以下 | 项目总体质量管理 | 项目质量通病控制 | QC小组活动目标 | 进度计划更新准确性及时性 | 实测开裂空鼓率 | 实测结构尺寸偏差 | 质量返工费用指标 | 材料送检 | 资料同步 | … | 合计 | 备注 |
|---|---|---|---|---|---|---|---|---|---|---|---|---|---|---|---|
| 1 | 技术总工 | ××× | +1000 | -100 | +300 | +300 | +100 | +100 | +300 | -100 | +100 | -500 | … | +1500 | ×× |
| … | … | … | ×× | ×× | ×× | ×× | ×× | ×× | ×× | ×× | ×× | ×× | … | ×× | |

**三、商务线条**

| 序号 | 岗位名称 | 姓名 | 工程量预算准确性 | 施工任务书审核 | 分供方结算办理 | 管理过程中签证索赔创效 | 主合同结算效益 | 工期延误 | 分供方用工时用工 | 临建费用 | | | … | 合计 | 备注 |
|---|---|---|---|---|---|---|---|---|---|---|---|---|---|---|---|
| 1 | 商务经理 | ××× | +800 | +200 | -300 | +500 | +500 | 0 | -300 | +100 | | | … | +1500 | ×× |
| … | … | … | ×× | ×× | ×× | ×× | ×× | ×× | ×× | ×× | | | … | ×× | |

**四、物质设备线条**

**五、综合后勤线条**

……

| 合计 | | | | | | | | | | | | | | ××××× | |

277

# 参考文献

［1］卡尔·马克思著.资本论.陈启修（陈豹隐）译.北京：人民日报出版社，2004.

［2］中共中央马克思恩格斯列宁斯大林著作编译局.马克思恩格斯全集.北京：人民出版
　　社，2008.

［3］程启智.论马克思生产关系二维理论.当代经济研究，2005.

［4］周三多，陈传明，鲁明泓.管理学原理与方法.上海：复旦大学出版社，2005.

［5］张青林.项目管理与建筑业.北京：中国建筑工业出版社，2006.

［6］中国施工企业管理协会.全国工程建设行业信息化发展报告（2014）.

# 后　记

　　市场经济条件下，工程项目的成本管理是工程项目管理的核心。20 世纪 80 年代的"鲁布革经验"之所以引起强烈反响，关键在于工程项目总承包方日本大成公司只派了 30 多名管理人员，雇了 424 名中国工人，工程进度比当时的同类工程快了 2 ~ 2.5 倍，工程质量优良，工程造价比标底价低了 43%。也就是说，进度快、质量优、造价低是"布鲁革经验"得以迅速推广的根本原因。时任国务院总理和副总理都给予了极大关注，并极力倡导推广"鲁布革经验"。"鲁布革冲击"开启了我国工程建设领域的新篇章，"项目法施工"模式得到广泛运用。经过 30 多年的实践，中国工程建设的项目管理水平大大提高了，工程建设领域的广大从业者付出了艰苦的努力，积累了丰富的经验，为"中国管理"做出了十分重要的贡献。将这些实践中产生的管理经验进行总结提升，再应用于我们的管理实践，从而进一步提升"中国管理"的含金量，进而降低社会能耗，提高社会生产力，是一件十分有意义的事情。

　　基于上述想法，笔者结合自己从业近 40 年的工作经历，特别是近 10 多年的工作实践，提出了"方圆理论"的概念，初衷是想把中国传统的方圆之道运用到现代企业管理的实践中，尤其是运用到我国社会转型期的工程项目管理的实践中，以丰富项目管理的理论研究成果。当前工程建设领域的现状是：企业通过招投标从市场上拿到工程项目的承包权后，组织项目管理班子，并采取招（议）标等方式进行项目生产要素的配置。项目管理过程中，经过合约的商务谈判、商务策划、商务签证索赔、材料机械采购、分供方结算到工程竣工结算收款等环节形成了工程项目的建造成本，再经过企业的财务核算产生项目利润和企业利润。从工程建设项目的这种运营特点中可以看出，项目建造成本形成的关键在合约商务环节，而不在财务核算环节。

鉴于工程项目管理过程的实际，本书研究的工程项目成本管理是从"商务成本"的角度出发的，主要的研究对象是"商务成本"。这一点与通常的"财务成本"是有所不同的，"商务成本"更加强调"过程"，而"财务成本"则更加强调"结果"。一般情况下，工程项目的建造成本基本上是由"商务成本"决定的。

项目管理"方圆理论"的研究，我是从 2004 年 5 月广东东莞召开的中建五局项目管理座谈会上提出"一、二、三次经营"概念时开始的。那个会上，我们提出了建筑施工企业三件事的说法，即"接活、干活、算账收钱"。"接活"就是要解决市场问题，是"一次经营"；"干活"就是要解决现场问题，是"二次经营"；"算账收钱"就是要解决清场问题，是"三次经营"。后来，又相继提出了"经营效益"、"管理效益"、"结算效益"的概念。从而为企业项目管理责任制的建立提供了一个基础。到了 2008 年，我们开始将这些管理理念用"方圆图"的形式表达出来，以后又加进了"工期、质量、安全、环保"这"四大支撑"要素和"五项成本"的划分，使得"方圆理论"丰富起来，逻辑上更加严密了，实践上更加具有操作性了。2010 年，工程项目成本管理的"方圆理论"基本成型，2011 年 10 月，我主持编撰了《中建五局项目成本管理方圆图》的小册子。2013 年 7 月，我调离中建五局工作后，花了一年的时间，相对集中地对这个"方圆理论"进行系统性思考梳理，形成了目前这样一个"实论"的框架体系。可以说，工程项目成本管理的"方圆理论"，前后用了 10 年时间才逐渐成熟，前五年侧重于管理实践的总结提炼，后 5 年侧重于管理理论的应用完善。到今天可以成书与业界同行见面了，恳切希望同行、专家、老师指教。

在这里我要郑重地向我在中建五局工作期间的同事们表示真诚地感谢和由衷地敬意！尤其是黄刚、龙力勇、谭立新、王素莲、彭爱平、文章英、姚子辉、曾宇红、刘畋、孙伟以及严佳、朱立洋等同事在"方圆理论"的形成、实践过程中，做出了重要贡献，在本书的写作过程中做了大量有效的工作，十分感谢他们的真诚帮助。此时此刻，我还要特别感谢中国工程院何继善院士、肖绪文院士、叶可明院士的悉心指导，叶可明院士还亲自为本书写了序。原建设部建筑业管理司司长、建设部总工程师姚兵先生不辞辛苦为本书写序，令人鼓舞和感动。还有不少同志对本书的出版发行给予了宝贵的支持和帮助，在此一并表示感谢。

期盼本书的出版发行，能使"中国管理"的内涵更加丰富。

由于笔者水平所限，书中疏漏、甚至谬误在所难免，敬请批评指导。

鲁贵卿

二〇一五年七月十六日

# Postscript

Under market economy conditions, cost management of engineering project is the nucleus of project management. Strong repercussions aroused by "experience of Lubuge" lied mainly in the fact that the progress of works was 2 to 2.5 times faster than the similar project, and project cost was 43% less than of the bottom sign price, though the general contractor of construction project, Taisei Corporation, employed only 424 Chinese workers, with 30 administrators. To be specific, the fundamental cause of popularizing "experience of Lubuge" was its fast progress, excellent quality and low cost. Premier and vice premier of the state council paid great attention to promoting it. To some degree, "the impact of Lubuge" opened a new chapter on our engineering construction field, and "project construction" was widely used. After 30 years' application, Chinese project management level has been greatly improved, and rich experience has been gathered by plenty of workers in the engineering construction field through their greatest efforts, which made great contribution to "Chinese management". It's significant to apply such management experience into practice so as to improve the gold content of "Chinese management", reduce energy consumption, and develop productive forces is significant.

Combined what have mentioned above with my 40 years' working experience, especially the recent 10 years, I proposed "Square–Round theory". My original intention was to apply Chinese traditional method into modern enterprise management, especially into project management in the social transition period, so as to enrich the theoretical research achievements of project management. At present, the status quo in the engineering construction field is that the enterprise obtains the contracting right of project through bidding, organizes project management team, and arranges the production elements by invitation for bid. In project management, the construction cost generates after a lot of links like claim for compensation of business negotiation, business planning, and business visa, and receipt of material and machine purchase, the settlement of sub–suppliers, and the settlement of engineering construction, and later the project and enterprise profits yield after the financial accounting. It can be observed from the operation characteristics of construction project that the key to generate construction cost lies in the process of contract rather than that of financial accounting.

In view of the actual situation in the process of engineering project management, the study of project cost management in this book is from the perspective of "business cost", with "business cost" as its main research subject, which is different from "financial cost" for the former emphasizes "process" while the latter stresses "result". In general, "business cost" determines the construction cost.

"Square–Round Theory" in project management was first generated from the concept of "Three Parts of Management" proposed in the meeting of project management in Dongguan, Guangdong province, in May, 2004. At the meeting, we put forward the three steps in construction enterprise, namely, "undertaking work, fulfilling the project, and doing accounts and earning money from project". To be specific, "undertaking work" is to solve market problems, which is "the first part of management"; "fulfilling the project" is to settle site issues, which is "the second part of management"; and "doing accounts and earning money from project" is to figure out matter of site–clearing, which is "the third management". Later, the concepts of "operation efficiency", "management efficiency", and "settlement efficiency" were raised, which laid a foundation for the establishment of project management responsibility. In 2008, we expressed those management concepts in the form of "Square–Round Theory", later added "Four Elements for Support" like "duration, quality, safety, and environmental protection", and divided "Five Kinds of Cost", which greatly enriched "Square–Round Theory" with close logic and strong operability. In 2010, "Square–Round theory"in project cost management basically took shape. In October, 2011, I presided over the editing of *CSCEC 5b Cost Management's Square-Round Theory of Engineering Project.* Last July, after transferring from *CSCEC 5b,* I spent one year to have a systematic study of "Square–Round theory" so as to get a framework system. As it were, it took nearly ten years to develop "Square–Round Theory". Actually, the former five years were for summarizing management practice, and the next five years were for application and improvement of management practice. Now it's a book to meet my counterparts, experts and scholars. Please give me your feedback.

Here I would like to express my sincere gratitude for my colleagues during my tenure in CSCEC 5b, especially Huang Gang , Long Liyong, Tan Lixin, Wang Sulian, Peng Aiping, Wen Suying, Yao Zihui, Zeng Yuhong, Liu Tian, Sun Wei, Yan Jia, Zhu Liyang, who made great contribution to the formation of "Square-Round Theory". Special thanks also go to members of the Chinese Academy of Engineering, like He Jishan, Xiao Xuwen, Ye Keming for their guidance and help, and Keming Ye even writes a preface for this book. Yao Bin, former director of management division of construction industry and chief engineer of Ministry of Construction, takes the trouble to write a preface for this book, which is encouraging and touching. I'm also grateful for many other people who gave great support and help for the publication and distribution of the book.

I sincerely hope the publication and distribution of the book can enrich the connotation of "Chinese management".

Due to the limited research competence of the author, there may be some defects in this book. Welcome your comments and criticism.

**Lu Guiqing**
**July16, 2014**